페미돌로지

페미돌로지

아이돌+팬덤+산업의 변신

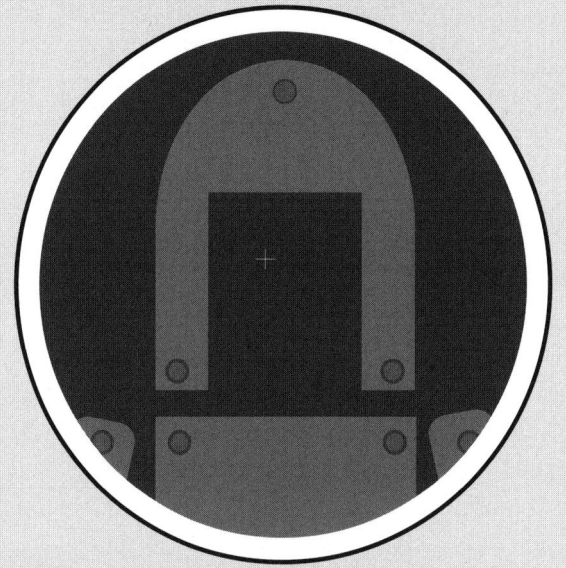

Femidology

빨간소금

책을 펴내며

'페미돌로지(Femi-dology)'는 페미니스트의 시각에서 분석하는 아이돌로지(Idology)*라는 뜻으로, 기획자들이 만든 조어다. 2019년 11월부터 2020년 10월까지 컬로퀴엄을 진행하던 중 『퀴어돌로지』라는 책(2021년 7월 출간)이 준비 중이라는 소식을 들었다. 비슷한 시기에 아이돌 문화의 젠더 이슈에 초점을 맞춘 프로젝트

---

* '아이돌로지'는 2016년 아이돌 연감을 기획, 출간한 아이돌 음악 전문 웹진 『아이돌로지』에서 따온 것으로, '아이돌학(學)' 혹은 '아이돌 연구'를 말한다.

가 진행되었다는 사실은 고무적이다. 평론 혹은 학술적 담론은 대개 사후적으로 움직이는 속성이 있지만, 그럼에도 불구하고(혹은 그래서) 역사와 이론의 좌표 속에 대상을 위치 짓는 장기적 전환의 신호탄이 되기도 하기 때문이다.

　이제 아이돌은 우리의 삶을 구성하는 어떤 것이 되어 있다. 우리의 감정, 섹슈얼리티, 그리고 욕망은 이미 아이돌을 매개로 생산되고 조정된다. 이 고도화된 유기체 상품에 대해 대중을 현혹하는 헛것이라고 폄하하거나 공허한 내면을 지닌 소수만의 향유물이라고 외면할 수 없는 것도 이 때문이다. 아이돌은 현재 우리가 즐길 수 있는 유일한 문화가 아니고 가장 중요한 문화도 아니지만, 우리 삶의 기반인 유희와 정치와 윤리를 (재)규정하기 위해서는 반드시 대면해야 하는 것이 되었다.

　특히 '페미니즘 리부트' 이후 아이돌 문화의 가장 중요한 축인 여성 팬덤 안에서 이런저런 자성과 비판이 대두되고 있는 상황은 정교한 페미돌로지 담론을 요청하고 있다. "페미니스트 팬"* 이라는 얼핏 모순적인 자의식이 등장한 것도 여성 팬덤과 남성 아이돌로 대표 재현되는 아이돌 문화가 여성혐오를 재생산하는 구조와 무관하지 않다는 성찰이 공론화된 것이다. 이때 탈덕도 하지 않

---

* 조은수, 윤아영이 "페미니즘 리부트" 이후 케이팝 아이돌 씬에서 나타난, 페미니스트와 팬의 정체성을 동시에 가지는 팬"을 가리켜 사용한 용어다. 조은수, 윤아영, 「BTS ARMY에서 페미니스트 팬으로: 3세대 K-Pop 아이돌 팬의 페미니즘 실천과 한계」, 『미디어, 젠더 & 문화』 35(3), 2020. 9.

고 "경계 감찰"*로 서로를 공격하지 않으면서 여전히 아이돌과 교감하는 팬덤은 가능할까? 나아가 자본과 차별의 시스템 변화를 아이돌과 함께 꿈꾸는 팬이라는 이상적 위치까지 상상 가능할까?

　　이 책에 실린 글 대부분은 아이돌 연구가 사실은 팬(덤) 연구라는 점에 주목해 그 역능(力能)과 더불어 모순과 착종을 분석하고 있다. 우선 류진희의 「2장 초국적 한류와 걸그룹 노동」은 초국적 한류에서 유독 걸그룹에게 엄격하게 적용되는 민족국가적 정체성의 규율을 지적하는 한편, 1990년대 이후 대중문화의 주역으로서 걸그룹과 여성 팬이 동시대의 여성 청년으로 함께 성장해 왔다는 점을 강조한다. 강남역 사건, 낙태죄 폐지, #(스쿨)미투, N번방 사건 등 여성 이슈의 공론화라는 시대적 흐름을 같이 겪고 있다는 점에서 여성-아이돌은 멀리서 반짝이는 스타보다는 '다시 만난 세계'를 꿈꾸는 동지로서 여성-팬과 새로운 관계를 맺고 있다는 것이다.

　　하지만 김수아의 「8장 저항하는 팬덤과 소비자-팬덤의 모순적 공존」은 팬이 소비자 정체성을 더 강하게 내면화할 때 일어나는 산업과의 공모관계에 초점을 맞추면서, 아이돌과 팬이 공통적으로 "같은 것"을 바라고 있다는 공동체성 자체에 문제를 제기한다. 이때 '같은 것'은 능력과 경쟁에 기반을 둔 신자유주의적 성

---

* 김수아는 인종 연구에서 사용되던 이 개념을 빌려 팬덤 안에서 팬을 정의하고 경계를 설정해 의미 있는 행위와 위반 행위를 규율하는 다양한 형태들을 분석하는 데 사용한다. 이 책에 실린 김수아의 글 참조.

공이다. 아이돌과 팬덤은 성공이라는 공통 목표를 향해 열정적, 헌신적으로 노력하고 육성, 관리하는 것을 규율화함으로써 결국은 자본-산업과 공모한다. 아이돌과 팬 모두에게 억압적인 이 상황을 바꾸기 위해서는 "산업이 주도하는 신자유주의적 성공을 위해 개인의 권리를 유예하는 것을 정당화하는 체계를 비판할 수 있는 담론적 구성과 나의 희생을 교환가치로 삼지 않는 팬덤의 소비 방식을 재구축하는 것, 페미니즘의 가치를 새로운 가치로 제시하되 이를 단순히 소비 평가 기준으로 삼지 않는 관계성을 구축하는 것에 대한 상상력이 필요"하다.

장지현의 「7장 "항상 함께할 거에요"의 이면」 역시 아이돌과 팬의 관계에 기반이 되는 친밀성이 오늘날 어떻게 아이돌 산업의 원동력이자 산업 전체를 작동시키는 기제가 되었는가를 분석한다. 과거와 비교할 때 팬은 다양한 플랫폼에서 훨씬 많은 콘텐츠를 통해 아이돌과 친밀성을 느낄 기회가 많아졌지만, 역설적이게도 팬이 자발적으로 만들어내는 창작물은 매니지먼트사의 승인을 받지 못하는 '비공식'이란 낙인이 찍혀 정당성을 상실하게 되었다. 친밀성의 소비자가 된 팬과 아이돌의 거리는 그래서 더 가까워진 것처럼 보이지만, 아이돌은 정동 노동(affective labor) 수행을 더 요구받게 되고 팬은 아이돌을 더 대상화한 채 관망하고 평가하게 되었다.

한편 소비자로서 팬덤의 파워와 자가당착을 동시에 보여주는 흥미로운 사례로 강은교는 「9장 아이돌의 자필 사과문: 소비하는 팬덤, 소진되는 팬심」에서 '자필 사과문'을 분석한다. 아이돌이 열애설이나 방역 수칙 위반 등으로 문제가 될 때 반성과 속죄를 요구하는 팬덤 문화는 "정서적 평등주의"와 독특한 친밀성 규범을 보여준다. 낭만주의적 "진정성"의 이상과 신자유주의적 노동윤리인 "성실함"이 결합한 손글씨 사과문은 팬덤의 행위성을 증대시키기도 하지만, 소비자 정체성을 강화한다는 점에서 팬덤 역량을 축소할 위험도 내포한다. 이때 친밀성의 구매라는 아이돌-팬덤의 관계가 어떻게 젠더화된 구조를 지니는가를 강은교는 흥미롭게 분석하고 있다.

한국 아이돌 시스템은 이성애적 욕망을 중심으로 구성되었다고 알려져 있다. 하지만 그것을 거스르는 팬덤의 양상은 도도한 역사를 갖고 있으며, 초국적 한류 팬덤과 조우할 때 상당한 가시성을 획득한다. 우선 오랫동안 터부시되었지만 여성 아이돌 팬덤의 핵심을 구성하고 독특한 문화를 만들어온 여덕(여성 아이돌의 여성 팬)이 있다. 고윤경의 「10장 다시 만나는 여덕, 소녀시대 GL 팬픽」은 2010년대 이후 SNS를 중심으로 네트워크를 구축하면서 적극적이고 집단적으로 나타난 여덕에 주목해 이들이 생산하고 향유하는 GL(Girls' Love) 팬픽을 통해 여성 간 사랑, 즉 레즈비어니즘(lesbianism)에 대한 호기심과 판타지를 분석한다. 여기에서 예컨대 소녀시대와 같은 대표적 여성 아이돌의 팬픽은 "여성을 대상화하는 남성 중심적 이성애 질서에 자의식을 갖는 인물로 여성 스타들을 등장시킨다. 그리고 이들에게 레즈비어니즘을 통한 성적 쾌락과 오르가슴을 예비"한다는 점에서 성적 차이를 발굴하고 생산하는 창의적인 서사 놀이가 된다.

또 현재 한국에서 가장 인기 있는 음악 장르가 된 트로트의 여성/중년 팬덤은 과거 비주류였던 음악과 팬덤의 부상을 보여준다. 장민지의 「11장 미스/터트롯과 여성/중년 팬덤의 탄생」은 그 분기점이 된 「미스/터트롯」 시리즈를 중심으로, 서바이벌 오디션 프로그램의 포맷과 채널 브랜드(TV조선)의 주요 시청자층 공략이 어떻게 '어머님'이라 불리는 팬들의 적극적 팬 수행성과 맞물리는 가를 분석한다. 장민지에 따르면, 여전히 가족 구성원의 일상에 종속된 형태로만 여가문화를 누릴 수 있는 여성/중년은 스마트 미디어 리터러시의 습득과 개인화를 통해 취향 공동체를 형성할 수 있게 되었다.

한편, 미쉘 조와 허윤, 김경태는 초국적 한류의 해외 팬덤이 어떻게 한국 내에서와는 다른 방식으로 케이팝 문화를 향유하는가를 분석한다. 북미에서 한국 대중문화를 연구하며 가르치는 미쉘 조는 「5장 청춘의 퀴어링, 글로벌 대중문화의 꿈」에서 BTS와 그 팬덤을 트랜스퍼시픽 관계의 한 형식인 퀴어함의 관점에서 분석한다. BTS가 한국의 아이돌 그룹에서 글로벌한 팝 문화의 아이콘이 된 궤적은, 이들이 초남성적 힙합 퍼포먼스 미학에서 벗어나 젠더 규범을 교란하는 전략을 통해 글로벌 팬에게 소구하는 궤적과 일치한다. 미쉘 조는 '이성애자다움'이나 규범적 이성애로부터 자유로운, 집단적 친밀성이라는 퀴어한 관계가 바로 BTS(넓게는 케이팝)의 수많은 해외 팬들이 LGBTQ(Lesbian, Gay, Bisexual, Trans, or

Questioning)+청춘 그리고/혹은 문화적 아웃사이더, 이민자이거나 인종적 소수자인 이유라고 주장한다.

미쉘 조의 글은 허윤의 케이팝 남성성 분석(「4장 무해한 오빠에서 의리 있는 남자로」)과 같이 읽으면 흥미롭다. 허윤은 해외 팬에게 케이팝이 구현하는 아시아 남성의 신체가 퀴어한 것, 즉 서구의 헤게모니적 남성성에 대한 도전이나 승리로 받아들여지는 것과 달리 한국의 맥락에서는 케이팝 규범성을 충실히 수행한 결과라고 주장한다. "색다른 연출과 퍼포먼스가 중요하기 때문에 다양한 남성성을 기획, 실험해 볼 수 있는 케이팝 장(場) 안에서 퀴어함은 곧 헤게모니"이기 때문이다. 허윤은 한국의 강고한 민족주의와 호모포비아를 건드려서 비난받았다가 다시 가장으로서 책임감과 동료에 대한 의리, 자수성가의 진정성 등 한국의 남성성 규범을 충실하게 이행하는 모습을 통해 성공적으로 복귀한 박재범의 사례에 주목한다. 힙합의 남성성을 전유하며 미국 사회에서 소수자로서의 목소리를 대변하기도 하는 박재범의 행보는 "모델이 될 만하고, 무해하며, 규범적인 케이팝은 대안적 다양성을 표상한다기보다 헤게모니적 규범성을 강화하고 유지"한다는 것을 보여준다.

해외 팬 가운데 동아시아 게이 남성들에 주목한 김경태의 「6장 동아시아 베어 남성 댄스 팀의 걸그룹 커버댄스」는 케이팝 걸그룹의 커버댄스를 통해 이들이 어떻게 이성애 규범적인 남성성의 프레임을 넘어설 뿐 아니라, 걸그룹에게 요구되는 "의무적 귀여움"('애교'라는 성애화된 귀여움)을 패러디하는가를 분석한다. 특히 탈성애적 존재로 낙인찍혔던 비만한 "베어(bear)" 남성들의 커버댄스는 원본을 완벽하게 복제하는 데 관심이 없는(실패를 의식하지 않는) 아이와 같은 천진난만한 이미지를 극대화하면서 "자연스러운 귀여움(돌봄 및 친밀성과 연동된)"을 내세운다. 김경태는 여기에서 "케이팝 걸그룹이 상징하는 신자유주의적 성공과 그것을 확대 재생산하는 진보적 역사에 제동을 걸며 대안적인 정치를 상상"하는 새로운 공간을 발견하고자 한다.

현재 아이돌 문화에서 가장 주목할 만한 것은 물론 BTS와 그 초국적 팬덤인 아미(ARMY, Adorable Representative M.C for Youth)일 것이다. 사실 이번 페미돌로지 기획에서 BTS와 아미는 거의 모든 글에 걸쳐 지속해서 언급되었다. 이지행의 「1장 미디어와 팬덤의 담론 전쟁」은 한국 아이돌로서 유례없는 글로벌 인지도를 획득하고 있는 BTS에 대한 서구 미디어의 반응과 그에 대한 팬덤의 적극적인 개입을 "담론 전쟁"이라 이름 붙이며 꼼꼼하게 분석한다. 레거시 미디어에 기반한 서구의 문화매개자들이 인종주의, 제노포비아, 여성혐오, 영어 중심주의 등에 기반해 BTS(및 케이팝)에 대한 지배담론을 구성하는 데 대항해서, SNS 등 글로벌한 뉴미디어에 기반한 팬덤이 어떻게 스스로 주요한 문화매개자의 지위를 차지했는가를 타래 홍보, 학술 활동, 아미 셀카데이, 아미 인구조사 등을 통해 규명한다.

한편, 한국 아이돌 문화의 가장 어두운 측면을 적나라하게 보여준 '버닝썬 게이트'를 언급하지 않을 수 없다. 김주희의 「3장 탄광과 클럽」은 버닝썬의 "얼굴마담"이라 자칭했던 승리의 "얼굴성(faciality)"이 여성 대중에의 폭력을 통한 치부(致富)를 보증하는 수단으로 활용된 이 사건의 정치경제를 분석한다. 김주희는 버닝썬의 실질적 운영회사인 전원산업이 정부의 석탄산업 육성 시기의 동원탄좌에 뿌리를 두고 있으며, 탄광 산업이 어떻게 여성들의 성과 노동을 착취하면서 운영되었는지, 그리고 이후 호텔 유흥업으로 비즈니스의 중점을 옮겨가면서 고도성장기 기생관광 및 성매매 관광산업정책과 어떻게 연루되었는지를 추적한다. 이어 버닝썬 게이트를 계기로 강남 클럽 문화가 성별화된 대중 동원(테이블-고객-남성/플로어-미끼 상품-여성들)과 여성의 성을 매개로 한 폭력을 통해 구축되었음을 규명한다.

마지막으로, 2년간 지속되고 있는 팬데믹 상황이 아이돌과 팬의 관계에 어떤 변화를 가져왔는지 짚어보았다. 신윤희는 「12장 코로나19 이후의 팬덤」에서 팬덤, 미디어, 엔터테인먼트사라는 세 권력 구도에서 팬데믹 이후 미디어 플랫폼의 힘이 부각되고 있으며, 이것이 앞으로 "팬더스트리(Fan+Industry)" 지형 변화에도 영향을 미칠 것이라 본다. 다양한 플랫폼을 통해 비대면으로 아이돌과의 만남을 이어가고 있는 팬들의 심층 인터뷰를 통해 신윤희는 디지털 화면이 제공하는 감각의 한계와 스타의 아우라 상실/변형의 문제를 짚어낸다. 더불어 팬들의 활동이 아이돌에 대한 데이터를 모으고 목적에 따라 분류/배포하는 큐레이션(curation) 행위로 변화해가는 양상을 분석한다.

기획자들이 처음 아이디어 형태로 이야기를 나눈 뒤 몇 년이 지나서야 페미돌로지 프로젝트가 한국여성문학학회 및 연세대

학교 매체와예술연구소(IMA) 주관의 컬로퀴엄 형태로 시작되었다. 2019년 11월 첫 컬로퀴엄을 시작한 뒤 2년이 더 지나서 이제 책이 세상에 나오게 되었다. 호기롭게 시작한 컬로퀴엄은 2020년 팬데믹을 맞아 온라인 미팅으로 형식을 바꾸어 진행되었기에 예전만큼 떠들썩한 토론과 수다를 동반하지는 못했다. 평소 서로의 글을 읽으며 '리스펙'하던 저자들이 한자리에 모여 이 예민하고도 즐거운 주제에 관해 마음껏 얘기할 수 있는 기회를 언제 다시 갖게 될지는 알 수 없다. 하지만 지금 우리는 이 프로젝트가 제기했거나 미처 제기하지 못한 질문들에 대한 답을 함께 모색할 미래의 동지들에 대한 기대감으로 가득 차 있다. 날카롭고 당찬 비판과 따스한 연대감으로 같이 고민을 나누실 분들은 신호를 보내주시기 바란다.

컬로퀴엄을 후원해 준 연세대학교 국학연구원과 이 책을 맵시 있게 만들어준 빨간소금 출판사, 그리고 이 모든 과정에 도움을 준 이혜령, 임초희, 이문우 님의 수고에 감사를 표한다.

2022년 2월
류진희, 백문임, 허윤

차례

책을 펴내며   4

1부 불타오르는 한류

1장 미디어와 팬덤의 담론 전쟁   이지행   18
2장 초국적 한류와 걸그룹 노동   류진희   50
3장 탄광과 클럽   김주희   70

2부 트랜스하는 케이팝, 퀴어링하는 젠더

4장 무해한 오빠에서 의리 있는 남자로   허윤   102
5장 청춘의 퀴어링, 글로벌 대중문화의 꿈   미쉘 조   124
6장 동아시아 베어 남성 댄스 팀의 걸그룹 커버댄스   김경태   144

3부 친밀성을 살게요

7장 "항상 함께할 거예요"의 이면   장지현   170

8장 저항하는 팬덤과 소비자-팬덤의 모순적 공존

                                          김수아   198

9장 아이돌의 자필 사과문: 소비하는 팬덤, 소진되는 팬심

                                          강은교   222

4부 여덕, 팬덤 그리고 코로나19

10장 다시 만나는 여덕, 소녀시대 GL 팬픽   고윤경   250

11장 미스/터트롯과 여성/중년 팬덤의 탄생   장민지   282

12장 코로나19 이후의 팬덤   신윤희   300

주   330
찾아보기   343

1부
불타오르는 한류

1장
미디어와 팬덤의 담론 전쟁

이지행

초국적 케이팝 팬덤의 등장

　한국의 아이돌 음악과 관련 문화산업 전반을 지칭하는 케이팝은 현재 그 어느 때보다 열광적인 글로벌 반응을 경험하는 중이다. BTS와 슈퍼M의 미국 빌보드 앨범 차트 1위, 블랙핑크의 유튜브 구독자 수와 뮤직비디오 조회 수 신기록, BTS의 그래미상 후보 지명 등 케이팝의 글로벌한 성과가 연일 전해지고 있다. 케이팝에 대한 국내의 시선은 '한류'로 통칭하는 한국 대중문화의 성공적인 해외 수용 사례라는 점에서 매우 긍정적이다.

케이팝 팬덤은 연령, 인종, 국적, 직업, 성 정체성, 종교에 이르기까지 다양한 배경과 정체성을 가진 이들로 이루어져 있다. 그러나 처음부터 그랬던 것은 아니다. 1990년대 후반 몇몇 한국 드라마와 댄스 그룹의 중국 진출로 한류가 처음 시작되었다. 그 이후 드라마의 인기를 타고 한류는 다른 아시아 지역으로 퍼져나갔다. 2000년대 중반 이후에는 유튜브가 떠오르면서 비주얼적 완성도와 안무 수준이 높은 케이팝 뮤직비디오가 유튜브 리액션 비디오(반응영상)의 훌륭한 재료가 되었다. 그러면서 케이팝의 인기가 아시아 지역은 물론 남미와 중동, 일부 유럽으로까지 퍼져나갔으며, 이렇게 모인 케이팝 팬들은 SNS를 기반으로 글로벌한 공동체를 만들었다. 그러나 이때의 케이팝 해외 팬덤을 진정한 글로벌 팬덤이라고 보기에는 지리적 경계가 분명했다. 아시아, 중동, 남미권에서는 어느 정도 영향력을 가졌지만, 미국과 유럽 등 이른바 서구권에서 케이팝은 열렬한 지지자를 가진 하위문화에 머물러 있었다.

실질적으로 글로벌한 영향력을 지닌 초국적 케이팝 팬덤이 등장한 것은 BTS 팬덤인 아미가 시초라고 볼 수 있다. 단순하게는 글로벌 대중음악 지형에서 BTS가 차지하고 있는 산업적 위치를 보면 알 수 있다. BTS는 2018년 첫 빌보드 앨범 차트 1위를 시작으로 현재까지 총 5개 앨범의 빌보드 앨범 차트 1위와 6곡의 빌보드 싱글 차트 1위를 이뤄냈다. 이것은 서구 언론이 "비틀스 이후 가장 빠른 밴드 기록"으로 조명할 만큼 대중음악사에서 의미 있는 기록이다. 시장 점유율과 정보 분석을 제공하는 세계적 분석 기업 닐슨이 발표한 2020년 상반기 미국 음반 시장 보고서에 따르면, 이 기간에 미국에서 가장 많이 팔린 앨범이 BTS의 『Map of the Soul : 7』이며, 아티스트 순위로는 드레이크와 아리아나 그란데, 테일러 스위프트 같은 슈퍼스타를 제치고 BTS가 전체 2위에 올랐다.

그런데 BTS의 산업적 성과는 비단 미국 시장에만 한정되지 않는다. 2020년 초에 나온 앨범 『Map of the Soul : 7』은 세계 1위 음반 시장인 미국을 비롯해 일본, 영국, 프랑스, 독일까지 세계 5대 음반 시장에서 공식 앨범 차트 정상을 차지했다. 글로벌한 음원 구매 지표인 아이튠즈에서도 BTS의 곡은 110개국에서 1위를 함으로써 102개국에서 1위를 한 아델의 역대 기록을 5년 만에 넘어섰다. 전 세계에서 불과 열 손가락 안에 드는 아티스트만 할 수 있다는 스타디움 월드 투어가 가능한 가수라는 것까지 고려하면, 사실상 BTS의 산업적 영향력은 전 세계적이라고 할 수 있다. 더 이상 하위문화 또는 틈새문화(niche culture)가 아닌 주류에 위치하고 있는 것이다. 그리고 이런 영향력은 무엇보다 특정 지역이 아닌 전 세계에 걸친 고른 팬층에서 나온다.

다음으로는 팬의 다양성에서 비롯된 전방위적 활약이다. SNS에서 팬 활동하는 아미는 국가와 인종, 성별, 연령, 성 정체성, 종교에서 다양한 분포를 보인다. 또 기존의 케이팝 팬덤에 비해 국내 팬덤과 해외 팬덤 간 괴리가 크지 않고 강한 결속력을 보이는 편이다. 자발적으로 번역을 담당하는 무수한 번역계 팬이 존재하며, 이들이 국내와 해외 팬덤 사이의 소통을 촘촘하게 이어준다. 각자의 문화권에서 벌어지는 개별 이슈에 공동 대응하기도 한다. 예를 들어 2020년 6월 6일 BTS가 미국의 흑인 민권운동 단체인 Black Lives Matter(흑인의 생명은 중요하다)에 100만 달러를 기부하자, 아미들은 #MatchAMillion(같은 액수를 기부하자) 해시태그 프로젝트를 진행해 단 하루 만에 100만 달러를 모았다. 미국 아미뿐 아니라 한국을 비롯한 전 세계 아미가 함께 힘을 모아 이뤄낸 결과였다.

아미라는 글로벌 팬덤의 활동은 비단 BTS 음악에 대한 지원과 기부 프로젝트에 국한되지 않는다. 이들은 BTS를 둘러싼 부정적 비평 담론과 경합하는 새로운 담론을 구성한다. SNS를 비롯한 뉴미디어가 공적 담론장 역할을 적극적으로 수행하면서 기존의 TV, 신문, 잡지 같은 레거시(전통) 미디어의 영향력이 예전 같지 못한 것이 사실이다. 그러나 레거시 미디어의 기자와 비평가는 여전히 주요한 문화매개자(cultural intermediary)로서 역할하며, 이들의 발언은 비평적 담론을 구성하는 데 중추적이다. 이 글에서 주목하는 것은 BTS에 대한 잘못된 인식과 편견을 재생산하는 레거시 미디어의 보도를 접했을 때 팬덤이 보여주는 대항담론적 실천이다. BTS(를 비롯한 케이팝)에 대한 서구 중심적 지배담론이 미디어에 어떤 식으로 재현되는지를 들여다보고, 이런 지배담론에 맞서 글로벌 팬덤 아미가 어떤 대항담론적 실천을 수행하는지 구체적 사례를 통해 살펴볼 것이다.

케이팝과 팬덤 문화에 대한 시선

팬덤은 어떤 작품이나 유명인 또는 상업적 브랜드에 대한 강력한 팬임을 근거로 모인 익명의 공동체다. 소비자본주의 시대에 기존의 '신념 공동체' 자리를 대체하며 들어선 '취향 공동체'의 가장 열렬한 형태라고 할 수 있다. 그러나 팬덤이 현대 대중문화의 수용자로서 차지하는 중요성에도 불구하고 문화연구에서 의미 있는 연구 대상으로 등장한 지는 그리 오래되지 않았다. 그 원인 중 하나가 프랑크푸르트학파의 마르크스주의적 대중문화 비판이론이다. 아도르노를 위시한 비판이론가들은 현대 대중문화에 대해 학문공동체가 부정적 시각을 갖는 데 일조했다. 이들은 대중을 대량 생산된 자본주의적 문화상품을 비판 없이 수용하는, 일명 '피하주사효과'에 취약한 집단으로 깎아내렸다. 이는 오늘날 팬덤을 바라보는 엘리트 비평가들의 시각에도 영향을 끼쳤다.

비평가의 눈에 팬의 열정은 기이하고 비정상적이며 "사회적인 부적응이나 개인적 상실을 보상받기 위한 목적으로 상상의 관계에 집중해서 발생"[1]하는 일종의 열등감이나 병리적 증상이었다. 팬은 "방송미디어에 의해 소외되고 문화적 생산에서 배제되는 소비자로, 성적으로 억압되고 병적으로 집착하거나 정신적으로 문제가 있는 사람들"[2]로 여겨졌다. 팬을 광적이고 히스테리를 가진 강박적이고 폐쇄적인 대상으로 전형화하는 엘리트주의적 인식은 오늘날 레거시 미디어의 문화매개자인 비평가나 기자에게서 여전히 발견된다.

케이팝은 동시대 대중문화 중에서도 독보적으로 열렬한 팬덤 문화를 기반으로 이루어지는 산업이다. 비록 최근 들어 나아지고 있기는 하나, 케이팝 팬덤에 관한 그간의 미디어 재현은 긍정적이라기보다는 부정적인 쪽에 가까웠다. 그중 하나로 팬덤 간 전쟁을 들 수 있다. 지나친 충성심으로 인해 일상적으로 벌어지는 팬덤 간 전쟁은 H.O.T.나 젝스키스 같은 1세대 케이팝 팬덤 시절에는 물리적 충돌로, 오늘날에는 온라인 악플의 형태로 대중매체에 등장한다. 또 자기 가수를 의사결정이 가능한 성인이 아닌 마치 자신의 소유물이나 인형처럼 대하는 매니저형 팬의 행태 역시 논란거리다. 일례로 아이돌 그룹 엑소의 멤버 첸이 여자친구의 임신 사실과 함께 결혼을 발표하자, 엑소 팬덤에서 첸의 탈퇴를 요구하는 움직임이 지속해서 이루어졌다. 온라인에서의 탈퇴 요구 성명서와 함께 버스광고와 코엑스 앞 현수막, 첸과 관련한 모든 물품을 싸서 기획사로 택배를 보내는 등 오프라인의에서 항의도 이어졌다. 탈퇴 요구의 근간에는 아이돌이란 무릇 10~20대 미혼 여성 팬의 상상적 연애 대상으로 기능하지 않을 때는 가치를 상실한다는 생각, 즉 팬이 아이돌을 바라보는 도구적 시각이 존재한다. 아이돌이지만 동시에 일상을 영위하는 생활인이자 개별적 인격체라는 당연한 명제를 '아이돌은 그래서는 안 된다'는 당위적 시각으로 눌러버리는 폭력적 방식의 의사소통이다. 아이돌의 일거수일투족을 위험스럽게 택시로 뒤쫓거나 집에 몰래 침입하는 등 범죄성 행위를 서슴지 않는 '사생팬'도 눈살을 찌푸리게 하는 케이팝 팬덤의 부정적 이미지 중 하나다.

 그런데 케이팝 팬덤에 대한 부정적인 시선에는 중요한 조건이 하나 놓여 있다. 팬덤의 대부분이 "아이돌의 멋진 외모에만 열광하는 어린 여성들로, 그들은 음악을 판별하는 감식안이 없으며, 아이돌 음악 산업의 자본주의적 계략에 착취당하는 어리석은 희생양에 불과하다"[3]는 팬덤의 주된 계층인 어린 여성에 대한 혐오적 시각이다. 10대와 20대 여성이 주를 이루는 케이팝 팬덤에 대한 비하적 시선에는 여성—특히, 나이 어린 여성—의 취향을 공공연히 멸시하는 태도가 숨어 있다. 이는 인구 구성에 있어 현저한 차이를 보이는 다른 팬덤에 대한 태도와 비교해 보면 명확해진다. 성인 남성이 주를 이루는 축구 팬을 예로 들어보자. 난동을 부리거나 폭력을 행사하는 훌리건에 대한 비판은 있지만, 축구 팬 자체를 바라보는 시선은 케이팝 팬을 바라보는 시선과 차이가 있다. 그들의 잘못된 행태는 비판할지언정 축구 팬이라는 정체성 자체를 비하하지는 않는다. 프리미어리그 경기를 보기 위해 수백만 원을 들여 경기장을 투어하는 남성 축구 팬의 취향을 사치스럽다고 타박할지언정 저열하다고 욕하지는 않는다. 그러나 아이돌의 해외 공연을 보기 위해 외국에 간다고 하면 당장 수준과 취향을 의심하는 반응이 돌아온다. 이는 여성의 취향을 하찮은 것으로 바라보는 사회적 시선과 관련 있다. 어린 여성이 주를 이루는 케이팝 팬덤에 대한 비하적 시각은 그들이 누리는 문화인 케이팝에 대한 비하로 이어지고, 그것은 다시 케이팝 팬덤에 대한 폄하로 이어진다. 마치 꼬리 물기 같은 폄하의 악순환이 만들어진다. 다시 말하면, 비하적 담론이 케이팝 자체와 케이팝 팬덤 모두를 겨냥한다는 점에서 이중의 비하를 내포하고 있다.

케이팝에 대한 서구의 비평적 담론은 팬덤의 대부분을 10대의 어린 여성으로 상정하고 그들의 취향을 깎아내리는 미소지니(misogyny, 여성혐오)적 시각에 서구 중심 이데올로기와 제노포비아, 인종주의적 시각이 덧붙여진다. 이런 시각을 통해 남자 아이돌의 메이크업이나 중성적인 의상은 남성성(masculinity)의 결핍으로, 연습생 시스템은 마치 공장처럼 똑같은 물건을 찍어내는 예술성의 부재로 읽어낸다. 케이팝 아이돌의 자살 사건을 다루는 해외 기사에는 '어린 시절부터 혹독하게 연습생 시절을 거쳐야 하는 케이팝 공장 시스템이 만들어낸 비극'이라는 뉘앙스가 빠지지 않고 등장한다. 이런 비판은 서구 아티스트들의 정상적 남성성 그리고 선천적으로 타고난 예술성을 갖춘 아티스트들과 대비되는 특징으로 여겨진다. 그리고 이는 곧 서구 아티스트들에 대한 암묵적인 승인으로 이어진다.

BTS에 대한 서구 미디어의 왜곡 담론 사례

강력한 초국적 글로벌 팬덤의 지지에 힘입어 글로벌 주류 음악시장에서 존재감을 내보이고 있는 BTS는 케이팝 가수로서뿐만 아니라 아시아 아티스트로서 전례 없는 길을 가고 있다. 그러나 대부분의 서구 미디어는 여전히 BTS를 개별 아티스트가 아니라 케이팝과 한덩어리로 위치시켜 바라본다. 따라서 BTS는 케이팝의 대표 주자로서, 케이팝에 대한 서구 주류 담론의 편견과 저항을 맨 앞에서 부딪히고 있다. 케이팝을 비주류로 인식해 온 서구에서

BTS에게 갖는 저항감에는 여러 층위가 있다. 우선 글로벌 팝 음악 시장의 서구 음악 지배력을 위협하는 비서구권 음악에 대한 산업적 저항감이다. 여기에 영어 중심주의, 인종주의, 제노포비아, 전통적 남성성 신화 등 다수 이데올로기가 결합해 높은 장벽으로 이들을 막아선다.

아미는 서구 미디어를 비영어권 가수인 BTS와 케이팝에 대한 부정적 선입견을 서구 일반 대중에게 고착화하는 장으로 인식하고, 서구 미디어가 BTS를 묘사하는 톤과 뉘앙스, 단어 선택에 반박한다. 낯선 한국어 가사에 대한 미디어의 의구심을 영어 중심주의적 세계질서에 대한 비판으로 돌파하고, 남자가 메이크업하는 것에 대한 반감이야말로 '유해한 남성성(toxic masculinity)'의 증거라며 맞받아친다. 자신들의 라디오 행사에 참석하지 않거나 영어 노래가 아니라는 이유로 BTS 노래를 틀어주지 않는 미국 라디오 방송국의 행태를 보며, 미디어가 음반 회사에 행사하는 암묵적 권력 형식에 주목한다. BTS가 이룬 기록과 성취에 비해 최소한의 문만을 열어주는 유수의 시상식들의 행태에는 객관적 통계로 반박한다. 이때 대항적 실천이 이루어지는 주된 공간인 온라인은 레거시 미디어의 지배담론과 팬덤의 대항담론이 투쟁하는 공간이 된다.

오늘날 대중 특히 팬덤에게 온라인 공간은 국가와 지역적 제한을 벗어난 글로벌 담론의 장이다. 여기서 담론이란 사고와 커뮤니케이션이 상호작용하는 과정과 그에 따른 결과로, 세계의 의미를 구성, 유지하고 변화시킨다. 이 담론 과정에는 필연적으로 계급적 성격과 권력의 형식이 깃들어 있다. 따라서 늘 헤게모니를 둘러싼 긴장과 경쟁 상황이 펼쳐진다. 개인은 이런 담론장 안에서 지배적 담론에 때론 동의하고 때론 대항하는 담론적 실천 과정을 경험한다. 예를 들어, BTS를 둘러싼 일련의 담론적 실천 과정을 겪으며 전 세계 팬들은 서구 대중음악 산업의 모든 면모가 매우 인종주의적이며 영어 중심주의라는 사실을 새로이 깨닫는다. 특히 서구 아미는 'BTS의 팬이 되기 전의 나는 소수자의 입장을 머리로만 이해했을 뿐 진정으로 공감하지 못했음을 알게 됐다'고 말한다. 전 세계 아미는 BTS를 둘러싼 담론 투쟁의 장에 참여하면서 국적과 인종을 뛰어넘어 일종의 세계 시민으로서의 정치적 인식을 획득한다. 그리고 이런 세계 시민적 관점에서 편협한 인종주의와 영어 중심주의로 구성된 서구 음반 산업계의 불평등한 권력관계를 노출하는 초국적 팬덤으로서의 담론 주체가 된다. 서구 미디어의 지배담론에 대항하는 아미의 팬 활동을 살펴보면, 이들이 대항담론적 실천을 통해 특정한 담론 주체로 형성되는 과정을 포착할 수 있다.

① 'BTS의 성공은 음악이 아닌 상업적 마케팅 덕분이다'라는 담론

2019년 4월 발매한 『Map of the Soul : PERSONA』는 BTS의 앨범 중 세 번째로 빌보드 앨범 차트 1위에 입성했다. 총 세 장의 앨범이 1년이 되기 전에 빌보드 앨범 차트 정상을 차지한 것은 1990년대 후반에 나온 비틀스의 『Anthology』 시리즈보다 단축된 기록이다. 당시 BTS의 1위 성적은 총 23만 장 상당의 앨범 점수를

기록했고, 그중 대부분이 실물 앨범 판매 수치였다(빌보드 앨범 차트는 실물 앨범 판매, 음원 다운로드, 음원 스트리밍, 뮤직비디오 스트리밍을 모두 합산해 각각을 앨범 1장에 해당하는 점수(unit)로 계산한 뒤 수치를 낸다. 『Map of the Soul : PERSONA』의 앨범 합산 점수는 총 23만 장에 달했으며 그중 실물 앨범 판매가 19만 6,000장을 차지했다).

『뉴욕타임스』는 2019년 4월 22일, BTS 앨범 『Map of the Soul : PERSONA』의 빌보드 1위에 관한 논평 기사를 실었다. 기사는 정상을 차지한 다른 아티스트들의 앨범이 실물 앨범을 채 500장도 못 파는 경우가 부지기수인 시장 상황에서 19만 6,000장을 판매한 BTS의 기록에 관해 "앨범을 네 가지 컬렉터 버전으로 발매한 '약삭빠른(canny)' 전략에 힘입은 것"이라고 논평했다.[4] 같은 앨범을 네 가지 버전으로 발매한 것은 마케팅 전략이 맞다. 하지만 실물 앨범 판매에 도움을 받기 위해 투어 티켓이나 굿즈에 앨범을 끼워 파는 이른바 '번들(bundle)' 수법이 일반화된 미국 시장에서 유독 BTS의 성과만 순전히 마케팅의 도움으로 이룩한 것처럼 느껴지게 썼다.

『뉴욕타임스』의 이 기사는 비영어권 가수이자 케이팝 그룹인 BTS의 이례적인 성공이 마케팅 편법의 도움이 아니었다면 결코 가능할 리 없다는 서구 미디어의 속내를 보여준다. 그 당시 2019년 8월 발매된 테일러 스위프트의 『Lover』 앨범은 디자이너 스텔라 매카트니(Stella McCartney)와 협업해 총 네 가지 버전으로 출시하기로 이미 확정되어 있었다. 이처럼 기사가 나올 당시에는 이미 서구 톱 아티스트들도 컬렉터 버전을 통한 앨범 출시를 예고하고 있었다. 해당 사례는 서구 아티스트와 비서구 아티스트가 똑같이 앨범 판매를 위한 판촉을 하더라도 오로지 비서구 아티스트에게만 한 치의 오점도 없는 성과를 요구하는 이중 잣대를 보여준다.

② '영어도 못하고 남자답지도 않은 아시안'이라는 담론

2019년 6월 19일, 호주의 주요 네트워크 방송국인 채널9에서 방영하는 순위 차트쇼 「20 to One」은 '글로벌 화제(Global Craze)'라는 주제의 에피소드에서 18위에 오른 BTS를 소개했다. "당신이 한 번도 들어본 적 없을 세계에서 가장 유명한 밴드"라고 소개한 뒤 다음과 같은 발언을 이어갔다.

"BTS 멤버 중에 영어를 하는 사람이 하나밖에 없고 한국어로 노래하는데 빌보드 1위를 했다고? 말이 돼?"
"유엔에서 한 연설은 아마도 헤어 제품에 관한 것일 테지."
"멤버 중 적어도 한 명은 게이일 거야."
"미국에서 한국과 관련한 뭐가 빵 터졌다 해서 약간 겁먹었는데 (잠시 김정은과 북한 관련 언급을 하고 BTS 화면을 보여준 다음) 뭐, 폭탄보다 나을 것도 없네."

이 프로그램은 BTS의 섹슈얼리티와 영어 실력에 대한 농담은 물론 미사일 위협이라는 민감한 국가 간 사안을 조롱에 이용하는 등 전방위에 걸쳐 무신경한 발언을 보여주었다. 팬덤이 이를 문

제 삼자 방송사 측은 "문제가 된 「20 to One」의 에피소드는 방송 규정을 위반하지 않았으며, BTS의 인기를 강조하기 위해 유머러스하게 풀어낸 것이다"라고 해명했다. 차트쇼 측은 SNS를 통해 "무례하게 느껴졌거나 불쾌감을 느꼈다면 사과한다"라는 글을 올렸다.

BTS의 영어 실력에 관한 조롱은 다른 미디어에서도 꾸준했다. 일례로 2018년 10월 영국의 『타임스』는 BTS에 관한 기사에서 RM이 미국 드라마 시리즈인 「프렌즈(Friends)」를 보며 영어를 배웠다는 사실을 전하면서, "가끔 말도 안 되는 문장의 영어를 하는 걸 보면 (프렌즈 등장인물인) 챈들러보다는 조이 쪽에 더 가까운 것 같다"고 썼다. BTS의 영어 실력을 조롱의 대상으로 삼는 것은 영어와 지성을 같이 보는 영어 중심적인 사고이자 영어를 사용하지 않는 문화권 사람에 대한 차별적 태도다.

한편 비영어권 국가에서는 BTS의 아시안 인종적 특징과 결부된 남성성을 공격하는 일이 주로 일어난다. 2018년 5월, 멕시코 ADN 40TV의 「파란두라(Farándula) 40」에서는 당시 미국 빌보드 시상식에 참석한 BTS의 모습을 보여주면서, "구찌를 입고 있어도 아무 소용이 없다. 이번 컬렉션은 실패다"라며 "남자들이 이렇게 뼈만 남아서 약해 보이고 이상한 머리 모양을 하고 있는데 옷이 좋아 보일 수 있겠냐"고 말했다. 거기에다 멕시코의 유명 게이 클럽을 언급하며 "게이클럽에서 일하는 것 같다. LGBT 그룹이 돌아다니면서 매춘하는 것처럼 보인다"며 성희롱적 발언도 서슴지 않았다. 그 외에도 스페인의 한 방송은 "BTS 멤버 전원이 성형 수

술을 받았다", 그리스의 한 방송은 "멤버들이 모두 여자처럼 생겼다", 어떤 외국 방송사에서는 '째진 눈' 모양의 제스처를 흉내 내며 그들의 신체적 특징을 조롱했다.

신체적 특징과 인종의 상관관계에 대해 박경태는 인종이란 "신체적 특성에 기초해서 사회적으로 규정된 집단"[5]이라고 말한다. 즉, 인종이 가진 생물학적 특성은 사회문화적으로 해석된다. 아시안 인종이 다른 인종에 비해 상대적으로 작은 체구나 가는 선 등을 가진 것을 정상적 남성성 미달로 보고, 더 나아가 게이라고 자연스럽게 가정하는 외국 언론의 모습은 서양=남성=정상성 공식을 내면화한다. 인종과 젠더적 관점에서 BTS를 향한 이중의 차별이 일어나고 있는 것이다.

③ '그들의 팬은 어린 여자애들뿐이다'라는 담론

2020년 7월 26일, 데드라인(Deadline)이라는 엔터테인먼트 뉴스 전문 언론사는 BTS가 8월에 최초로 영어로 된 디지털 싱글 음원을 발표한다는 기사의 서두를 다음과 같은 문장으로 시작했다.[6]

Saeloun sing-geul-eul-gagigo issseubnid.

새로운 싱글을 가지고 있습니다.

What's that, you say? You don't speak Korean?

이게 무슨 말이냐고? 한국어를 못한다고요?

Well, rest assured, the little girls understand.

괜찮아요. 어린 여자애들(팬들을 지칭)은 무슨 말인지 아니까요.

마치 번역기에 돌린 것 같은 한글의 (잘못된) 로마자 표기에 이어 등장한 "어린 여자애들(the little girls)"이라는 표현은 BTS 또는 케이팝 팬덤을 가리킬 때 대다수 언론사가 즐겨 사용하는 수사다. 그리고 그 앞에는 대개 crazy(미친), rabid(광적인), hysterical(히스테릭한) 같은 수식어가 붙는다. 보이밴드를 좋아하는 마음을 어린 여자아이들의 이해 못할 열광으로 규정 짓는 태도는 근래 들어 생긴 일이 아니며, 케이팝 그룹인 BTS 팬에게만 해당하는 태도도 아니다. 비틀스나 백스트리트 보이즈, 엔 싱크, 원 디렉션 등 영어권 보이밴드의 팬들 역시 이런 식으로 범주화되기 일쑤였다. 여기에는 보이밴드의 음악을 진지하게 바라보지 않는 인식과 이들을 좋아하는 나이 어린 여성의 취향을 공공연히 멸시하는 남성 중심 주류 미디어의 여성혐오적 시각이 숨어 있다. 그런데 BTS의 팬들에게는 이런 여성혐오에 제노포비아적 태도가 추가된다. 생김새도 문화도 다른 아시아의 작은 나라 출신 보이밴드에게 서양의 어린 여성 팬들이 보이는 열렬한 추종은 그들이 (서양의) '좋은 것'을 알아볼 만한 지성과 취향이 없기 때문이라 결론 짓는다. 따라서 BTS를 향한 열광은 잠시 이국적 유행에 대한 호기심에 불과하다.

BTS를 어린 소녀들의 특이한 취향쯤으로 취급하는 태도는 미디어가 BTS의 예술성을 진지하게 마주하지 않는 태도에 면죄부를 준다. 이런 사례 가운데 하나로 BTS가 앨범 발매를 앞두고 글로벌 홍보의 하나로 야심 차게 추진한 공공 예술 프로젝트인 'Connect, BTS'에 대한 미디어 반응을 보자. BTS가 앨범 『Map of the Soul : 7』 발매를 앞두고 공개한 'Connect, BTS'는 BTS의 철학에 공감한 세계의 저명한 큐레이터들이 총 22명의 미술작가를 선정해 런던, 베를린, 부에노스아이레스, 서울, 뉴욕에서 동시다발적으로 작품을 공개하는 대규모 공공 국제 미술 프로젝트다. 그중 화석 연료 없이 공기와 태양열로 추진하는 아르헨티나 예술가 토마스 사라세노(Tomás Saraceno)의 에어로센(aerocene) 열기구와 영국 출신 세계적 아티스트인 안토니 곰리(Antony Gormley) 경의 알루미늄 설치 작품을 두고 영국 BBC는 "풍선과 낙서(balloons and scribbles)"라는, 일반적인 미술 비평에서 저명한 예술가의 작품을 두고 좀처럼 사용하지 않는 단어를 선택했다. 또한 『아트 래빗(Art Rabbit)』이라는 미술 매체는 "BTS와 예술가를 한 문장 안에 언급할 날이 올 거라고는 상상도 못 했다"는 글을 트위터에 올렸다. 이런 미디어 보도는 '어린 여자애들의 문화'에 불과한 BTS가 현대미술과 협업했다는 사실에 놀랐다는 것, 예술계에 대한 사려 깊은 지원이 아니라 상업적 제스처에 불과할 것이라는 예단을 앞서 드러낸다.

음반 산업계의 차별적 대우와 서구 미디어의 모순

서구 미디어는 인종, 언어, 팬덤에 대한 평가를 경유해 BTS의 음악이 한때의 이국적 유행에 불과하며, 그 음악성을 신뢰할 수 없다는 종류의 담론을 끊임없이 만들어낸다. 이런 담론의 영향은 서구 음반 산업계의 BTS에 대한 처우를 통해 명징하게 드러난다.

뮤직비디오를 통해 팝 문화의 저변을 확장했다고 평가받는 MTV는 해마다 VMA(Video Music Awards)라는 시상식을 열어 그해 가장 활약이 돋보인 가수들을 시상한다. 2019년 8월, 그해의 VMA 부문별 후보가 발표되자 BTS 팬덤은 들끓기 시작했다. BTS가 메인 부문인 '올해의 비디오'나 '올해의 팝'이 아닌 '베스트 안무', '베스트 아트 디렉션', '베스트 컬래버레이션'과 '베스트 케이팝' 부문에 이름이 올랐기 때문이다. 2019년은 BTS가 빌보드 3회 연속 앨범 1위를 한 데다 VMA에서 중요하게 취급하는 뮤직비디오 성적에서도 유튜브 24시간 조회 수 7,500만 회를 넘기면서 기네스 기록을 갈아치운 해였다.

팬들의 의문은 '올해의 비디오'나 '올해의 팝' 등 주요 부문 후보인 다른 가수들보다 BTS의 성적이 압도적임에도 굳이 케이팝 부문을 신설함으로써 BTS를 주요 상에서 배제한 이유가 뭐냐는 거였다. 팬들은 후보 배정이 비영어권 가수는 주류가 될 수 없다는 영어 중심주의적/서구 중심주의적 차별의 결과라며 MTV가 제노포비아에 물들어 있다고 비판했다. 놀랍게도 서구 언론이 이때는 BTS의 손을 들어줬다. 『워싱턴포스트』는 같은 해 7월 26일 "미국 음악 시상식의 '분리적이지만 공평한' 원칙(The 'separate but equal' rules of American Music Awards)"[7]이라는 역설적 제목의 기사에서 MTV의 인종주의적 처사를 비판했다. BBC 역시 기사에서 다른 미디어 관계자의 말을 인용해 BTS에 대한 MTV의 처사를 이례적으로 길게 다루면서 우회적으로 비판했다.[8] 많은 주요 미디어들이 메인 부문에 BTS의 이름이 없는 것에 대해 한목소리로 지적하고 나서고, 제노포비아와 인종주의적 혐의까지 받자 MTV는 시상식을 일주일 앞두고 급히 '올해의 그룹'이라는 주요 부문에 해당하는 상을 신설해 BTS를 후보에 올렸다.

또 하나의 예로 그래미 시상식을 들 수 있다. 아메리칸뮤직어워드(AMAs), 빌보드뮤직어워드(BBMAs)와 함께 미국의 3대 음악 시상식 중 하나로 불리는 그래미상은 산업적 성과가 아닌 음악적 예술성을 평가의 기준에 놓고 회원들을 대상으로 한 투표를 통해 수상자를 정한다. 그래서 가장 명망 높은 시상식으로 불린다. 2019년도 시상식에 시상자로 그래미에 초대받았던 BTS가 과연 2020년도 그래미 후보에 이름을 올릴 것인가는 그해 음악계 초미의 관심사였다. 결론적으로 후보 지명은 불발에 그쳤다.

그래미의 역사를 살펴보면 '화이트 그래미'라는 오명이 있을 정도로 백인 음악 중심이다. 예를 들면 힙합 장르가 산업 주류에 올라온 지 십여 년이 지나도록 그래미는 흑인 힙합을 제대로 인정하지 않았다. 유색인종과 여성에 대한 공공연한 배제로 비판당해 온 그래미는 2019년부터 다양성위원회를 신설해 변화하는 음악 산업에 적응하고자 했다. 그러나 후보를 직접 선정하는 투표인단이 대부분 백인 남성이라는 태생적 한계 때문에 그들의 혁신은 제자리걸음이었다. 시상식을 앞두고 다양성위원회의 수장인 여성이 해고되는 일까지 터졌다. 이에 미디어들은 BTS의 후보 배제를 계기로 일제히 그래미의 보수성을 비난하기 시작했다. "BTS는 그래미를 받을 자격이 충분하지만, 그래미가 반드시 필요하진 않다

(호주 SBS)."⁹ "BTS가 2020 그래미 후보에 못 오른 것은 레코딩 아카데미(그래미상 주관단체)에 문화적 사각지대가 있다는 것을 증명한다(미국 『포브스』)."¹⁰ 『롤링스톤』도 논평에서 그래미의 다양성 결핍과 함께 동시대 음악 산업계 흐름에 뒤떨어져 있음을 지적했다.¹¹ 이렇듯 BTS의 그래미 후보 지명 불발로 그래미는 미디어의 포격을 받았다.

이제껏 BTS의 음악성을 적극적으로 승인하지 않거나 미묘한 방식으로 깎아내린 서구 미디어가 태도를 바꿔 MTV와 그래미 시상식의 BTS 배제에 관해 비판적 논조를 보인 것에 대해서는 몇 가지 가정을 해볼 수 있다. 우선 국내에 비해 서구 미디어는 프리랜서 기자를 고용해 기사를 쓰는 일이 잦다. 이런 이유로 매체가 아니라 기자에 의해 논조가 정해지는 경우가 종종 생긴다. 『롤링스톤』은 BTS의 음악에 대한 평가가 오락가락했던 매체다. 하지만 2018년에는 LGBTQ 권리에 관해 발언하는 BTS 기사를 내면서 케이팝 그룹을 향한 편견을 정면으로 반박하기도 했다. 이 기사 역시 프리랜서 기자가 썼다. 특히 케이팝에 관한 기사는 그 사안에 일정 지식을 갖추고 있는 프리랜서 기자가 담당하곤 한다. 그리고 케이팝 신을 오래 관찰해 온 기자 중에는 BTS를 호의적으로 평가하는 이도 여럿이다.

다른 이유로는 서구 비평계의 다양성에 관한 대외적인 진보성을 들 수 있다. BTS 및 케이팝 전반에 대한 무의식적인 폄하가 내재해 있다 하더라도, 그것이 담론 현장에서 공공연하게 인종주의나 제노포비아로 회자되면 의식하지 않을 수 없는 게 서구 비평계의 아킬레스건이다. 그래미 시상식의 BTS 후보 배제 문제도 여성과 흑인 배제로 계속해서 논란이 되어온 레코딩 아카데미(Recording Academy)의 전력이 서구 미디어의 '선택적인' 정치적 올바름을 발동시켰고, 그것이 의도치 않게 BTS에 유리하게 작용한 사례라고 유추할 수 있다. 이런 점을 종합해 볼 때 서구 미디어의 내부 담론은 결코 고정된 것이 아니라 끊임없는 경합 속에 놓여 있다고 할 수 있다.

BTS 팬덤의 대항담론적 실천

피스크에 따르면 대중문화는 언제나 "동질성과 이질성 사이에, 또는 합의와 충돌 사이에서 일어나는 투쟁의 장"[12]이었다. 이곳은 "헤게모니를 쥔 동질성의 세력이 이질성의 저항과 항상 만나는 곳"[13]으로, 사회적 정체성이 부딪히는 기호학적 전장이다. 투쟁의 장인 이곳에서는 지배 세력의 권력을 인정하면서도 그 세력과 싸우거나 피하거나 저항하는 일련의 대중적 전략이 일어나곤 한다. BTS 팬덤에게 온라인 공간은 BTS에 관한 비평적 담론을 사이에 두고 지배적 헤게모니를 쥔 서구 미디어가 담론에 끼치는 영향력을 감시하고 관찰하며 투쟁하는 곳이다.

몇 년 동안 서구 미디어와 음악 비평가를 상대해 온 BTS 팬덤은 초반에는 그들과 타협하는 전략을 택했다. BTS가 실질적으로 서구 음악 산업계에 존재를 각인한 2017년 이전에 빌보드나 인터넷 매체에서 BTS를 조금이라도 다루어주면 팬들은 기사 조회 수를 올리기 위해 적극적으로 공유했다. 또한 빌보드 차트에 영향을 주는 미국 라디오의 방송 횟수를 늘리기 위해 라디오 투표에 집단적으로 참여하고, 라디오 디제이와 일대일 관계를 만들기 위해 노력했다. 그러나 이 모든 노력에도 영어 노래가 아니라는 이유로 라디오에서 여전히 BTS의 노래가 외면당하고, 서구 미디어가 조회 수를 위해 BTS를 이용할 뿐 진지한 담론을 생산하는 데 관심이 없다는 사실을 알게 됐다. 이때 BTS 팬덤은 스스로 대항담론을 생산해야 한다는 사실을 깨달았다. 대항담론은 피스크가 '언술적 생산성(enunciative productivity)'이라고 이름 붙인 수행적 실천을 통해 나타났다. 언술적 생산성이란, 팬이 기호학적으로 만들어진 팬덤의 대상에 대한 특정한 의미를 다른 사람에게 전달하고 공유하기 시작하면서 의미가 공적인 성격을 지니는 것을 말한다. 다음에서는 대항담론을 만들어내기 위해 아미가 팬 활동을 통해 보여준 실천 사례를 살펴보겠다.

① '진지한 예술가가 아니다'에 대한 대항담론적 실천: 타래 홍보

SNS 가운데 아미가 가장 강세를 보이는 곳은 트위터다(2021년 11월 현재). 여기에는 4,000만 명의 팔로워를 보유한 BTS의 트위터 공식 계정이 있다. '가장 많이 언급된 아티스트', '가장 좋아요를 많이 받은 트윗' 등 트위터와 관련한 모든 기네스 기록 역시 BTS가 가지고 있다. 트위터는 아미에게 외부 미디어를 향한 일종의 전진 기지이자 담론장 역할을 한다. 140자로 제한된 트위터의 글자 수 제한 정책 때문에 트위터는 기본적으로 짧은 촌철살인

의 메시지나 밈(meme)에 최적화된 매체다. 그렇다고 진지한 담론이 오갈 수 없는 건 아니다. 각각의 트윗을 이어 타래로 만들면 어떤 진지한 주제도 충분히 길게 설명할 수 있다. 실제로 각 분야의 팬들이 모여 있는 트위터에서 타래는 팬덤의 중요한 영업 수단이기도 하다.

트위터 아미들 역시 BTS에 관심을 보이는 일반인에게 BTS를 설명하는 데 타래를 적극적으로 활용한다. 토크쇼나 시상식에서 BTS를 보고 가볍게 흥미를 보이는 일반인의 트윗에 가보면 십중팔구 BTS 소개 타래가 답 멘션으로 달린다. BTS의 모든 음악을 발라드, EDM, 힙합, R&B 등 장르별로 분류하고 각 음악의 뮤직비디오나 스트리밍 링크를 걸어놓는다. 또한 메시지의 중요성, 사회적 영향력, 팬덤의 사회적 활동 등 BTS에 관한 A to Z를 범주별로 설명해 놓은 타래를 멘션 창에서 흔하게 볼 수 있다. 혹시 멘션 받는 사람이 부담스러워할까 봐 본인의 관심사와 맞닿는 부분만 골라서 읽어보라는 설명도 친절하게 덧붙인다.[14]

타래를 이용한 설명은 미디어나 음악 비평가처럼 BTS 담론을 주도하는 대상 모두에게 적용된다. 그래미상을 주관하는 단체인 레코딩 아카데미가 트위터에 올린 '당신의 인생을 바꾼 앨범은?'이라는 질문에 수많은 아미가 몰려들어 BTS의 음악이 자기 삶에 끼친 영향을 긴 타래로 설명했다. 이때의 상황을 『BTS와 아미컬처』에서는 다음과 같이 설명한다.

수많은 아티스트의 팬들이 (레코딩 아카데미의) 멘션에 달려와 자신의 인생을 바꾼 앨범을 꼽기 시작했다. 그러다 이른바 록이나 포크 등 전통적 장르를 추종하는 미국인으로 추정되는 계정들이 인생을 바꾼 앨범으로 방탄의 음악을 적은 팬들에게 "장난치지 말고 진지한 음악을 대야지" 하는 비하성 훈수를 두기 시작했다. 그러자 이에 자극받은 아미들이 몰려와 방탄의 음악이 어떻게 자신의 인생을 바꾸어 놓았는지 일대 간증을 푸는 통에 그래미의 이 트윗은 리트윗(공유)보다 멘션(답변)이 두 배 이상 많은 희귀한 상황을 빚었다. 이 트윗에 달린 멘션들에서 가장 눈에 띄는 지점은 다른 팬들에 비해 아미들은 정말 할 말이 많아 보인다는 것이다. 음악의 가사와 메시지를 하나하나 풀어놓으며 그것이 어떻게 자신의 인생에 구체적으로 영향을 끼쳤는지 설명하는 아미들의 답변에 비해 타 팬들은 노래 제목, 간단한 이유, 사진이나 링크가 전부인 경우가 많았다.[15]

바야흐로 SNS가 기존의 공론장 역할을 대신하기 시작한 시대다. 하지만 SNS에서는 본인의 의견을 게재하는 비율보다 기존의 뉴스를 스크랩하거나 타인의 의견을 공유하는 비율이 여전히 압도적으로 높다. 특히 트위터는 글자 수 제한이 있고 본래 밈 위주의 생태계라 본인의 의견을 개진할 때도 짧고 감각적인 글이 대부분을 차지한다. 다시 말해 이런 환경에서 길고 상세한 글을 만들어내는 타래로 글을 쓰는 행위는 그 차별적 형식으로 인해 목적을 가진 담론적 실천으로 받아들여질 소지가 충분하다.

② '진지한 예술가가 아니다'에 대한 대항담론적 실천: 팬의 학술적 접근

BTS 관련 학술 콘퍼런스를 주최하고 BTS와 팬덤에 관해 조사하는 등 팬덤 안에서 드러난 아카-팬(연구자이자 동시에 팬인 사람을 지칭하는 용어)을 종종 마주한다. 그중에는 BTS를 뉴미디어 시대의 새로운 현상으로 주목하는 학자들도 있지만, BTS 콘텐츠가 보여주는 문학적, 미학적 측면이 흥미를 끌었다고 말하는 학자 팬들도 많다. 『Map of the Soul』 앨범 시리즈는 융의 정신분석학을 다룬 같은 제목의 학술서 내용을 참조했으며, 「피, 땀, 눈물」은 헤르만 헤세의 소설 『데미안』에서, 「봄날」은 어슐러 르 귄의 소설 「오멜라스를 떠나는 사람들」에서 주제적 모티프를 가져왔다. 「Not Today」에는 흑인 민권운동가 마틴 루서 킹 연설문의 한 대목이 들어 있다. 그뿐 아니라 2015년부터 6년째 이어져 오고 있는 BTS의 가상적 내러티브 세계관인 BU(방탄 유니버스)를 이해하기 위해서는 양자역학과 그리스 신화, 특이성(singularity)과 에피파니(epiphany) 개념을 공부해야 한다.

『화양연화』, 『Love Yourself』, 『Map of the Soul』 같은 대부분의 BTS 앨범의 방향성과 가사는 당시 멤버들의 관심사와 고민으로부터 출발하고, 거기에 BTS 기획사인 빅히트(현 하이브)가 풍부한 인문학적 자료를 덧붙이는 방식으로 이루어진다고 알려져 있다. 직관적이고 현실 친화적인 가사에 인문학적 메타포가 절묘하게 섞인 BTS의 음악은 팬은 물론 학자가 BTS의 세계에 호기심을 갖게 했다. 더구나 아시안이자 보이밴드에 비영어권 가수

라는 온갖 소수자적 요소를 갖추고 있음에도 팬의 열광적인 풀뿌리 지지를 동력 삼아 주류로 올라선 사건은 사회변혁에 대한 학자들의 이상주의적 지향을 자극했다. 이렇게 팬덤으로 모여든 학자들은 2019년 서울에서 열린 BTS 인사이트 포럼, 2020년부터 매년 열리는 BTS 학제 간 국제콘퍼런스(BTS Global Interdisciplinary Conference), 전 세계 학자 팬들이 모여 발행한 BTS 전문학술지 『R3(The Rhizomatic Revolution Review)』, 트위터의 방탄학자 계정(@BangtanScholars) 등 다방면에 걸쳐 활발한 활동을 해오고 있다.

전문 연구자가 아닌 일반 팬이 시도한 학술적 접근의 사례도 다양하다. BTS와 팬덤에 관한 뉴스와 리뷰를 발행하는 『아미 매거진(ARMY Magazine)』이나 『보라색 비전(Borasaek Vision)』 같은 팬 잡지, 미디엄(Medium) 같은 미디어 블로그, 유튜브 전문 비평 리뷰 등을 통해 팬들은 일종의 팬 연구자(fan academic)로서 BTS에 관한 진지한 담론을 생산해 내는 제작자 역할을 한다. 일반 팬이 팬덤 안에서 팬 연구자로 성장한다는 것은 두 가지 점에서 의미심장하다. 첫째는 BTS가 예술적, 비평적 층위에서 주목할 만한 가치가 충분한 진지한 아티스트라는 사실이다. 둘째는 팬덤 안에서 팬의 성장과 분화가 일어난다는 점이다. 팬이 만들어낸 모든 학술적 결과물은 팬덤에 의해 공유돼 BTS에 대한 팬덤 고유의 내부 담론을 강화한다. 이른바 '언술적 생산'이 이루어지는 과정이다.

③ 영어 중심주의에 대한 대항담론적 실천

서구 대중 및 미디어가 BTS의 해외 팬에게 가장 의아해하는 대목은 어떻게 알아듣지도 못하면서 한국어로 된 노래를 좋아할 수가 있느냐는 것이다. 이 질문의 저변에는 '가사의 뜻도 모르면서 그저 비주얼만 보고 좋아할' 거라는 단정이 숨어 있다. 그러나 BTS가 새로운 노래를 발표하면 팬덤 내부에서 뮤직비디오와 함께 가장 많이 유통되는 콘텐츠가 바로 가사 번역물이다. BTS가 직접 쓰는 가사의 메시지를 가장 큰 가치로 꼽는 팬덤인 만큼 노래의 가사를 낱낱이 분해해 그에 의미를 부여하는 기호학적 생산이 일상적으로 이루어진다.

문화 영역에 깃든 영어 중심주의에 대항하는 실천은 영어권 팬의 경우에는 영어가 아닌 낯선 언어로 노래하는 가수를 좋아하게 된 시점부터라고 볼 수 있다. 낯선 언어로 된 노래를 온전하게 이해하기 위해서는 직접 외국어로 된 번역물을 찾아 나서야 하기 때문이다. 외국 팬은 적극적으로 팬덤 안 번역 계정의 가사 번역본을 찾아 나선다. 한 번역 계정의 번역만 보는 것이 아니라 여러 번역 계정의 다양한 버전을 보면서 가사의 뉘앙스를 통합적으로 이해해 나간다. BTS의 외국 팬이 된다는 것은 이런 의지적인 행위를 자발적으로 실천한다는 뜻이다. 제1세계 시민으로서의 우월한 문화적 지위를 당연히 누리고 살아왔던 서구 영어권 팬들은 BTS 팬이 됨으로써 이런 역전된 순간을 종종 마주한다. 이런 순간들은 "이 세계에서의 자신의 위치와 타 문화에 대해 성찰할 계기를 준다."[16]

영어와 비영어 간의 언어적 위계를 역전시키는 팬들의 실천은 BTS의 콘텐츠를 감상하기 위해 번역물을 찾아보는 것에 그치지 않는다. 어떤 외국 팬들은 한글 공부에 대한 열의가 대단하다. 2018년 한글날, 트위터에는 한글로 된 이미지와 함께 해시태그 '#감사합니다_방탄소년단'이 실시간 트렌드에 올랐다.

그리고 다음 해인 2019년 한글날에도 여지없이 BTS의 가사를 손으로 쓴 사진과 함께 '#방탄때문에_한글배웠다'라는 해시태그가 올라왔다. BTS의 음악 세계를 더 잘 이해하기 위해 한글을 배우는 외국 팬들의 행동은 "BTS의 메시지가 구현된 언어 체계인 한글문화에 대한 나름의 감사 방식"[17]이다. 또한 예술을 이해하는 데 중요한 것은 언어화된 기표가 아니라 그 안의 사상과 감정임을 토로하는, 영어 중심적 지배담론에 대한 대항적 실천인 것이다.

④ 왜곡된 팬덤 대표성 인식에 대한 대항담론적 실천: 아미 셀카데이

미디어가 BTS(와 케이팝 전체) 팬덤을 수식하는 '광적인 어린 여자아이들'이라는 표현은 BTS의 음악을 진지하게 바라보지 않는다는 점, 그리고 이들을 좋아하는 나이 어린 여성의 취향을 공공연히 멸시하는 시각이 숨어 있다는 점에서 가수와 팬덤을 향한 이중의 비하를 품고 있다. 팬을 특정한 부류로 범주화하고 이를 기반으로 해당 아티스트의 예술성을 평가하려는 미디어의 구분 짓기에 대항해 아미 팬덤이 찾은 실천 방식 중 하나가 '아미 셀카데이(#ARSD, ARMY Selca Day)'*다. 트위터에서 #ARMYSelcaDay 혹은 #ARSD 등의 해시태그를 검색하면 10대부터 70대까지 다양한 연

---

* 외국 팬들이 영어식 표현인 '셀피'가 아닌 '셀카'라는 한국식 영어 표현을 굳이 교정하지 않고 그대로 가져다 쓰는 것에서 케이팝 팬덤 안에서 일어나는 언어의 혼종성을 엿볼 수 있다.

령대와 성별의 아미들이 찍어서 올린 셀카를 볼 수 있다.

알다시피 SNS에 본인의 얼굴을 올리면 개인 신상의 유출 위험과 함께 다양한 형태의 온라인 혐오와 딥페이크(deepfake, 인간 이미지 합성 기술) 같은 폭력에 노출될 수 있다. 그런데도 팬들이 정기적으로 이런 셀카를 올리는 까닭은 유희 외에도 팬덤 대표성(fandom representation)에 관한 인식이 광범위하게 왜곡되어 있다는 각성에 기초하고 있다. 잘못된 대표성을 바로잡기 위해 팬들은 다양한 방식의 실천을 탐색한다.

⑤ 왜곡된 팬덤 대표성 인식에 대한 대항담론적 실천: 아미 인구조사

그중 하나로 아미는 팬덤 다양성을 객관적으로 지표화할 수 있는 인구조사를 자체적으로 시행한다. 팬덤 창립 7주년을 맞아 발족한 '아미 인구조사(ARMY Census)'는 3명의 아카-팬이 글로벌 아미를 상대로 진행한 대규모 설문조사다. 2020년 7월 9일~9월 30일에 이루어진 이 설문은 총 46개의 언어로 진행되었으며, 조사에 참여한 아미는 100여 개국 40여만 명에 이른다.

그동안 팬덤 내부에서는 '어린 여성들로만 이루어진 팬들'이라는 미디어의 규정에 객관적 수치로 대응하기 위해 아미들의 연령, 국가, 성별에 관한 설문조사가 산발적으로 진행되었다. 그런 가운데 아미 구성에 관한 이 정도의 대규모 조사는 첫 시도다. 이들은 홈페이지에서 아미 인구조사의 목적을 다음과 같이 밝혔다.

저희는 BTS를 사랑하는 아미들 내에 존재하는 다양성에 대한

더 정확한 정보를 수집하기 위해 아미 인구조사를 하고 있습니다. 아시다시피 몇몇 외국 미디어에서는 아직도 BTS를 좋아하는 팬들은 특정한 연령층이나 성별을 가진 아주 일부의 사람들이라고 생각하고 그렇게 보도를 하는 경우가 있습니다. 그런 미디어 보도들은 일반인에게 BTS나 그들의 팬에 대한 잘못된 인식을 심어주기도 하고, 또한 BTS의 음악을 라디오나 TV 같은 매체에서 접하는 것에 어려움을 주기도 합니다. 또한 대중에게 BTS의 음악적 영향력에 대해 설명하는 것을 더 어렵게 하기도 합니다. 저희는 전 세계 여러 지역에 존재하는 아미들에 대한 정보를 최대한 정확하게 수집해서 그 데이터를 공개하고자 합니다.[18]

이들은 미디어에 비친 팬덤 대표성이 BTS에게 어떤 영향을 끼치는지 정확히 인지하고 있다. 많은 서구의 미디어가 여전히 BTS(와 케이팝 일반)를 아시아에서나 소구되는 문화라고 생각한다. 설령 서구에 팬층이 있다 하더라도 주류 음악시장에 영향을 줄 수 있는 유의미한 숫자 혹은 계층은 아니라고 생각하기 때문에 서구 라디오나 시상식 주요 부문에서 BTS는 타자화된다.

미디어가 만들어낸 이런 담론은 일반인에게도 그대로 받아들여진다. 일례로 2020년 6월 티켓을 예매한 뒤 나타나지 않는 방식으로 트럼프의 오클라호마 유세장을 텅 비게 한 케이팝(과 BTS) 팬들의 행동에 대해 미국인들은 '왜 아시아인들이 미국 정치에 관여하는가?'라고 의문을 표했다. 이들은 이 케이팝 팬들이 대부분 미국인이라는 사실(유세장 티켓 예매는 미국 국내 주소를 적어내야만 가능하다)은 알지 못한다. 미국에서 BTS의 높은 인기가 미국 내 한국인 이민자 증가와 관련 있다고 믿는 사람들이 여전히 있는 것처럼 말이다. 이런 상황에서 아미 인구조사는 팬덤 대표성을 팬덤 스스로가 규정하고자 나선 첫 번째 대규모 시도이자, 팬덤에 관해 널리 퍼진 왜곡된 지배담론과 그 안의 미소지니 및 제노포비아에 대항하는 실천이었다.

팬덤이 생산하는 담론의 시대

한국 가수가 글로벌 음악시장에서 지속해서 영향력을 유지해 오고 있는 첫 번째 사례인 BTS는 그 영향력의 대부분이 글로벌 팬덤의 열렬한 지지를 통해 만들어졌다. 그러나 서구 주류 담론의 눈에 철저히 외부인 케이팝 그룹 BTS가 글로벌 시장에서 안정적으로 살아남기 위해서는 팬들의 노력을 통해 산업적 기록을 만들어내는 것만으로는 부족했다. 인종주의, 제노포비아, 영어 중심주의라는 이데올로기를 토대로 만들어진 BTS에 대한 서구의 주류 담론은 서구와 비서구의 역학 관계를 그대로 보여준다. 팬덤 역시 초반에는 BTS를 서구에 알리기 위해 영향력 있는 서구 미디어와 타협하는 전략을 택했다. 몇 년에 걸친 노력 끝에 서구 음악 산업에서 BTS라는 아티스트가 어느 정도 인지도를 가지게 되었다. 그러나 여전히 서구 아티스트와는 다른 타자로 여겨지는 것을 보고 더 이상 타협이 아닌 담론장에서의 경쟁이 이루어져야 한다는 것을 깨달았다. BTS에게 가해지는 편견을 분해하고 긍정적인 새 담론을 입히는 작업이 필요했다.

　　지배담론과 경합하기 위한 팬들의 선택은 언술적 생산으로 이루어진 대항담론적 실천이었다. 팬들은 타래 홍보와 학술적 접근을 통해 BTS의 성장 서사와 음악에 의미를 부여함으로써 BTS의 진지한 음악성을 담론화했다. 또한 번역과 한글 학습을 통해 BTS의 가사를 폭넓게 수용해 언어의 장벽을 뛰어넘는 문화의 효용을 증명함으로써 서구 음악 산업의 영어 중심주의에 대항했다. 자신들의 다양성을 설득하기 위해 SNS에 얼굴을 드러냈으며, 글로벌 팬덤을 대상으로 한 대규모 인구조사를 실시했다. 이런 구체적이고 꾸준한 실천을 통해 BTS에 대한 새로운 담론이 만들어졌다.

　　BTS 팬덤의 대항담론적 실천은 주로 온라인을 통해 펼쳐진다. 이는 뉴미디어의 영향력이 커지는 상황에서 레거시 미디어와 뉴미디어 사이의 담론 경쟁의 역학을 관측할 수 있다는 점에서 의미가 있다. 뉴미디어 시대의 쌍방향적 커뮤니케이션 특성 덕에 기존의 비평가나 기자가 했던 문화매개자 역할은 이제 온라인 인플루언서나 팬덤으로 확대되었다. 미디어 융합이 가속화되고 기술과 산업, 수용자 관계가 재정립됨에 따라 전통적인 문화매개자가 비평적 권위를 업고 담론장에 행사해 온 영향력이 줄고, 문화현상의 주체인 소비자와 팬덤의 내부자적 관점이 중요해졌다. BTS 팬덤의 대항담론적 실천은, 주로 팬덤 공동체 안에서 스타나 서사에 관한 해석과 추리를 공동의 놀이로 즐기던 팬덤 문화가 이제 공론장에서 지배담론에 대항하는 담론을 생산하는 행위로 확대된 사례로서 중요성을 가진다.

2장
초국적 한류와 걸그룹 노동*

류진희

걸그룹이 『82년생 김지영』을 읽을 때

1990년대 이후 신자유주의의 도도한 물결이 시작됐다. IMF 금융위기의 거친 파고를 타고 한류가 굴뚝 없는 산업으로 성

---

* 이 글은 다음 두 논문을 재구성했다. 류진희, 「젠더화된 메타서사로서 한류, 혹은 K-엔터테인먼트 비판: 여성 팬, 걸그룹, 그리고 여성 청년을 중심으로」, 『대중서사연구』 제54호, 대중서사학회, 2020, 9~37쪽; 류진희, 「초국적 서비스로서 걸그룹 노동과 여성서사: 소설 '소녀 연예인 이보나'와 '라스트 러브'를 경유하여」, 『여성문학연구』 제52호, 한국여성문학회, 2021, 36~61쪽.

황이었다. 지난 30여 년 동안 88만 원 세대, 3·5·7포 세대, 헬조선 시대를 사는 흙수저 청춘이 그나마 자수성가할 수 있는 직업으로 연예인을 꿈꿨다.

　　아동기 혹은 청소년기부터 사회생활로 접어드는 연습생 시절은 아이돌 신화의 시작으로 이야기된다. 거대 엔터테인먼트사를 비롯해 중소 기획사들은 아이돌을 자원 삼아 국내뿐 아니라 해외로의 진출을 부단히 꿈꿨다. 이제 한류 3.0 시대, 방탄소년단은 BTS가 되어 빌보드와 그래미를 종횡무진 누비는 세계의 아이돌이 됐다. 그 뒤에는 BTS의 글로벌 팬덤, 든든한 아미가 있다.

　　질문을 던져보자. 걸그룹은 아이돌일까? 말 그대로 우상으로서 아이돌(idol) 말이다. 걸그룹은 충성도 높은 팬덤을 가진 보이그룹과 비교해 규모가 다르다. 남돌(남성 아이돌)이 한 명 한 명의 아티스트로 꼽아질 때, 여돌(여성 아이돌)은 집단으로 셈해지기 일쑤다. 남성 스타와 여성 팬이라는 상징적 분할도 여전하다. 걸그룹을 향해서는 우상을 좇는 이들이 아니라 (유사 근친 관계에서) '삼촌팬'이 먼저 주목받았다. 그러나 한동안 정체되었던 드라마 중심의 한류 1.0을 케이팝 중심의 한류 2.0으로 진전시킨 이는 바로 걸그룹이었다. 2008년 무렵 소녀시대가 중국, 카라가 일본, 원더걸스가 미국 등에서 두각을 나타내기 시작했다. 이후 해외 시장을 목표로 한 걸그룹이 각종 콘셉트의 다국적 멤버로 기획됐다.

　　그런데 아이돌에 관한 논의에서 걸그룹은 소략하다. 초국적 한류의 진전과 관련해서는 더욱 그러하다. 무엇보다 걸그룹이 수행하는 노동의 의미는 잘 말해지지 않는다. 이진경은 '서비스 이코노미(service economies)'라는 개념으로 인종화된 섹슈얼리티 노동을 분석한다. 이제껏 노동이라 여겨지지 않았던 일들이 식민, 전쟁, 냉전, 독재, 금융위기 등을 통과하며 한국 근대성의 본질을 형성했다는 것이다.[1] 그런데도 여성이 수행하는 노동은 중공업 남성 노동의 맞짝으로서 경공업 이외에서는 잘 떠오르지 않았다. 여성의 섹슈얼리티가 개입된 노동은 인간의 신체뿐 아니라 감정까지 동원하는 서비스 노동이다. 걸그룹이 엔터테인먼트 장에서 수행하는 노동은 감각적 스펙터클을 제공하며 팬으로부터 감정을 끌어낸다.

페미니즘 리부트 혹은 페미니즘 대중화 시대에 베스트셀러 『82년생 김지영』을 읽었다고 밝힌 걸그룹 멤버를 향한 불편한 반응이 떠오른다. 누적 판매 부수 100만 부 이상, 전 세계 30여 개 언어로 번역된, 대통령부터 BTS 멤버까지 읽었다는 이 여성 서사를 왜 걸그룹 멤버들이 읽었을 때만 난리일까? 기본적으로 여기에는 걸그룹이 '대체 어떤 차별을?'이라는 분노가 있다. 여성이 주로 담당하리라 가정되는 무임금 가사노동을 걸그룹이 할 리 없으므로 소설 속 김지영의 고통에 공감하는 것은 어불성설이란다. 사실 '살면서 여자로서 뭐가 그렇게 힘들었어요?'라는 비웃음은 걸그룹이 수행하는 일을 단지 여성 섹슈얼리티의 발현으로 여길 뿐이다. 여성의 일, 즉 재생산 노동뿐 아니라 서비스 노동도 진짜 노동이 아니라는 것이다.

여기에는 자본주의적 생산이 재생산을 분리해 내고 여성에게 할당하는 노동을 주변화해 온 역사가 있다. 걸그룹 멤버들의 엔터테인먼트 수행과 그에 따른 유명세 역시 자본주의 사회의 자기 계발과 무한경쟁을 반영하는 공정한 과정 및 정당한 결과로 인정하지 않는다. 종종 특정 서비스 노동에 대한 여성 인력 집중이 차별의 효과가 아니라 역차별의 증거가 되는 것처럼 말이다. 따라서 몇몇 걸그룹의 성공적인 인기는 단지 젊은 여성이 자신을 상품화해서 잠시 누리는 것일 뿐이다. 그러므로 걸그룹에게는 "너와 결혼까지 생각했어" 같은 실망이 가능하다. 다시 말해 걸그룹은 아이돌로서 영원히 먼 곳에서 반짝이는 별과 같은 존재라기보다, 자국 여성으로서 언젠가 자신과 연결될 가능성 있는 존재다. 따라서 소녀시대든 원더걸스든 누군가 『82년생 김지영』에 대한 공감을 언급할라치면 자신이 거부되는 듯한 집단적인 분노를 무람없이 표출한다. 이러한 걸그룹 멤버에 한정된 신경질적인 반응은 역설적으로 이들이 초국적으로 수행하는 서비스 노동의 모순적인 특징을 선명히 드러낸다.

초국적 서비스로서 한류 걸그룹 노동

이제 걸그룹의 역사적 연원을 통해 근거를 확보해 보자. '걸그룹'이라는 조어 자체가 사용된 지는 얼마 되지 않았다. 네이버 뉴스 라이브러리 키워드 검색을 활용하면, 확실히 1990년대부터 지금의 뜻으로 쓰인 듯하다. 1993년 신문 기사 「대중가요계 '걸그룹' 선풍」은 미국, 일본을 차례로 풍미했던 걸그룹이 이제 한국에도 상륙했다고 주장한다. 기사는 걸그룹이 늘씬한 몸매와 율동을 상품화했을 뿐 음악성은 기대 이하라고 깎아내린다[2]. 서태지와 아이들 이후 남성 신인 그룹들에 대해서는 댄스뮤직에 랩적인 요소를 강화했다는 등 비교적 음악 자체에 초점을 두고 소개한 것과 다르다.[3] 대신 걸그룹의 초국적 기원에 관한 자각이 뚜렷하다. 특히 S.O.S.가 "감각적인(Sensational) 동양의(Oriental) 소리(Sound)"라며 여성 보컬 그룹명이 칼라, 와일드로즈 등 외국어 일색이라 비판한다.

이 기사는 1990년대 초반 한국 걸그룹의 전신으로 1960~1980년대를 아우르는 미국의 슈프림스(The Supremes), 일본의 소녀대(少女隊) 등을 꼽는다. 이는 한류 걸그룹 원더걸스의 「노바디」(싱글 앨범 『The Wonder Years-Trilogy』 수록) 활동을 떠올리게 한다. 원더걸스가 「노바디」로 2008년 한국, 2009년 미국, 2012년 일본에서 활동할 때 모습이 걸그룹 황금시대의 슈프림스, 소녀대와 비슷했다. 한국어와 영어로 나온 「노바디」 뮤직비디오는 걸그룹을 둘러싼 통시적 서사를 보여준다. 뮤직비디오의 첫 장면은 남성 스타를 위해 마련한 무대로부터 시작한다. 백 코러스였던 걸그룹 멤버들이 남성 스타를 대신해 공연했다 일약 스타가 된다. 바로 전 해인 2007년 한국에서 개봉한 빌 콘던 감독의 영화 「드림걸즈」(2006)의 이야기였다. 이 영화는 슈프림스를 모델로 만들었다고 알려졌다. 일본 진출을 위해 다시 제작한 일본어 뮤직비디오는 세계적인 히트에 성공한 '원더풀 원더걸스(The Wonderful Wondergirls)' 기사가 실린 신문을 보여주며 시작한다. 다음 장면에서 원더걸스는 의기양양하게 비행기에서 내려 화려한 무대로 걸어 들어간다. 이들은 다시 흑백 TV 속으로 빨려 들어갔다가 마지막에 현대로 돌아와 총천연색으로 현현한다.

원더걸스를 통해 상상된 금의환향하는 월드 스타의 모습은 이미 1950년대 김시스터즈에서 실현됐다. 이들은 원더걸스보다 무려 50여 년을 앞서 미국에 진출한 한국 '최초의 공식 걸그룹'이다.* 이때 '공식'은 미8군 무대를 통해 아시아 최초로 한국 국적으로 국제무대에 진출했다는 뜻이다. 김시스터즈는 일제강점기 「목포의 눈물」로 스타덤에 오른 "원조 걸그룹" 저고리시스터즈의 핵심 멤버 이난영의 딸과 조카들이었다. 성공적인 미국 활동 중 어머니의 죽음으로 숙자, 애자, 민자가 10년 만에 김포공항에 내렸을 때, 마치 원더걸스의 뮤직비디오처럼 스포트라이트가 쏟아지고 카메라 플래시가 터졌다.

김시스터즈는 이국적인 섹슈얼리티를 무기로 '동양에서 온 마녀'로 불리며 태평양 너머 꿈의 무대에 우뚝 섰다. 심재겸은 "환상적인 김시스터즈"가 미군기지를 매개로 하는 트랜스퍼시픽(transpacific) 연예 네트워크의 일부였다고 말한다. 활약 루트 자체가 초국적이었으며, 그들 스스로가 범국가적 문화 현상이었다는 것이다. 확장하는 냉전 체제에서 '아시아의 구경거리'로서 여성들은 섹슈얼리티 자체로 동양에 관한 정보를 전달했다. 하지만 궁극적으로 이들에게 요구된 것은 전쟁의 참화에서 건진 "냉전의 딸" 역할이었다. 미국이 얼마나 아름다운지를 반복적으로 증언하면서 이들은 당대 공산 진영에서 아시아의 딸들을 구해야 한다는 주장

---

* "최초의 공식 걸그룹"이라는 계보를 드러내는 표현은 한국 여성 보컬그룹에 대한 특별한 관심과 노고로 집대성된 다음 저서에서 비롯한. 최규성, 『걸그룹의 조상들: 대중이 욕망하는 것들에 관한 흥미로운 보고서』, 안나푸르나, 2018

에 힘을 실었다. 그리하여 당시 베트남전쟁을 해야 하는 살아 있는 알리바이가 됐다.⁴

또한 김시스터즈의 세계적 인기는 아시아성(Asianness), 즉 아시아적이라는 특질에서 발현된 것이기도 하다. 강조컨대 본인들이 말하듯 "우리는 아무렇지도 않았는데 미국 사람들은 놀라는" 자질이 중요했다. 어머니 이난영의 단호한 "23살 이전, 노 데이트(No date)!"는 그들의 성공비결로 자주 회자한다.⁵ 김대현 역시 1960~1970년대 미8군 무대에서 데뷔한 뒤 외국 무대에 섰던 '시스터즈'들의 최전성기는 "대한의 딸"이라는 수사가 안전장치로 기능해야 가능했다고 지적한다.* 이는 '지금-여기' 걸그룹을 향한 제약들과 바로 이어진다. 이들은 어린 나이부터 연습생 생활을 시작하며, 숙소 생활 중 핸드폰 사용과 활동 중 연애 등이 공공연하게 금지된다. 이 모든 것이 기꺼이 감내해야 할 한국적인 관습으로 예사롭게 여겨진다.

이렇듯 초국적 무대에서 오히려 아시아적인 모습이 강조되듯, 국제적인 유명을 얻기 위해 종종 관습적인 구속이 허용된다. 식민-냉전 체제에서 여성은 문화적 진정성을 담는 전통과 연결되면서, 반복해서 초국적 섹슈얼리티 노동을 담당한다. 그러나 이국적 지평에서 기대되는 자국성을 한몸으로 겪어내는 "아시아의 디

---

* '시스터즈'들에게 순결 유무와 더불어 부인되어야 할 것이 바로 국제 교제, 해외 결혼의 가능성이었다. 당시 '디바'들은 미8군 무대를 비롯해 민간 유흥업소와 결탁되어 있었다. 이 같은 성차별에 근거하면서, 동시에 규범적 질서로부터 탈주하는 성문화가 전개되었음은 김대현, 「워커힐의 '디바'에게 무대란 어떤 곳이었을까」, 『원본 없는 판타지』, 후마니타스, 2020, 132~167쪽 참조.

바"들은 늘 식민지 근대성이 가질 수밖에 없는 파열음을 만들어낸다.* 아이돌이 갖춰야 하는 예의와 인성은 유독 걸그룹에게 실현되리라 기대된다. 하지만 때때로 걸그룹 역시 적극적인 반항은 아니더라도 무표정으로 대응한다. 이렇듯 언제나 걸그룹을 비롯한 여성 연예인들은 대중에게 주목받는 동시에 새로운 매체 장을 넘나들며 자신을 둘러싼 모순된 담론들과 격투해야 했다.

동아시아적 사건으로서 걸그룹 이슈

다시 '지금-여기'로 돌아와서 걸그룹이 놓인 복잡한 입지를 가늠해 보자. 돌이켜보면 2015년 페미니즘 리부트, 즉 페미니즘 대중화 원년은 한편으로 걸그룹 전성시대였다. 그해 '국내 유일의 아이돌 음악 전문 비평 웹진' 『아이돌로지』에서 단행본 『아이돌 연감』을 발간했다. 1996년 H.O.T.가 나온 해를 기준으로 케이팝 스무 해를 앞둔 결산 차원이다. 이 책의 마지막에 실린 「2015년 신인 데뷔 통계」가 주목할 만하다. 총 60팀 중 보이그룹 23팀, 걸그룹 37팀으로 걸그룹이 많았다. 멤버들의 출신 지역은 국내는 서울과 경기, 국외는 중국과 미국 위주였다. 국외의 경우, 중국을 제외한 지역에서 걸그룹 멤버의 비율이 높았다.⁶ 다국적 기획이 활

---

* 1960년대 "한국 최초의 디바" 김추자에 이어 1970년대 후반 혜은이, 윤시내, 1980년대 민혜경, 김완선, 이지연, 강수지, 1990년대 엄정화, 이효리 등 여성 가수들이 육체성을 담보로 한 목소리로 당대의 근대성 너머의 근대성을 보여줬다는 논의는 이용우, 「아시아의 디바와 근대성의 목소리들」, 『귀신 간첩 할머니: 근대에 맞서는 근대』, 현실문화, 2014, 153~166쪽 참조.

성화되고 걸그룹이 양적으로 우세했다.

　　2015년 메갈리아를 만들어낸 메르스(MERS, 중동호흡기증후군) 정국에서 「식스틴」(Mnet, 2015년 5~7월)이 방영됐다. 이 서바이벌 프로그램에서 최종 승자가 된 9명이 트와이스의 최종 멤버가 됐는데, 절반 가까운 4명이 한국이 아닌 다른 국적이었다. 이후 트와이스는 원더걸스를 잇는 대표 한류 걸그룹으로 성장한다. 2021년 29개의 음반으로 한일 누적 앨범 판매량 1,000만 장을 돌파했다. 원더걸스 때에는 다소 무리해 보였던 해외 진출 성과를 실질적으로 이루어냈다. 다국적 멤버 구성 전략이 주효했다. 2019년 버닝썬 사건 직후[7] 한국 엔터테인먼트 시가총액이 몇조 원대로 증발하는 위기 상황에서도 JYP 엔터테인먼트는 크게 타격받지 않았다고 알려져 있다. 오히려 회사 수장의 연예인 주식부자 1위 등극 보도가 있었다.[8]

　　그러나 트와이스는 다국적 그룹이어서 멤버 쯔위의 청천백일기 사건, 사나의 일본 연호 논란 등 늘 초국적 사건에 연루됐다. 2016년 당시 16살로 가장 나이 어린 멤버 저우쯔위(Chou Tzu-Yu)가 한 프로그램에서 출신지 대만을 상징하는 깃발을 들었다. 그러자 '하나의 중국' 원칙을 위반했다는 이유로 중국 누리꾼들이 반발했다. 얼마 지나지 않아 쯔위 개인의 '미안합니다' 동영상이 유튜브에 공유됐다.[9] 2019년에는 일본인 멤버 사나(Minatozaki Sana)가 일본 천황의 생전(生前) 양위(讓位)에 따른 연호 변경과 관련해 "헤이세이(平成) 수고하셨습니다"라는 글을 인스타그램의 트와이스 공식 계정에 올렸다가 호되게 비판받았다. 여기에는 걸그룹 여성이기 때문에 한층 더 촉발되는 내셔널리즘 문제가 있다.

다른 예로, 한 걸그룹 멤버가 라디오에서 "민주화시키다"라고 발언해서 지탄받은 적이 있다. 이는 일베 등 극우 성향 사이트에서 의도적으로 오용한 표현이었다. 또 다른 걸그룹 멤버들은 한 예능 프로그램에서 퀴즈를 풀다가 독립운동가 안중근의 얼굴을 몰라 "긴또깽(김두한의 일본어 발음)"이라고 장난스레 대답했다가 뭇매를 맞았다. 하물며 광복절에 일장기 이모티콘을 인스타그램에 노출한 걸그룹 멤버는 어땠을까? 그는 출연 프로그램에서 하차하고 참회의 자필 사과문을 발표해야 했다. 그중 한 명은 유례없이 한국사능력검정시험 자격증까지 취득하면서 자신의 진심을 증명하기도 했다. 3·1운동이나 8·15 해방 등 역사적 사건과 기념적 순간을 꼬박꼬박 SNS에 인증하는 '개념' 아이돌과 비교당하며, 이들은 역사의식이 없다는 비난을 한동안 들어야 했다.

반면 남성 연예인들의 무교양은 종종 풋풋한 미성숙이나 거침없는 용감함으로 여겨졌다. 평균보다 모자라는 남성들의 도전이라는 콘셉트로 국내 리얼 버라이어티 장르를 태동시킨 「무한도전」(MBC, 2006~2018) 이후, 한때 남성 출연자 중심의 예능 프로그램이 대세였다. 여기에서 종종 실언 혹은 사고가 일어나도 특유의 캐릭터를 이유로 용서 혹은 무화되는 것이 보통이었다.[10] 보이그룹은 멤버의 역사 인식과 관련한 논란이 생기더라도 당사자가 아닌, 대체로 소속사 차원의 해명 혹은 사과 표명으로 신속히 마무리됐다. 비슷하게 역사 관련 퀴즈에 오답을 외치거나, 설사 전범기를 연상시키는 의상으로 논란이 되어도 특별히 남성 아이돌은 인구에 회자하거나 인상에 각인되지 않았다.

강조컨대 역사 인식 부족에 따른 사회적 불쾌감이 유독 걸그룹을 통해서 더 강렬하게 일어난다. 이는 글로벌을 주창하는 초국적 한류가 오히려 민족의식을 촉발하는데, 유독 이 민족국가 사이의 경계가 여성을 통해 상상되기 때문이다. 앞에서 말했듯『82년생 김지영』을 읽은 여성 아이돌에 대한 집단적 호통은 초국적 활동을 전개하는 걸그룹 멤버라도 결국엔 한국 여성으로서 역할을 다해야 한다는 가정을 전제로 한다. 최근 한류 20년에 접어들어 관련 정책을 총괄하는 기관보고서를 보면, 도전, 진출, 정복과 같은 관점의 한류 제창이 혐한(嫌韓) 혹은 반한류(反韓流) 같은 역효과를 낸다고 지적한다. 이제는 한류 소비국의 현지 상황과 조화를 이루는 방향으로 전략을 세워야 한다는 제안이 설득력을 얻는다.[11]

그런데 이러한 제안과 반대로 코로나19 시대를 맞아 대중적 내셔널리즘은 더욱 고양되고 있다. 감염병이 도무지 진정될 기미가 없고 국경은 여전히 열리지 못한다. 초고속 인터넷 환경에서 실시간 네트워킹이 활발하지만, 혐오와 차별 발언은 더욱 난무한다. 또한 아이돌 그룹의 다국적 멤버들을 향한 검증이나 외국 팬들을 향한 비난도 일어난다. 특히 식민-냉전 체제의 적대적 축으로서 일본 및 중국을 향한 반감이 강렬하다. 식민지 역사 이슈로 늘 반목했던 일본과 달리 동북공정이 중국에 대한 비난을 새롭게 촉발한다. 2017년 사드(THAAD) 배치는 한한령(限韓令)의 불씨가 됐고, 2019년에는 홍콩보안법이 촉발한 반중시위 때 어떤 아이돌이 중국 공권력을 지지했는지 주목했다. 이로써 초국적 한류 시대, 다국적 걸그룹 전성기에 배타적인 'all-한국인' K-아이돌에 대한 선호가 생겨났다.

경계를 넘는, 일하는 여성들의 서사

식민-냉전의 역사와 맞닿은 한류 시대에 걸그룹이 수행하는 초국적 서비스 노동과 그 역설로서 민족의식이 문제로 떠올랐다. 다시 말하지만, 민족의식이란 곧잘 여성을 통해 촉발된다. 엔터테인먼트 장에서 걸그룹을 둘러싸고 일어나는 논란 역시 마찬가지다. 그러나 그렇기에 시대와 경계를 넘는, 일하는 여성들의 서사가 걸그룹을 통해 그려지고 있다. 바로 한정현의 단편 「소녀 연예인 이보나」[12]와 조우리의 장편 『라스트 러브』*다. 앞에서 말했듯 페미니즘 리부트 혹은 페미니즘 대중화 시대는 걸그룹 전성기였다. 동시에 기존 문학에 대한 페미니즘 비평 및 그로 인한 새로운 여성 서사가 촉구된 때이기도 했다. 이 두 소설은 여성의 대중/하위문화를 재현의 영역으로 끌어왔다는 점에서 이목을 끌었다.

먼저 「소녀 연예인 이보나」는 대중문화를 포함해서 한국의 근대성 자체에 들어 있는 혼종적 기원을 보여준다. 이 소설의 주인공 주희는 제복이 어울리지 않는 왜소한 몸을 가진 남성으로, 유학을 떠난 일본에서 소녀 같다고 모욕당한다. 그러나 그는 도달하

---

* 조우리, 『라스트 러브』, 창비, 2019. 이 소설은 원래 2017년 4월 웹진 『문학 3』에 1화가 공개됐고, 당시 각 회에 걸그룹의 노래 링크가 있었다. 단행본을 발간하면서 결말을 바꾸고 새 팬픽을 추가했는데, 현재 웹에서는 1화만 볼 수 있다.

지 못할 남성성 따위에 관심을 두기는커녕 대항적으로 치마를 입는다. 부모인 희는 그에게 여성만으로 이뤄진 '다카라즈카 극단'의 공연을 보여주기 위해 조선으로 향한다. 20세기 초반 동아시아에서 경계를 넘는 희와 주희의 여정은 앞서 말한 김시스터즈처럼 모계에서 비롯한다. 왜냐하면 이미 할머니인 유순옥이 조선의 최고 권번을 졸업했지만, 여성만으로 이뤄진 최초의 악극단원 자격으로 일본에 갔었기 때문이다. 그러다 유순옥 역시 만신(萬神)이 되기 위해 조선으로 돌아온다. 이렇듯 제국을 경유한 식민지 근대성은 종종 여성으로 젠더화되어 말해진다.

    그런데 흥미롭게도 이 소설에서 할머니를 대물림한 주희의 부모 희는 여성으로 짐작되겠지만, 이 집안의 유일한 남성으로 밝혀진다. 이러한 퀴어한 계보는 손자까지 이어진다. 기꺼이 여성의 복장으로 어머니를 이어 만신으로 살아갔던 희에 이어 손자는 제인이라는 새 이름으로 아예 여성으로 살아가기를 원한다. 권김현영은 이를 대가 끊긴 이들의 족보로, 여성과 비남성을 비혈연적인 방식으로 계보화하려는 시도라고 말한다.[13] 순옥-희-주희-제인으로 이어지는 비/지정성별 비/남성들은 근대성의 기반인 남성성을 비판하는 동시에 그의 맞짝으로서 여성성에 관한 질문도 던진다. 주희는 평생의 벗 해녀 이 씨와 국극단에서 선화공주와 그의 짝 장군 역할을 반대로 맡았다. 그들은 인생의 가장 빛나는 시절을 함께 보내는데, 이보나는 이 둘이 함께 공유한 이름이다.

    그러므로 초국적(transnational)으로 전개되는 경계 넘는 신체(transgender)에 관한 사유는 모두 수행적(performative)이다. 다시 말해 본질이 있고 그에 대한 반영이 있는 것이 아니라, 수행이 있어야 존재가 구성된다. 이는 지금-여기 걸그룹이 요정과 전사, 청순과 섹시 사이를 오가며 늘 그 시대의 가장 대중적인 여성성을 연기하는 것과 같다.

그리고 최근의 소녀 걸그룹 시대가 한편으로 호전적 여성 대중과 함께 등장했음을 생각하면, 한 시공간에 서로 다른 여성성이 공존하기도 한다. 바로 『라스트 러브』가 이 교차에서 만들어진 이야기라고 할 수 있다. 작가가 밝히듯, 페미니스트라면 걸그룹을 소비하지 말아야 한다는 주장과 무대 위 여성을 향한 여성들의 사랑은 동시에 말해진다.[14] 이 소설은 한국인 다인, 루비나, 마린, 준으로 구성된 중견 걸그룹 '제로캐럿'을 주인공으로 한다. 그러나 한류 걸그룹이 활동했던 정황은 "한국인 기숙사 룸메이트에게서 한글을 배웠다는 먼 나라의 팬에게는 미안하지만"(131쪽) 정도로만 드러난다. 이처럼 초국적 활동이 진전될수록 민족국가적 경계가 드리워지기도 한다. 마찬가지로 이들 걸그룹이 수행하는 노동도 자연스럽게 보이지만 사실은 문화적으로 구성된 여성성에 근거한다. 이는 감정 노동을 비롯해 여성이 담당하는 서비스 노동의 특징이기도 하다. 제로캐럿의 멤버들은 춤, 성격, 노래로 역할을 나눠 맡아 데뷔 5주년까지 함께했다. "조합이 괜찮네, 괜찮아"(63쪽)라고 했지만 이제 그 집체적인 효용을 다했다고 판단한다.

이제 제로캐럿은 처음이자 마지막인 콘서트가 끝나면 각자 다른 길로 떠나야 한다. 그 순간 "8년이다. 8년 동안 같은 춤을 추었다. (중략) 나는 이걸 원했어. 하지만 원했다고 해서 정말 다 감당해야 하는 걸까"(34쪽)라며 자신의 노동을 비판적으로 토로한다. 그리고 총 7편, 마지막 해체의 순간을 앞둔 걸그룹의 이야기는 그사이 삽입된 팬픽과 맞닿는다. 이때 "그저 웃는 것 말고는 할 수 있는 대답이 없는 질문들이었다. 질문이긴 한가. 요구에 가까운 말들이었다"(107쪽)는 제로캐럿 멤버의 독백은 그대로 "항상 웃는 얼굴로 손님을 맞이할 준비가 되어 있습니다"(27쪽)라는 팬픽의 대사와 겹친다. 이 소설에서 걸그룹 노동을 여성의 일과 연결하는 것은 바로 제로캐럿을 가지고 그들의 팬인 파인캐럿(필명)이 쓰는 팬픽이다.

　이렇듯 제로캐럿의 이야기와 파인캐럿이 만들어 낸 이야기, 이 가상과 가상의 가상이라는 두 세계는 동시대 여성을 연결한다. 그리고 이들이 만들어내야 하는 '웃음'은 서비스 노동의 가장 큰 특징이기도 하다. 파인캐럿이 그리는 팬픽의 인물들은 다양한 여성의 일들을 수행하면서 제로캐럿의 걸그룹 노동을 떠올리게 한다. 이렇게 스타뿐 아니라 그들의 팬까지 의미심장한 주역으로 삼는 전략이 실현된다. 이때 걸그룹 멤버와 그 팬이 서사화하는 여성 청년이 바로 함께 일하는, 동시대를 사는 존재들임이 드러난다. 그런데도 초국적 지평과 여성의 노동을 더불어 다루지 않음으로써 초국적 서비스 노동으로서 K-걸그룹이 수행하는 일 자체의 모순을 드러낸다.

헬조선의 걸그룹과 여성 팬, 그리고 여성 청년

　돌이켜보면 페미니즘 리부트 혹은 페미니즘 대중화 시대,

한국 여성으로 살기는 더 고단해졌다. 탈조선을 외쳐봤지만, 결국 지금-여기 여성으로 사는 의미가 더욱 엄중히 다가왔다. 그리하여 일부는 여성으로서의 피해를 우선 주장하기 위해 생물학적 여성을 전략화할 뿐 아니라 "국민이 먼저다"라며 한국이라는 국경을 배타적으로 주창하는 방식을 채택하기도 했다.* 이런 과정에서 초국적인 지평과 경계를 넘는 신체에 대한 사유는 흐릿해졌다. 또한 소녀 섹슈얼리티를 전면화했던 걸그룹에 대해서도 탈코르셋 흐름에 맞지 않는다며 '주체적 섹시'라는 이름으로 비판이 제기됐다.

여전히 아이돌의 '7년차 징크스'는 유독 걸그룹을 통해서 증빙되고, 「프로듀스 101」(2016~2018) 같은 아이돌 서바이벌 프로그램은 대체로 걸그룹을 시범으로 먼저 제작된다. 이를 발판 삼아 보이그룹 편이 제작될 때 "나를 뽑아주세요(pick me up)"는 "오늘 밤 주인공은 나야, 나"로 조정되기도 했다.** 최근 고진감래 끝에 음악방송 1위에 등극하는 등 차트 역주행의 신화를 쓰는 걸그룹이 예외적으로 생기고 있지만, 여태껏 잘나가던 걸그룹이 하루아침에 해체되는 경우도 계속되고 있다. 그리고 거대한 피라미드를 가득 채운 소녀들로 스펙터클을 만들어내는 아이돌 서바이벌 프로그램은 이제 해외까지 사로잡아 「걸스플래닛999: 소녀대전」(Mnet, 2021년 8~10월) 등 한중일 혹은 다국적 걸그룹을 만들어내는 시도로 계속되고 있다.

---

* 2018년 제주에 예멘 난민들이 도착하자 '여성 인권이 낮은 무슬림'이라는 단순화된 편견에서 자국 여성에게 위협이 될 수 있는 난민 남성이라는 구도가 설정되기도 했다. 류진희, 「난민 남성과 자국 여성」, 『경계 없는 페미니즘』, 와온, 2019, 83~87쪽.

** 아이돌 서바이벌 프로그램 「프로듀스 101」의 성공을 통해 달라진 팬덤 3.0에 관해서는 이 책 신윤희의 논의 참조.

그러나 걸그룹을 포함해 여성 연예인들이 수행한 초국적 엔터테인먼트 노동은 부정적인 섹슈얼리티의 단순한 재현으로만 볼 수 없다. 이들은 무대를 향한 환상과 그에 따른 수익을 동시에 고려하면서 여성이 놓인, 그 기울어진 자리에서 흔들리면서도 중심을 잡으려고 한다. 식민-냉전 체제에 그 기원이 있지만, 지금의 걸그룹이 인기를 누리는 것은 전략적으로 매번 달라지는 패턴 덕분이다. 신자유주의 무한경쟁 시대에는 교복 혹은 제복을 단체로 입은 소녀 걸그룹이 대세였다. 이들은 늘 소속됨 없이 불안한 현재의 비극을 가림막 치며 희망찬 내일을 반복적으로 노래했다. 그리고 지금은 뉴밀레니얼에 태어나 '나만의 길을 당당하게 간다'는 콘셉트가 시도되고 있다. 이 사이에서 초국적 한류의 또 다른 전성기를 이끄는 걸그룹 블랙핑크 이후 에스파 등 새로운 세대들이 새로운 시도를 이어가고 있다.

그리고 1990년대 이래 매체 장의 변동과 더불어 대중문화의 진전에서 의미심장한 주역으로는 걸그룹뿐 아니라 여성 팬들도 있다. 이들은 기존 체제에 협력하기도 반목하기도 하면서 이 시대의 여성 청년으로 성장해 왔다. 그러나 지나친 열정 탓에 폄하의 대상으로 지목된 '빠순이'라는 명칭 외에 여성 팬들의 수행성은 잘 말해지지 않았다. 최근 여성 스타를 좋아하는 여성 팬, 즉 여덕을 비롯해 걸 크러시, 워맨스 등 여성 관계를 전면에 드러내는 단어들이 고안되고 있다.* 그러니까 걸그룹과 그들의 여성 팬, 이들은 모두 이 시대의 여성 청년으로 함께 성장해 왔다. 그렇기에 『82년생

* 최근 걸그룹을 좋아하는 여성 팬, 소위 '여덕'에 대한 논의가 시작됐다. 대표적으로 이 책 고윤경의 글 참조.

김지영』을 읽었다는 여러 걸그룹 멤버의 발언은 자신 역시 페미니즘 리부트 혹은 페미니즘 대중화 시기를 함께 겪어 온 동시대 여성이라는 선언이 아닐까.

1990년대 이후 대중문화의 진전뿐 아니라 제도적 민주주의의 달성이 이뤄졌다. 한류 걸그룹뿐 아니라 탈정치 시대의 새로운 정치적 주체로서 촛불소녀도 등장했다. 누군가에 의해 대리 대표될 수 없다는 다양한 주체들이 지속해서 나타났다. 여성 청년 역시 갑작스레 등장하지 않았다. '국민 여동생'이었던, 혹은 "나는요, 오빠가 좋은걸"이라고 외치던 소녀들도 영원히 어리지 않았다. 어느새 성인 여성이 되어 차곡차곡 커리어를 쌓는 동시에 강남역 사건, 낙태죄 폐지, #(스쿨)미투, N번방 사건 등 여성 이슈의 공론화와 여성운동의 세력화에 목소리를 냈다. 다시 말해 걸그룹 멤버 역시 삶의 한 시기만을 무대에 올리는 존재가 아니라, 전 생애라는 무대를 같이 만들어나가는 이 시대의 여성 청년이다.

요컨대 걸그룹은 탈성애적이어야 하면서 성애적이어야 한다는 여성 청년을 향한 모순, 그리고 혐오와 멸시뿐 아니라 숭배와 찬양까지도 포괄하는 여성혐오가 가장 먼저 적용되는 존재이다. 이 잔혹한 과정에서 스러져간 별들이 어렵지 않게, 그리고 고통스럽게 떠오른다. 이러한 동시대적 감각에서 여성 팬들은 특정인에 대한 신속한 배제를 결정하기보다 긴장을 견디며 경합을 겪어내는 실천을 해나가기를, 그리하여 저 멀리 반짝이는 존재로서가 아니라 '지금-여기'에서 여성, 아이돌이 수많은 여성 청년과 더불어 이 시대를 무사히 건너가기를 바란다. 그 많은 백래시(backlash)에 맞서 전진과 후퇴를 반복하더라도, 누군가를 향한 보답 없고 경계 없는 사랑만이 '다시 만난 세계'를 가능하게 할 것을 믿으며.

3장
탄광과 클럽*

김주희

저는 얼굴마담일 뿐

'버닝썬 게이트'라 불리는 광범위한 범죄의 핵심엔 강남의 클럽 버닝썬(Burning Sun)과 한류스타 승리가 있다. 2018년 말 버닝썬에서 일어난 폭행 사건의 내막을 추궁하는 과정에서 경찰 유

---

* 2019년 4월 한국여성학회 긴급 집담회와 2019년 9월 서울국제여성영화제 쟁점 포럼, 2021년 1월 성균국제문화연구 연례 포럼에서 발표한 글을 단행본 형식에 맞게 수정, 보완했다. 발표의 장에 초대해 주고 초기 아이디어를 토론해 준 여러 선생님께 감사드린다.

착 문제가 드러났다. 그간 경찰의 비호 아래 클럽에서 폭행, 성범죄 및 미성년자 출입 문제가 철저히 묵인되었던 사실이 파악되었다. 이어 마약, 탈세, 약물을 이용한 성범죄 및 한국 남성 연예인들과 그의 지인들이 연루된 성폭력, 불법 촬영 및 촬영물 유포, 성매매, 성매매 알선 등 각종 범죄 의혹이 줄줄이 수면 위로 등장했다. 특히 승리가 버닝썬 직원에게 외국인 투자자 일행에 대한 성 접대를 지시한 정황과 가수 정준영을 포함한 단체 채팅방 멤버들이 여성들과의 성관계 영상이나 여성이 잠든 영상을 몰래 촬영하고 이를 유포한 사실도 드러났다.

2020년 9월 정준영과 최종훈은 술에 취한 여성들을 집단 성폭행한 혐의로 재판에 넘겨져 각각 징역 5년, 징역 2년 6개월의 형이 확정되었다. '승리의 단톡방'에서 그들의 든든한 뒷배 "경찰총장"으로 불렸던 윤규근 총경은 청와대 민정수석실에 근무하던 시절에 승리의 동업자인 유인석으로부터 골프, 식사, 콘서트 티켓 등 270만 원 상당의 접대를 받은 것으로 확인되었다. 2020년 3월 군에 입대한 승리는 군사 법원에서 재판받고 있으며, 2021년 8월 열린 1심에서 징역 3년과 11억 5,690만 원의 추징을 선고받고 법정구속되었다.

군검찰은 승리에게 성매매 알선, 성매매, 성폭력범죄의 처벌 등에 관한 특례법 위반(카메라 등 사용), 상습도박, 외국환거래법 위반, 식품위생법 위반, 업무상 횡령, 특정경제범죄가중처벌 등에 관한 법률 위반(횡령), 특수폭행교사 등 9개 혐의로 징역 5년, 벌금 2,000만 원을 구형했다. 그러나 승리는 유일하게 외국환거래법만 인정하면서 모든 혐의를 부인했다. 버닝썬 게이트와 관련해서도, 본인은 클럽에 이름만 빌려준 '얼굴마담'일 뿐이라고 연루 가능성을 일축했다. 하지만 재판부는 승리에게 적용된 9개 혐의에 대해 모두 유죄판결을 내렸고, 현재 그는 1심 판결에 불복해 항소장을 제출한 상태다.

    승리는 2019년 3월 언론과의 인터뷰에서 자신은 버닝썬에서 "월 500만 원씩 받고 가끔 DJ만"해준 "얼굴마담"이었다고 말했다.[1] 클럽 운영에 관여하지 않았다며 얼굴마담이라는 말로 버닝썬 게이트로부터 거리를 두고자 했다. 사업체 운영에 실질적인 영향력을 발휘하지 못하면서 밖으로만 대표로 드러나는 허수아비 경영인을 종종 얼굴마담 혹은 바지사장으로 부르곤 한다. 아마도 그가 바지사장이라는 말을 놔두고 (여)성적 의미를 담고 있는 얼굴마담으로 자신을 지칭한 것은 대중스타로서 '얼굴값'을 인식했기 때문일 것이다. 승리의 얼굴성(faciality)은 승리라는 브랜드에 대한 소비자의 관심과 이를 통한 잠재적 수익성으로 요약할 수 있다.* 실제 승리는 클럽 투자와 홍보를 위해 자기 얼굴을 내세우는 일에 소홀하지 않았다.

    승리는 2018년 MBC 예능 「나 혼자 산다」에 출연해 "연예인분들이 하는 사업이면 그냥 이름 빌려주고……(그런데) 저는 진짜 제가 저렇게 해요. 안 그러면 신뢰하지 않아요"라고 인터뷰하기도 했다. 아이돌로서 기량을 보여주는 무대가 아닌 버닝썬에서 얼굴마담 승리는 그의 얼굴을 보고 모여든 대중에게 어떤 종류의 신뢰

---

* 승리는 보이그룹 개인 브랜드평판지수에서 2위를 차지한 기록이 있다. 이유나, 「강다니엘 10월 보이그룹 브랜드평판 1위…2위 승리·3위 방탄 지민」, 『조선일보』, 2018. 10. 20.

를 제공할 수 있다고 가정되었을까? 최종 유무죄 여부야 법정에서 밝혀질 일이다. 다만 이 글은 한국 엔터테인먼트 산업이 키워낸 남성 스타의 얼굴이 여성 대중에의 폭력을 통한 치부(致富)를 보증하는 수단으로 활용된 버닝썬의 정치경제를 분석한다. 특히 버닝썬의 실질적 운영회사인 전원산업이 협의의 한류 엔터산업 혹은 로컬 유흥산업과 연관되는 방식을 드러내며 여성주의적 관점에서 기업의 발전사를 다시 쓰고자 한다. 버닝썬 게이트는 일부 연예인의 탈선 문제를 넘어 그들의 얼굴을 미래수익의 안전장치(financial security)로 활용하며 성장해 온 성차별적이며 폭력적인 한국 대중문화산업의 상징적 사례로서 분석, 주목되어야 한다.

탄광과 성폭력

2018년 2월 개장 이래 버닝썬 클럽은 '강남 최고의 럭셔리 클럽'으로 홍보됐다. 개장 당시 홍보물을 보면 세 가지를 중점적으로 광고하고 있음을 알 수 있다. 5성급 호텔, 편리한 교통, "빅뱅 승리가 직접 운영"한다. 버닝썬 클럽은 대중에게 승츠비(승리+개츠비)로 불리며 영리한 청년 사업가로 이미지를 쌓아가던 한류스타 승리의 이름을 적극적으로 활용해 고객을 유치했다. 서류상 그는 버닝썬의 사내이사였지만, 대중에게 버닝썬은 승리의 클럽이었다. 승리의 이름은 강남의 5성급 호텔이라는 호화로운 상품성과 만나 더욱 강력한 파노플리 효과(panoplie effect)를 만들어냈다. 대중은 빅뱅의 멤버 승리가 운영하고 인기 연예인들이 유흥을 즐기는 강남의 클럽을 방문하고 인증하면서 자신의 지위와 문화자본을 과시하고 물신적 환상을 확대 재생산했다.*

버닝썬 게이트가 세상에 드러나며 이러한 열광은 곧바로 비난으로 바뀌었다. 하지만 버닝썬 클럽을 향한 차가운 시선은 사회의 근본적 성찰로 이어지지 못했다. 유명인을 중심으로 한 논란에 대중의 관심이 집중된 탓에 클럽 문화의 사회적 생산과 소비의 정치에 관한 고민이 만들어지지 못했고, 버닝썬 문제의 구조적 성격을 분석하려는 시도는 드물었다. 엉뚱하게 "버닝썬에서 (마약에 취해) 침 흘린 여배우" 색출 행위만 난무한 채 버닝썬은 부유층의 환락과 일탈의 가십으로 이해되고 있다. 이는 언제든 모방의 열망으로 재전환될 수 있다. 클럽 신의 유튜버들에 따르면 버닝썬이 퇴출당한 현재, 비교적 "건전하게" 운영되던 클럽들이 버닝썬 시스템을 가져오고 있다고 한다.

특히 버닝썬 클럽에 헐값으로 장소를 임대한 호텔 측인 전원산업의 문제는 상대적으로 덜 알려졌다. 승리와 호텔 측의 공방을 다룬 한 신문 기사는 「승리는 "얼굴마담"이라는데 버닝썬 주주는 "승리 보고 투자"」라는 제목을 달고 있다.[2] 기대 수익을 계산해 움직이는 투자자를 수익이 어떻게 발생하는지 알아야 할 어떤 이유가 없는, 동시대 누구보다 순수한 도덕경제적 주체로 간주한다. 버닝썬 게이트가 촉발된 이후 승리나 전원산업 모두 앞다투어 본

---

* 파노플리 효과는 프랑스 철학자 장 보드리야르(Jean Baudrillard)가 고안한 개념에서 유래한 경제용어다. 특정 고급 상품을 구매함으로써 상류층 집단으로서 소속감을 느끼는 현상을 말한다. 장 보드리야르, 이상률 옮김, 『소비의 사회』, 문예출판사, 14~15쪽.

인은 그저 투자자라고 주장하는 이유다.

하지만 전원산업의 기획과 설계 없이 클럽 버닝썬은 탄생할 수 없었다. 전원산업은 강남의 신논현역에 있는 호텔 르메르디앙의 건물주이며 운영회사로, 클럽 지분의 42%를 보유한 버닝썬의 실질적 소유자다. 이들은 클럽의 인테리어 비용과 내부 설비 비용으로 10억 원 이상을 부담했고, 전원산업의 등기이사인 A가 버닝썬의 공동대표를 지내기도 했다. 버닝썬의 설립이 A를 필두로 전원산업에 의해 주도되었으며 전원산업의 이전배 회장은 매일 버닝썬 매출을 보고받았다.[3] 승리 측근인 이문호가 호텔 측으로부터 먼저 클럽 사업을 제안받았다는 주장은 승리의 인터뷰에서도 등장한다. "리츠칼튼에서 르메르디앙으로 호텔을 리모델링하면서 (호텔 측이) 젊은 고객을 유치하기 위한 클럽 사업을 이문호 등 여러 클럽 관계자들에게 오퍼(제안)"했고 클럽은 호텔에서 운영했다는 것이 승리 인터뷰의 핵심이다.[4] 클럽 버닝썬의 최대 주주인 전원산업과 버닝썬의 관계를 단순한 임대차 관계로 볼 수 없다는 의혹은 널리 제기되었으나, 이에 대한 사회적 관심이 이어지진 않았다.

전원산업의 회장은 클럽 임대료를 3개월 만에 6배 이상 부풀려 버닝썬의 자금을 빼돌린 혐의로 2019년 4월 경찰에 입건되었다. 전원산업은 보증금 없이 월 1,666만 원의 임대료를 받고 버닝썬에 장소를 임대했다. 이 금액은 클럽의 위치나 규모로 보았을 때 턱없이 적은 액수로, 사실 임대료라기보다 초기 출자금을 돌려받는 것이었다. 대신 전원산업은 클럽 수익의 30%를 가져가는 이면 계약을 맺었고 이러한 문제가 불거져 이전배 회장이 경찰에 입건되었다. 물론 전원산업은 버닝썬 운영을 주도했다는 의혹을 부인하며 A 대표를 회사에서 내보내는 방식으로 사건을 정리하고자 했다. 이어 2021년 2월 르메르디앙을 매각하면서 전원산업은 30년 만에 호텔사업을 접었다는 뉴스가 전해졌다. 하지만 코로나바이러스 감염증 사태로 불황을 맞아 호텔이 폐업한다는 식의 보도를 통해[5] 이들은 버닝썬 사태에 아무런 책임이 없는 듯 거리를 두고 있다. 이전배 회장의 입건에 관한 후속 보도도 이어지지 않았다.

전원산업은 1968년 설립된 회사로, 1987년 서울 남서울호텔을 인수한 뒤 1995년 대대적인 개보수 공사를 거쳐 글로벌 호텔 기업인 리츠칼튼과 브랜드 계약을 맺고 2016년까지 서울 강남구에서 리츠칼튼 서울을 운영했다. 그리고 2016년 말 리츠칼튼과 계약을 종료하고 르메르디앙과 브랜드 계약을 체결한 뒤, 또다시 1,400여억 원을 들여 대대적 개보수를 단행하면서 지하에 클럽 버닝썬을 유치했다. 전원산업은 2017년 말 기준 "이전배 회장(69.9%) 등 특수관계인이 100%의 지분을 보유"한 가족회사이며,[6] 석탄 기업인 동원탄좌를 그 뿌리로 둔다. 전원산업 이전배 회장은 동원연탄 대표를 역임했으며 그의 아버지는 동원탄좌(현 넥스트사이언스)의 이연 명예회장이다. 정리하자면 르메르디앙 호텔은 정부의 석탄산업 육성 시기 탄광촌에서 축적한 자본금으로 설립한 회사다. 동원탄좌는 1980년 4월 강원도 사북 지역 광부들이 저임금, 어용노조 문제에 항의하며 사흘간 노동쟁의를 일으킨 사북항쟁 당시 사북광업소를 운영한 사측이기도 하다.

동원탄좌는 5·16 군사정부의 주도로 1962년 강원도 정선

군 현재의 사북읍에 설립되어 1970년대 말 전국 채탄량의 10% 이상을 차지할 정도로 성장한 국내 최대 규모의 민영 탄광이다. 역사학자 김아람의 연구에 따르면, 동원탄좌가 성장한 배경에는 각종 차관, 융자 등을 통한 적극적 자금 동원력, 비용을 줄이고자 노동자를 압박하는 임금 체계, 사주의 횡령 및 정부와 유착이 있었다.[7] 1973년 제1차 석유파동 이후 정부 주도로 강력한 석탄 생산량 증대 정책이 시행되었지만, 갱내의 작업환경은 극도로 열악했다. 그리고 고되고 위험한 노동에도 불구하고 노동자의 임금은 턱없이 낮았다. 탄광 노동자들은 지열로 인해 40도를 넘나드는 더위와 탄가루, 습도로 뒤덮인 환경에서 일하면서 '죽음의 직업병'이라 불리는 진폐증의 위험에 노출되었다. '막장 드라마'라는 말을 통해 자주 사용되곤 하는 막장은 '갱도의 막다른 곳'이라는 뜻으로 탄광 노동자의 자조적 자기표현을 담고 있다. 하지만 당시에는 탄광 노동자를 향한 멸시만이 만연했다.

　　이처럼 열악한 환경에서 노조는 노동자들을 대변하지 않았다. 동원탄좌는 어용노조를 이용해 노동자들을 분열하고 통제했다. 노조 지부장 선거에는 이연 회장의 노골적인 개입과 방해 공작이 있었고,[8] 이렇게 조직된 노조는 탄광 노동자들의 삶의 문제에 관심을 기울이지 않았다. 경찰과 회사의 일상적 감시에 노출된 채 저임금 장시간 노동을 감내했던 노동자들이 임금 문제와 관련해 노조 측과 토론하기로 했으나 열리지 않았다. 1980년 4월 21일, 노동자를 감시하던 형사의 지프차가 광부를 치고 달아나는 사건을 계기로 분노한 노동자들과 그 가족 6,000여 명이 참여한 대

규모 저항 행동이 일어났다. 오랜 시간 '사북 사태'라 불려온 항쟁의 시작이다.

많은 여성학자가 지적해 왔듯이 노동자 착취의 이면에는 합리적 분업의 명분을 내세운 성별 정치, 성별화된 착취가 자리하고 있다. 회사는 노조 지도부를 통제하고 관리하기 위해 여성, 가족을 동원하고 여성의 성을 활용했다. 사북항쟁에 관한 최초의 심층 연구를 진행한 박철한에 따르면, 동원탄좌의 어용노조는 태백을 "서울 동대문 밖에서 최고의 유흥가"로 자리 잡도록 만들었다.[9] "개들도 만 원 지폐를 물고 다닌다"는 말이 돌던 호황기 태백 황지에는 "대구관, 황춘옥관, 통일관, 유락정, 은호정 등 요정 50여 개"가 불야성이었다. 특히 1964년 문을 연 대구관은 한때 기생 숫자만 100여 명이 넘는 규모의 대형 요정으로, 서울 밖 "국내 3대 요정"으로 꼽히기도 했다.[10] 이러한 고급 요정에서 지역 인사들은 인맥을 만들어갔다. 노조 지도부에게 기회와 보상으로 제공된 조직적 성접대는 (우리 사회에서 성접대의 역할이 그러하듯) 노사 대립을 넘어서는 남성들 간의 연대를 만들어내고 노조 지도부 남성들의 권위를 회복, 승인하는 역할을 했다.

'유흥과 오입'의 관계는 다양했다. 회사 간부와 노동귀족 사이에, 탄광 자본과 전국광산노동조합 사이에, 노동조합 지부장들 사이에 맺어진 유흥관계는 지역지배 카르텔을 결속하는 공간, '부패의 정실 체계'를 강화하는 공간으로 자리 잡았다. 이러한 노동귀족이 존재하는 어용노동조합을 노동조합이라 부를 수 있을까? 오히려 '노동조합'이라는 지칭에 앞서 '어용'이라는 두 글자가 붙는다는 사실 자체가 두 용어가 지향하는 이론과 실천 사이의 화해 불가능성을 표출하는 것은 아닐까? 따라서 탄광지역의 어용노동조합의 문제는 국가와 자본이라는 지배계급의 외연으로 재고되어야 할 것이다.[11]

탄광촌에는 고급 요정만 있는 것은 아니었다. "탄광촌에서 가장 돈 잘 버는 곳은 물장사들"이라는 말이 익히 알려져 있다. "1970년대 초반부터 급격히 늘어난 술집에서는 '작부', '매미' 등으로 불리는 접대부"를 두었고,[12] 앞서 언급한 태백 황지에는 "전국에서 가장 큰 성매매 집결지인 속칭 대밭촌"이 자리 잡았다.[13] 대밭촌에는 가난에 시달리고 빚에 내몰린 여성들이 전국 각지에서 몰려들었지만, 업주의 횡포로 오히려 이곳에서 "여성들의 빚이 늘어나는 상황이 비일비재했다."[14] 탄광에서 벌어들인 돈을 유흥업소에서 탕진하고 다시 막장에 들어가는 노동자들의 반복적 일상은 석탄산업을 유지하는 동력이었다. 유흥업소와 남성 노동자들의 유흥에 동원된 여성들은 석탄산업을 부흥하기 위한 사회적 필요조건으로 여겨졌다.

석탄산업을 운영하기 위해 (때로 저항한다는 명목으로) 성폭력도 활용되었다. 사북항쟁 당시 분노한 항쟁 참여자들이 도주한 노조 지부장을 찾는 과정에서 지부장의 아내를 발견하곤 그녀를 광업소 기둥에 전깃줄로 묶고 집단 폭행과 성적 폭력을 가했다. 항쟁 도중 사측과 탄광 노동자들은 극적으로 협상했지만, 강원도경과

합동수사단은 난동 주동자들을 연행하고 잔혹하게 고문했다. 200여 명의 연행자 중 대략 1/4은 여성이었는데 이들에 대한 성고문도 자행되었다. 지부장 아내가 기둥에 묶여 있던 사진은 "폭도들의 만행"의 증거로 언론에 보도되었고, 피해자 여성은 "그 짓은 민주화 운동이 아니었다"며 오랜 시간 자신의 피해를 증언했다.[15] '지부장 아내 린치 사건'으로 국가폭력의 피해자들은 노조 지부장 아내에 대한 가해자로 지목되었다.

쓸쓸하고 비극적인 장면이지만, 동시에 성별화된 동원을 주축으로 하는 국가와 기업의 노동 통제 전략을 이해한다면 이는 예견된 사건이기도 하다. 매춘 여성을 주고받고 공유하며 결속한 사측과 노조 지도부 측에 분노한 노동자와 그 가족이 노조 지부장의 아내에게 성폭력을 가한 것, 공권력이 항쟁에 참여한 노동자와 그 가족을 모욕하기 위해 여성과 아내에게 성폭력을 가한 것, 조사과정에서 가학 행위를 한 사람들이 "엄마가 빨갱이니 애들도 빨갱이"라며 "무책임한 어머니 노릇에 따른 죄책감을 여성들이 느끼도록" 만드는 것[16] 모두 노동 효율성을 극대화하기 위한 성별화된 가족 동원의 (반)정치 프레임 안에서 가능했다. 여성은 이 구조의 가장 말단에서 성적, 경제적으로 고통받았으나 회사와 경찰은 책임을 회피한 채 노동자 분열에만 열을 올렸다. 그리고 석탄산업의 번영을 위해 육체적으로 동원된 "폭도의 부인"과 "술집 마담"으로 대표되는 여성들은 오랜 시간 지역 사회에서 손가락질받으며 살아가야 했다.* "서러운 막장 인생", "인간 두더지"라 스스로 부르던[17] 개발독재기 탄광 노동자들이 죽음의 위협과 싸우며 석탄을 채굴하도록 만든 동력은 탄광촌에서의 폭력을 동반한 성별 분업화 과정과 분리되지 않는다.

호텔과 성매매

사북지역 주민과 노동자의 고초에도 불구하고 고도성장기 동원탄좌는 탄탄하게 성장해 레저, 관광, 부동산 개발, 임대업 등으로 사업을 확장했다. 이들은 1980년대 후반 석탄산업이 사양길에 접어들자 본격적으로 호텔사업을 통해 생존을 모색하기 시작했다. 이전배 회장은 1986년 제주 남서울호텔, 1987년 서울 남서울호텔을 인수했다. 앞서 설명한 대로 서울 남서울호텔은 1995년 리츠칼튼 서울로, 다시금 2017년 르메르디앙 호텔으로 리모델링 개관하기에 이르렀다.

전원산업의 비즈니스적 재편은 한국 사회의 발전 경로와 정확하게 일치한다. 이들은 부패한 정치 세력과 적극적으로 결탁하며 사업의 활로를 모색했다.[18] 연탄공장의 외곽 이전 압력을 피하고자 1988년 동원탄좌가 민정당에 5억 2,000만 원을, 전원산업

---

* 김세림, 김아람, 문민기, 장미현, 후지타 타다요시가 기록한 사북 탄광촌 여성들에 대한 구술 자료집에는 항쟁 참여자이자 "주동자 부인"으로 불린 여성들의 다양한 고생과 핍박의 서사가 등장한다. 특히 구술 참여자인 이명득은 술집 마담들이 "물 찍 좀 붓고 김치 몇 쪼가리 띄우고, 두부 한 모 썰어 주고 한 만 원썩 받아 처먹으니" "그마만치 욕도 많이 얻어 처먹었어"라는 이야기를 전하기도 했다. 김세림 외, 『1980년 사북: 여성의 탄광살이와 항쟁 참여』, 선인, 2020, 70쪽

은 6억 8,000만 원의 불법 정치자금을 지급하는 사건이 있었다.[19] 결국 이들은 1990년대 초반 신촌, 석관동 등의 연탄공장 터에 대단지 아파트를 건설하며 다시금 사업적 성공을 거두었다. 서울 부동산 경기와 전국적 개발 계획에 기민하게 반응한 전원산업이 재벌기업으로 발돋움하기 위해 1980년대 후반 서울 강남의 호텔에서 자신들의 사업적 미래를 모색한 것은 자연스러운 귀결로 보인다.

전원산업이 강남구 논현동에서 1980년 개관한 서울 남서울호텔을 인수한 1980년대 중후반은 호텔 이용객이 외국인에서 내국인으로, 서울 개발의 중심이 강북에서 강남으로 바뀌는 시기다. 강준만은 『룸살롱 공화국』에서 이 시기 강남·영동 문화를 예찬하는 대중가요를 위시한 대중문화가 인기를 끈 장면을 자세히 소개한다.[20] 남서울호텔은 남서울관광호텔이기도 한데, 관광호텔은 1961년 제정된 관광사업진흥법으로부터 이용 대상이 "외국인 관광객"이라고 법적, 정책적으로 분류되는 호텔이다.[21] 사회사 연구자인 박정미에 따르면 한국전쟁 직후 미군을 관광객으로, 기지촌을 관광지로 간주하며 한국 정부의 독특한 성매매 관광 정책이 형성되었다. 그러나 1965년 한일국교 정상화로 일본인 관광객이 급증하자 관광 정책적 초점을 미군에서 일본인으로 이동시켰고 그 결과 "기생관광"이 탄생했다.[22]

이처럼 남서울호텔은 일본인 남성을 대상으로 한 성매매 관광 산업 정책의 토대 위에서 탄생하고 성장했다고 볼 수 있다. 동원연탄과 전원산업은 남서울호텔을 인수할 때 일본의 후지타 관광과 체인 계약을 맺으면서, 올림픽 시기 한국에 관광하러 오는 외국인을 유치해 특급 호텔로 거듭나고자 한다는 계획을 발표했다.[23] 이 시기 한일 여행사와 호텔, 요정, 나아가 정부가 긴밀히 연계하고 협력해 일본인 관광객을 대상으로 "서울 기생관광"을 적극적으로 알선했다. 1986년 1월 전두환 정권이 기생관광으로 유명한 11개 대형 요정에 총 20억 원을 특별융자 형식으로 지원한 것은 널리 알려진 사실이다.[24] 일본인으로부터 벌어들인 "엔화가 서울 호텔들이 급성장하는 데 일익을 담당"했다.[25]

특히 남서울호텔이 일본인 남성에게 한국인 여성과의 성매매를 조직적으로 알선했다는 중요한 증거가 포착되었다. 1989년 12월 18일 '최언니파' 등 일본인 상대 윤락 조직이 윤락행위등방지법 위반 혐의로 구속될 때, 이들에게 외국인 관광객을 소개한 남서울호텔 지배인이 불구속 입건되는 사건이 있었다. 이때 적발된 "윤락녀 10명과 포주 등 13명으로부터 히로뽕 양성반응"이 나왔다고 한다.[26] 훗날 버닝썬에서도 반복됐듯이, 약물을 이용한 여성의 무력화, 시신화는 국적을 초월한 남성들의 유흥(엔터)을 가능하게 하는 장치였다.

또한 남서울호텔은 1970년대부터 추진된 강북 개발억제 정책의 효과로 강남, 영동 지역에 우후죽순 들어선 유흥접객업소 생태계와 공생하며 성장했다. 이는 한국 사회에 내국인 화이트칼라 남성이 성 산업의 주 수입원으로 등장한 배경과 밀접한 관련이 있다. 내수 경기 진작으로 외국인 남성을 대상으로 한 성매매 업소와 구별되는 입지와 형식을 갖춘, 소위 '룸살롱'으로 대표되는 강남 유흥접객업소가 들어선 것이다. 도시사회학자 김미영은 "강북으로부터 지리적, 기능적 위상을 확보하지 못한 과도기에 급증한 영동의 호텔은 유흥접객업소와 공생하면서 영동 개발을 추동하고 도심 소비활동 인구를 한강 이남으로 이끌어오는 교두보 역할을 수행"했다고 지적했다.[27] 덧붙여 그는 "각종 위락업소뿐 아니라 객실까지 갖추고 있는" 강남의 호텔이 "영동의 밤 문화 선도하는 거점"이었다고 분석했다.[28] 강남에서는 "호텔 나이트클럽이나 이웃한 카바레와 술집 등 유흥업소에서 찾아든 손님들이 객실의 대부분을 차지"하는, "호텔 대중화"의 시대가 이어지고 있었다.[29]

    강남에서 유흥접객업소가 밀집한 역삼동과 논현동의 경계 지역에 있으면서 180여 개의 객실과 바, 나이트클럽을 갖고 있던 남서울호텔은 자체적으로 룸살롱을 운영하기도 했다. 1988년 남서울호텔은 나이트클럽에 5~8개의 호화 밀실을 불법으로 만들어 퇴폐 영업해 오다 적발되어 회장 이전배가 수사받기도 했다.[30] 1993년 금융실명제의 영향으로 서울 지역 유명 요정과 고급 룸살롱, 나이트클럽의 44.4%가 문을 닫았다는 뉴스와 함께 남서울호텔의 룸살롱 까스라이트와 지하 나이트클럽의 휴폐업 소식이 전해졌다.[31] 이후 남서울호텔은 강남 지역에서 무한 증식하는 유흥접객업소와 공생관계를 통해 성장했으며, 특히 1995년 리츠칼튼 호텔으로 리모델링하면서 나이트클럽, 헬스클럽, 예식홀 등을 확대하는 방식으로 호텔 대중화 사업을 확장해 나갔다.

    이처럼 전원산업의 뿌리인 동원탄좌가 개발독재 시기 '석탄증산보국'이라는 이름으로 지역 내 성적 폭력을 통한 노동 통제 정책을 통해 성장했다면, 호텔사업으로 업종을 전환한 전원산업은 고도성장기 기생관광과 강남 성매매 경제와 착종을 통해 성장을 모색했다. 이들은 마약에 중독되거나 성매매 업소·조직에 연루된 하층계급 여성들의 몸과 성을 동원해 선진국과 내국인 남성들을 대상으로 직접 성매매를 알선하거나, 성매매를 위한 객실을 대여하면서 막대한 부를 달성했다. 또한 각종 불법 행위에도 불구하고 뇌물, 비자금 등을 통한 정치권과 결탁으로 2017년 르메르디앙으로 화려하게 리모델링을 마칠 수 있었다.

성별화된 클럽 시스템

2017년 리모델링을 마친 강남의 5성급 호텔은 한류스타의 얼굴을 동원해 클럽을 운영하면서 호텔의 가치를 올리고 재도약하고자 했다. 이때 한류 아이돌 스타의 얼굴이 보증한 유흥문화는 무엇일까? 그것은 글로벌 스타가 선도하는 럭셔리한 강남 클럽 문화의 범대중적 확산이었다. 이렇게 모인 대중은 다시금 클럽의 유명세를 세계적으로 확산했다. 「강남 스타일」의 글로벌한 인기에서 알 수 있듯이 강남 문화는 이제 내국인에게만 유효한 대중문화가 아니다. 한류스타 승리의 얼굴성은 한류 소비자의 관심을 매개로 초국적 자금 동원력을 보증하는 '글로벌 브랜드'로서의 가치를 포함한다. 하지만 버닝썬 게이트를 계기로 이러한 클럽 문화가 성별화된 대중 동원 정책과 한국 여성의 성을 매개로 한 폭력을 통해 구축된 것이었음이 드러났다.

호텔로부터 클럽 사업을 제안받은 승리의 친구 이문호는 강남에서 가장 명성을 날린 초대형 클럽 아레나의 MD(영업직원)였다. 그가 버닝썬의 대표가 된 것은 아레나의 영업 시스템을 잘 알고 있었기 때문이다. 2015년 승리가 외국인 투자자들에게 성매매 알선을 지시할 당시 성접대 장소로 지목된 곳도 클럽 아레나다. 승리는 단체 채팅방 멤버들에게 해외 투자자들을 위해 아레나에 메인 자리를 마련하고 "여자애들"을 부르라고 지시하며, 특별히 "잘 주는 애들로" 고르라는 단서를 붙였다. 아레나는 승리와 친구들에게 "잘 주는 애들"을 만나는 유흥의 장소였고, 르메르디앙은 클럽 아레나의 운영 방식을 적극적으로 벤치마킹하면서 그들의 고객층을 공략하는 클럽을 설립하고자 했다. 아레나 성공의 카피캣 전략을 통해 강남 호텔 클럽 신에 등장한 버닝썬은 아레나를 계승하는 동시에 한류스타 승리를 앞세워 클럽의 대중화를 꾀하며 시장을 확대하고자 했다.

  클럽 아레나는 '매직미러 초이스 시스템'*으로 이름을 널리 알린 강남구 신사역에 있는 유명 룸살롱 자리에서 2015년 개장했다. 아레나의 실소유주는 강남에서 "밤의 황제"로 불리는 인물로, 그는 웨이터로 시작해 불법 스포츠도박으로 돈을 벌어 10여 개 이상의 룸살롱과 대형 가라오케를 열며 사업적 성공을 거두었다. 그

---

* 강남에서는 유흥업소를 운영하며 큰돈을 번 인물에게 각종 '황제' 칭호를 붙이는 것이 예사이다. 매직미러 초이스 시스템은 '룸살롱 황제'라 불리는 이 모 씨가 2005년 무렵 강남에 도입한 접대부 '초이스' 시스템으로, 그는 룸살롱 내부에 안에서 밖이 보이지 않는 유리방을 설치해 방 안에서 다수의 여성이 남성의 초이스를 기다리도록 했다. 이 시스템이 입소문을 타고 엄청나게 많은 남성 고객이 업소에 밀려들었다. 한국 경제의 금융화와 연동하는 강남 룸살롱의 운영 시스템에 관한 여성주의 연구는 다음의 연구를 참고할 수 있다. 김주희, 『레이디 크레딧: 성매매, 금융의 얼굴을 하다』, 현실문화, 2020, 199~212쪽.

가 소유한 가라오케 중에는 룸이 60개 이상 있는 초대형 업소도 있는데, 그는 아레나를 포함한 자신의 모든 업소에 바지사장을 내세웠다. 승리와 비교하자면, 얼굴값이 없는 영업진이 얼굴마담이 될 수는 없었을 것이다. 엔터테인먼트 업계 투자금으로 룸살롱을 인수한 적도 있는 아레나 소유주는 버닝썬 이전에 "잘나가는 연예인을 띄워" 아레나의 인지도를 높이는 전략을 마련했다.[32] 일찍이 수많은 유명 연예인이 아레나를 방문하고 이를 SNS 등에 인증했다. 버닝썬 게이트의 여파로 결국 밤의 황제는 아레나 실소유주로 지목되었고 162억 원을 탈세한 혐의로 구속되었다.

그중에서 눈에 띄는 클럽이 있다면 버닝썬이다. 앞서 말했듯 클럽 버닝썬은 2017년에 새로 생겨, 몇 년간 가장 성행해 온 아레나와 경쟁 구도를 이루고 있었기 때문이다. 버닝썬은 영업 시간대에서 정 클럽과 애프터 클럽 사이에 위치해 아레나 초반 시간대의 손님을 가져갔고, 입지 또한 아레나가 위치한 논현동과 다른 강남 클럽이 위치한 역삼동 사이에 입지하여 계획적으로 아레나를 겨냥했다.[33]

버닝썬이 벤치마킹하고자 한 아레나는 유흥업소 종사 여성들이 업소 일을 마치고 찾는 '애프터 클럽'으로 분류된다. 이들은 늦은 시간에 개장해서 아침 7시 이후, 거의 정오 무렵까지 영업했다. 아레나는 클럽이라는 타이틀을 표방하지만 이태원이나 홍대와 달리 강남의 유흥주점, 성매매 업소와 적극적으로 공생하고 경계를 흐리며 성장했다. 이들은 정확히 강남의 유흥업소 종사 여성을 유인하며 업장을 운영했다. 아레나 실소유주가 운영하는 룸살롱의 여성들도 많이 동원되었다. 이들은 '물게(물 좋은 게스트)'라 불리며 클럽의 수질을 보장했고 이러한 전략은 큰 성공을 거두었다.

소위 '탑급' 룸살롱에서는 여성 종사자 한 명이 여러 룸을 동시에 돌면서 손님을 접대하기 때문에 이 여성을 자신의 옆자리에 '묶기' 위해서는 많은 돈을 내야 했다. 아레나에 가면 돈을 내고 '묶어야 하는' 여성들 무리와 어울려 놀 수 있다는 소문이 파다했다.* 온라인에 퍼진 각종 아레나 무용담은 이들 여성과 운이 좋으면 성관계도 가능하다는 환상을 퍼뜨리기에 충분했다. 이처럼 '2차 가능성'에 기반한 수익 창출은 룸살롱과 같은 유흥접객원 여성이 고용된 업소에서만 이루어지지 않는다. 아레나에서 업소 여성을 초기에 전면 배치한 결과, 클럽에 모인 여성 집단, 여성 클러버들은 클럽 안팎의 시공간성을 성별화된 유흥이 가능하게 만드는 역할을 했다.

클럽 운영은 '예쁜 여자가 모여 있으면 돈 많은 남자가 따라온다'는 성경제적 분업을 기본 질서로 삼는다. 이러한 질서는 남자는 테이블 게스트, 여자는 스탠딩 게스트라는 클럽에서의 공간적, 육체적 대비를 통해 현실화한다. 남성은 테이블을 잡지 않으

---

* 다시 말해, 탑급 룸살롱에서는 여성 접대부가 다른 룸으로 이동하지 못하도록 남성 손님 옆에 '묶기' 위해서 여성이 동시에 접대하는 테이블비(Table Charge; TC)를 모두 지급해야 한다.

면 애초에 입장할 수 없을 정도로 클럽의 테이블은 보통 남성 고객을 위한 자리이다. 남성 게스트는 아레나에 입장하기 위해 테이블을 예약해야 하는데, 주말에 테이블을 잡기 위해서는 300만 원 이상의 비용을 지급해야 했다. 좋은 테이블은 경매에 부쳐지기도 해서 "테이블 가격이 2억 5,000만 원까지 올라가는 것도 봤다"고 한다.[34] 여성들은 '입뺀(입구 뺀찌)'이라는 입장 정책을 통해 외모를 검열당한다. 검열에 성공적으로 통과한 여성들은 대개 무료로 클럽에 입장한다. 클럽에서는 일반 여성 게스트를 유치하는 MD에게 4,000원을, 물게를 유치하는 MD에게 1만 원을 수당으로 지급했다. 여성은 클럽에서 돈을 쓰는 소비자가 아니라 MD가 구매해 와야 하는 미끼 상품이다. 여성은 이를 공짜로 놀 수 있는 공간으로 의미화했다.

성별에 따라 점유할 수 있는 공간 분리 정책으로 인해 여성들은 클럽에 입장하는 것 자체가 남성들의 테이블에 접근할 기회를 얻은 것으로 전제되고, 클럽에서 여성 게스트는 남성 손님들의 눈요기를 위한 존재로 여겨진다. 반면 남성은 여성들에게 술과 돈 등 기회를 제공하는 사람이 된다. 2019년 3월 SBS 시사 프로그램 「그것이 알고 싶다」에서 자세히 다루었듯이, 버닝썬의 DJ박스 뒤에 VIP 테이블이 자리하고 있었다. 가장 예쁜 여자 게스트는 MD에 픽업되어 VIP 테이블에 접근하는 기회를 얻는다고 가정된다. 그곳에서 예쁘다고 인정받은 여자 게스트는 무료입장을 넘어 클럽으로부터 주류 서비스 등을 받기도 했다. 이러한 클럽의 구조 속에서 여성에 대한 폭력은 '있어도 없는 일'이 된다. 클럽은 여성이 남성에게 접근할 기회를 만들어주는 공간이므로 그곳에서 남성의 여성에 대한 폭력은 해석될 수 있는 프레임을 갖지 못한다.

동시에 클럽에서는 남성이 돈을 쓰기 때문에 남성만이 유일한 고객이다. 클럽의 MD는 돈이 되는 테이블 게스트를 유치하고 이들이 구매한 술값 일부를 돌려받는데, 아레나에는 이러한 MD가 300명이 넘었다고 한다. 한 클럽 MD는 언론사와 인터뷰에서 "어느 클럽을 가도 여성을 팔아서 돈을 번다는 점은 다 똑같아요. 여성을 테이블에 올려둔 채 술을 마시게 하고, 춤을 추게 하고, 남성은 그런 여성들을 대상화하면서 클럽에 돈을 갖다 바치고, 당연히 성폭력이 많이 일어날 수밖에 없죠"라고 말했다.[35] 그간 아레나에서는 수많은 강간, 성폭력 사건이 일어났다. 손님뿐만 아니라 아레나 MD가 만취한 여성을 강간해 1심에서 징역 3년을 선고받기도 했다.[36] 클럽 MD는 클럽에서 무엇을 할 수 있다고 말하며 남성 테이블 고객을 유인했을까? 이러한 문제의식으로 2019년 3월 8일 세계여성의날을 맞아 '반성매매인권행동 이룸'을 포함한 여성단체들이 아레나 클럽을 거쳐 르메르디앙까지 클럽 내 성폭력 문화를 근절하는 행진을 하기도 했다. 이렇게 운영된 아레나의 총매출액은 3,000억 원 안팎일 것으로 예상한다.[37]

여성 대중의 동원과 사라짐

아레나의 영업 방식을 그대로 모방하되, 문 여는 시간을 아레나보다 조금 앞당긴 버닝썬은 아레나의 '고인 물' 현상을 극복하고 그야말로 아레나를 대중화하는 전략을 통해 큰 성공을 거두었다. 아레나에서 일어나는 사건 사고는 오히려 돈벌이의 좋은 표본이 되었다. 강남 유흥가에서는 버닝썬 개장 이후 아레나의 매출이 반토막 났다는 소문이 퍼졌다. 다만 버닝썬은 '묶어야 앉힐 수 있는 아가씨'에 연연하지 않고 승리가 '여자애들'이라 부르던 여성 대중을 클럽으로 불러들였다. 승리의 대중성은 물게를 여성 대중으로 확대하는 역할을 했다. '저희와 스타일이 맞지 않으세요'라는 말로 여성의 외모를 평가하는 입뺀 입장 정책은 유지되었고, 남자 손님들은 더욱 많은 술 혹은 더욱 비싼 술을 시키며 클럽 안에서 주목받고자 했다. 주종에 따라 큰 차이가 있지만 대략 양주 1병에 30만 원의 가격이 책정되었으며, 주말에는 최소 3~4병의 술을 주문해야 테이블 예약이 가능했다.

2019년 3월 버닝썬의 회계자료인 일일 판매일보가 언론에 보도된 적 있다. 하루 매출 2억 3,000만 원을 기록한 이 날의 버닝썬 매출보고서는 르메르디앙과 전원산업에 매일 이루어지는 내부 보고를 위해 작성한 것이었다.[38] 공개된 판매일보에 따르면, 2018년 특정 영업일에 입장한 입장객은 약 1,400여 명이었고 그중 90% 이상이 여성이었다. 많은 언론에서 버닝썬 클럽 입장객의 90% 이상이 여성이라며 여성들의 유흥, 일탈 행위에 주목하고자 하는데, 중요한 점은 9:1의 성비가 바로 클럽을 안정화하는 비밀이라는 데 있다. 승리의 페르소나였던 개츠비가 수많은 미녀에 둘러싸인 모습으로 재현된 것을 떠올려보자. 버닝썬의 수입은 10%의 남성 손님에게 달려 있다. 동시에 여초(女超)의 가시성은 여성 클러버들에게 남성의 구매 권력을 상대화하고 클럽을 안전한 장소로 인식하도록 만드는 역할을 한다. '수질 테스트'를 성공적으로 통과한 여성들은 무료로 안심하고 클럽에서 놀고, 이 여성 무리를 미끼로 남성 테이블 손님이 유치된다. 판매일보에 공개된 버닝썬의 하루 매출액 중 주류원가 5,900만 원을 뺀 순수익만 1억 7,000만 원을 상회한다. 매출의 40%는 현금결제 되었는데, 언론이 추산한 버닝썬의 월 매출액은 30억 이상이었다. 모두 남성 테이블 게스트들에게서 나온 돈이라고 봐도 무방하다.

이처럼 클럽 내 성별화된 소비 구조로 인해 남성성의 진작은 소비 진작으로도 이어진다. 버닝썬 입구에는 수천만 원짜리 샴페인과 위스키로 구성된 1억 원짜리 '만수르 세트'가 진열되어 있었다. 그 외 버닝썬 메뉴판에는 5,000만 원의 '대륙 세트', 1,000만 원의 '천상 세트' 등이 등장한다. 버닝썬에서 이러한 고액의 주류세트를 주문할 수 있다고 여겨지는 사람은 나이와 국적을 초월한 남성이다. 클럽에서 테이블 손님이 고가의 세트 메뉴를 주문하면, 교복, 홀복, 심지어 비키니 등을 유니폼으로 맞춰 입은 '샴걸(champagne girl)'이 폭죽을 쏘면서 요란하게 세트 메뉴를 테이블까지 배달하곤 했다. 샴걸의 행진 이후 직원들의 응원 퍼포먼스가 이어졌다. 이러한 시각적 효과는 남성 손님이 구매력을 과시하며 여타 테이블과 경쟁적인 소비를 촉진하도록 하는, 다시 말해 클럽에 존재하는 '테이블-고객-남성'과 '플로어-미끼 상품-여성들'이라는 위계적 성별성을 강화하는 장치로 활용된다.

주류세트의 이름에서 알 수 있듯이 고가의 세트 메뉴는 한국인 고객뿐 아니라 중국인 VIP 고객들이 선호했다고 한다. 한류 스타 승리가 운영하는 강남의 클럽은 아시아의 VIP들이 소비와 투자를 통해 재력을 과시하기에 더없이 좋은 공간이었다. 중국인 고객들은 5만 원권 현금 뭉치를 클럽에 지급했고, 이런 현금 거래는 버닝썬이 세금을 탈루하는 좋은 미끼가 되었다.[39] 버닝썬 게이트 당시 마약 거래 관련해서 언론에 이름이 많이 오르내렸던 버닝썬의 여성 MD 애나는 중국 손님을 유치하는 일을 담당했다. 그는 버닝썬에서 마약을 공급한 의혹을 받았지만, 일부 혐의에 대한 소명이 부족하다며 영장이 기각되었다. 『지금 이 목소리를 듣는 것이 우리의 정의다: 버닝썬 226일 취재 기록』을 출간한 이문현 기자는 애나가 "버닝썬에서 에이스 MD로 통하던 20대 중국인 여성"이며 "중국 VIP 고객 대부분이 그녀의 고객"이었다고 설명했다. 이 기자는 책에서 애나에게 마약류로 분류된 케타민을 건네받았다는 사람의 인터뷰를 실었다.[40]

　　문제는 클러버들이 복용하는 환각제 이슈를 넘어, 클럽에서 유통되는 약물과 관련해 클럽 입장객의 90% 이상이 여성이라는 사실이 고액의 비용을 내는 남성 손님들에게 어떤 가능성으로 해석되고 있는가이다. 많은 사람이 클럽 입장과 테이블 예약을 돕는 MD가 강남 클럽에 등장하면서 클럽이 룸살롱과 유사한 시스템으로 운영되고 있다고 지적했다. 손님이 내는 비용에 수수료를 받는 MD는 손님이 고액의 비용을 지급할 환경을 제공하는 일에 열을 올린다. 기자의 취재에 따르면, "MD들은 하룻밤에 수천만 원씩 쓰는 VIP들에게 목요일 밤부터 연락"을 돌리면서 "여성들과 성

관계를 맺게 해줄 수 있다고 자신"했다고 한다. 그리고 MD들은 여성 게스트의 술에 흔히 '물뽕'이라 불리는 강간 약물, GHB(감마하이드록시낙산)를 넣었다. "실제 작업한 여성들의 나체와 얼굴 사진을 VIP에게 보내 유인"하기도 했다. 이런 "작업"을 해주면 손님은 "100만 원에서 150만 원의 팁"을 건네는 구조다. "중국인 VIP"들에게도 작업 요청이 많이 들어왔다. 한 MD는 "버닝썬을 찾은 중국인 남성 4명에게 '작업한' 여성 3명을 넘겨" "하룻밤 '작업'으로 1천만 원"을 받은 사례를 전했다.[41] "MBC가 버닝썬 폭행 사건을 처음 보도한 다음 날, 강남의 MD가 그들끼리 정보를 공유하는 단체 대화방에 '당분간 GHB 판매를 중단한다'는 글을 긴급 공지"했다고 한다.[42]

여성은 오직 남성에 접근할 기회를 가진 것처럼 설계된 클럽에서 여성이 경험하는 폭력은 비가시화된다. 여성의 몸에서는 검출되지 않는 강간 약물은 바로 이러한 프레임에 딱 맞아떨어지는 약물이다. 2006년부터 2012년까지 국립과학수사연구원 본원에 의뢰된 약물 관련 성범죄 유형을 분석한 연구에 따르면, 이 기간 성범죄는 꾸준히 증가했지만 약물이 실제 검출된 건은 전체 건수와 비교하면 매우 적었다. 그중 GHB는 단 한 건도 검출되지 않았다. 연구진은 GHB의 반감기가 매우 짧아 투여 후 생체시료에서 검출할 수 있는 시간이 매우 짧다는 사실을 원인으로 지목했다.[43] GHB는 피해자를 사망에 이르게 할 수 있는 위험한 약물이지만 복용 24시간 후 소변과 함께 배출된다고 알려져 있다. 2019년 GHB의 불법 판매 광고는 전년 대비 30배 가까이 급증하고 관세청에서의 밀수 적발 현황은 2014년 대비 56배, 금액으로 106배나 증가했지만[44] 성폭력 피해자 여성의 체내에서 이 약물이 발견된 사례는 단 한 건도 없다. 자신이 경험한 폭력의 증거를 갖지 못한 여성들에게 성폭력은 '있었지만 없었던 일'이 되고 있다. 남성 구매자 중심 유흥 프레임은 여성들의 피해 경험을 드러나지 않게 만든다.

이문현 기자에 따르면, 버닝썬 사건 보도 이후 약에 취해 성폭행당했다는 여성들의 제보가 잇따랐지만 남성들은 모두 불기소 처분을 받았다고 한다.[45] 약물검사에서 음성이 나왔고, CCTV 조사 결과 여성이 직접 걸어서 호텔로 들어갔으며, 가해자와 웃으면서 사진을 찍었고, 여성들은 당시 상황을 기억하지 못한다는 사실이 가해자의 말을 뒷받침하는 근거가 되었다. 가해자들이 짜깁기한 단편적 증거 앞에서 여성들이 경험한 폭력은 드러나지 못했다. 혹은 여성들의 증거는 기각되었다. 예를 들어 태국의 유명 요식업체 오리진푸드의 CEO 차바노스 라타쿨(Chavanos Rattakul)은 2018년 12월 버닝썬에서 한국인 여성에게 GHB를 탄 위스키를 마시게 하고 성폭행한 의혹을 받았다. 그런데도 그의 휴대전화에서 발견된 수십 장의 불법 촬영 사진들은 성폭력의 증거가 되지 못했다. 피해자가 살아서 호텔에서 나가기 위해 그의 요구대로 웃으며 찍은 단 한 장의 사진으로 가해자는 무혐의 처리되었고, 그는 다음날 태국으로 돌아갔다. 라타쿨은 YG엔터테인먼트 대표였던 양현석과 가수 싸이가 성접대를 했다는 의혹이 불거졌던 "동남아시아 재력가" 중 한 명이다.[46]

여성이 피해를 경험해도 피해자가 될 수 없는 환경이라면 어떤 여성이 본인의 피해에 대한 책임을 물을 수 있을까? 여성 연예인은 버닝썬과 함께 이름이 언급되기만 해도 이미지에 타격을 입는다. 심지어 '자발적 성판매'로 분류되면 여성도 처벌되는 환경에서 성매매에 알선된 여성이 자신을 드러낼 리 없다. 양현석의 성매매 알선 의혹이 있던 접대 자리에 동석한 유흥업소 종사 여성 13명 중 성관계가 있었다고 진술한 사람은 아무도 없다.[47] 버닝썬의 시작이라고 알려진 2017년 필리핀 팔라완에서 2박 3일간 열린 승리의 생일파티에는 150명의 손님이 초대되었고 6억 원이 지출되었다. 이 생일파티에서는 투자자를 위한 사업설명회가 열렸는데, 버닝썬 멤버들과 투자자들의 성대한 파티를 위해 8명의 유흥업소 여성도 초대되었다. 승리가 참석자들에게 비행기 표와 숙박비를 제공하고 심지어 유흥업소 계좌로 돈을 송금했기 때문에 성매매 알선 혐의가 추가되었다. 하지만 승리는 여행 경비 명목의 금전 거래라며 혐의를 부인했다.

이처럼 여성에 대한 폭력이 '있어도 없는 일'이 되는 구조에서 승리는 그가 말한 '잘 주는 애들', 유흥업소 여성들을 여성 대중 앞에 배치하며 남성 투자자와 손님을 모았다. 승리에게는 (정식의 법적 용어가 아니지만) '성폭력 알선'이라는 죄목이 가장 적절해 보인다. 하지만 아무도 여성들의 피해를 믿어주지 않는 환경에서 피해자는 '있지만 없었던' 여성이 되어 사라지고, 재판 중인 승리에게 더없이 유리한 환경이 만들어지고 있다. 여성들이 자신이 경험한 피해를 증명할 수 없는 환경에서 제2의 승리가 나타나지 않으리라 아무도 보장할 수 없다.

승리라는 이름의 광맥

전원산업은 탄광 노동자와 그 가족, 성매매 여성, 나아가 여성 대중에 대한 폭력을 동반한 착취를 통해 지난 50년간 재벌 기업으로 승승장구했다. 기업의 역사를 돌아봤을 때 이들은 노동자의 저항, 기업의 불법 행위 등으로 여러 차례 위기를 겪었지만, 이를 모두 극복하고 마침내 버닝썬 시스템을 설계했다. 자신을 얼굴 마담이라고 지칭한 승리의 말은 틀리지 않다. "승리의 사업성을 높게 판단해 버닝썬에 투자"했다는 전원산업은[48] 사실 승리의 사업성이 아니라 그의 얼굴을 보고 모여든 대중들, 특히 여성의 몸을 거쳐 발생할 미래수익에 투자했다. 버닝썬 안팎에서 촬영된 수많은 불법 촬영물과 클럽에서 손쉽게 유통되는 강간 약물, 그리고 의혹으로만 남은 채 불기소, 불처벌된 많은 성매매 알선 사건과 성폭력 사건은 대중 남성이 성폭력 가능성에 베팅(betting)하며 버닝썬 테이블을 예약하고자 하는 근거가 되었다. 입구에서 외모 스크리닝을 거친 한국인 여성들이 만들어낸 클럽의 스펙터클은 동아시아 투자자 집단에는 미래수익을 예측하는 근거가 되었고, 클럽에서의 불법 촬영과 약물 강간 사건은 미래수익에 대한 신뢰를 만들어냈다. 클럽에서 노는 여성들, 접대라는 이름으로 성매매에 동원된 여성들, 살아 있는 여자, 죽은 여자의 육체는 한국에서 국가와 남성의 권능을 증명하는 징표로 간주되었다.[49]

카메룬 출신의 정치철학자인 아실 음벰베(Achille Mbembe)는 푸코의 살게 만들고 죽도록 내버려 두는, 다시 말해 죽음과 삶 간의 분리를 만들어내는 생명정치권력이론(biopolitics)의 한계를 지적하며 시신정치(necropolitics)에 대해 말했다. 그는 어떤 실제적인 조건에서 사람을 죽음에 노출하는 힘이 행사되는지 조명하며 탈식민 사회에서 인종을 주요한 표지로 많은 사람이 "살아 있는 죽은 자(living dead)"의 지위를 부여받는 상황을 분석했다. 클럽 버닝썬에 그의 이론을 그대로 대입할 수는 없겠지만, 이용자의 90%가 넘는 여성들이 "살아 있는 죽은 자"의 지위를 부여받아 버닝썬의 사업적 성공을 만들어낸 것은 '살아 있는 시신의 경제'라는 말로 압축될 수 있을 것이다. 특히 음벰베는 특정 자원이 추출되는 지역에서 자금 흐름의 통제가 고립된 경제의 형성을 가능하게 만들었고, 그 지역을 전쟁과 죽음의 특권적 공간으로 바꾸어놓았다고 지적했다.*

전원산업이라는 재벌 기업은 정치권과 결탁해 경제발전이라는 목표를 설정하고 탄광촌의 노동자 가족, 유흥업소 여성 등 먼저 희생당해도 괜찮은 존재를 앞세워 부를 축적했다. 그리고 마침내 2018년 글로벌 대중스타 승리의 얼굴을 안전장치로 내세워 여성 대중을 '죽일 권리'를 행사했다는 것이 버닝썬 사태를 다루는 이 글의 요지다. 승리의 얼굴은 21세기 한류 전성기의 새로운 광맥이 되어 한국 여성을 시신화하는 약탈 메커니즘으로 작동하고 있다. 여성들의 대규모 팬덤과 환호로 만들어진 승리의 얼굴성은

---

* Achille Mbembe, *Necropolitics*, Translated by Steven Corcoran, Duke University Press, 2019, p. 86. 김신현경은 영화「부산행」에서 최초로 좀비(living dead)가 된 인물이 KTX 여승무원이라는 점에 주목하며 자본주의 체제의 갱신을 위해 여성 노동자가 최전선에서 희생자가 되는 문제를 분석하기도 했다. 김신현경,「최초의 좀비, KTX 여승무원」, 김신현경·김주희·박차민정,『페미니스트 타임워프』, 반비, 2019, 77~78쪽

그를 둘러싼 여성들을 시신화해 수익을 창출할 수 있는 미래 가능성으로 계산되는 것이다. 아직 남아 있는 소수의 승리 팬들은 "위대한 개츠비의 삶을 꿈꾸었던 승리가 개츠비의 운명처럼 비극적인 상황을 맞이"한 것을 안타까워하고 있다. 하지만 이들은 개츠비를 신비롭게 만든 것은 개츠비 자신이 아니라, 그가 매일 밤 열었던 성대한 파티에 모여든 사람들이었음을 아직 깨닫지 못하는 것 같다. 승리는 이 파티원들에게 성별 질서를 부여했고, 국적을 초월한 남성들의 엔터를 위해 여성을 미끼로 던졌다. 이 모든 파티를 설계한 전원산업은 또 다른 광맥을 찾느라 분주할 것이다.

2부

트랜스하는 케이팝, 퀴어링하는 젠더

4장
무해한 오빠에서 의리 있는 남자로

허윤

남성성의 실험장이 된 케이팝

해외 시장에서 '게이팝(게이와 케이팝을 합성한 단어로 케이팝을 조롱할 때 쓰는 표현)'으로 불릴 만큼 케이팝 아이돌은 남성성을 위반하거나 훼손하는 존재로 여겨졌다. 케이팝 아이돌은 짙은 화장에 딱 붙는 바지, 세심하게 손질한 머리와 눈썹 등 외모를 관리하고 깡마른 몸을 유지한다. 이들은 헤게모니적 남성성과 거리가 있는 새로운 남성성으로 여겨지기도 한다. 케이팝이 재현하는 아시아 남성의 신체가 서구 중심으로 만들어진 남성성의 규범에서 미끄러지고 있기 때문이다. 이러한 케이팝의 퀴어함은 수용자, 즉 팬덤의 적극적인 독해와 참여를 통해서 완성된다. 케이팝 아이돌이 재현하는 성소수자성이나 BL(Boys' Love) 커플링 등은 해외 시장에서 그룹의 인지도를 높이고 팬덤을 모으는 데 효과적이다. 또한 젠더 규범으로부터 일탈을 가능하게 한다. 그런데 이는 백인-이성애자-비장애인을 중심으로 구성된 전형적 남성성에 미치지 못한다는 뜻이기도 하다. 게이팝이라는 호명에는 서양과 동양의 위계적 관계가 반영되어 있다. 그런 점에서 케이팝의 인기를 헤게모니적 남성성에 대한 도전이나 승리로 읽을 수도 있다.

  미국이나 유럽의 눈에 퀴어하게 보이는 케이팝 아이돌의 특징은 케이팝 규범성을 충실히 수행한 결과다. 메이크업과 패션 등에 관심을 두고 다이어트 정보를 적극적으로 공유하는 남성성은 새롭게 등장한 일련의 경향을 대표한다. 패션 아이콘으로 거듭난 남성 아이돌은 팬의 사랑을 받기 위해 다정한 말투와 행동, 애교를 주저하지 않는다.

  남성의 신체를 가시화, 대상화하는 방식의 아이돌도 있다. 이들은 '짐승돌'로 불리며 섹시한 근육질 몸매를 자랑한다. 2000년대 후반 짐승돌의 등장은* '어리고 예쁜 소년'이라는 아이돌의

---

* 김수아, 「남성 아이돌 스타의 남성성 재현과 성인 여성 팬덤의 소비 방식 구성」, 『미디어, 젠더 & 문화』 19, 한국여성커뮤니케이션학회, 2011, 5~38쪽. 김수아는 2PM이 미디어를 통해 상상되어온 중고생 혹은 청소년 남성의 이미지를 재현하며 데뷔했으며, 성숙과 미성숙의 경계에 있는 남성성을 보여주었다고 말한다.

표준값에 성적 매력이라는 벡터를 더한 것이었다. 2008년 데뷔한 2PM은 아크로바틱을 결합한 과격한 안무와 근육질의 남성 신체를 선보이며 성적으로 대상화하는 남성성을 전면에 내세웠다. 1990년대 성 해방을 주장했던 가수 박진영이 제작한 이 남성 아이돌 그룹은 "그녀의 입술은 맛있어 그녀의 다리는 멋져"라며 날것의 남성성을 연출했다. 데뷔곡 「10점 만점에 10점」은 젊은 남성이 '그녀'의 외모에 점수를 매기는 내용이다. 스크래치를 한 머리 모양이나 수영장에서 촬영한 뮤직비디오 역시 악동의 모습을 형상화했다. 비키니 차림의 여성에게 눈을 돌리며 쫓아가는 남자 아이돌의 등장이다. 같은 시기 데뷔한 SM엔터테인먼트의 아이돌 샤이니가 파스텔톤의 스키니진을 입고 "누난 너무 예뻐"를 속삭이는 것과 상반된 모습이다.

색다른 연출과 퍼포먼스가 중요하기 때문에 다양한 남성성을 기획, 실험해 볼 수 있는 케이팝 공간에서 퀴어함은 곧 헤게모니다. 이렇게 접근할 때 케이팝이 수행하는 남성성의 복잡성이 구체적으로 드러난다.

아이돌에서 가부장까지, 남자다움의 실천

케이팝 아이돌 시장에서 새로운 남성성을 제시한 2PM의 초창기 이미지는 여자를 좋아하는 악동이었다. 케이블 TV의 예능 프로그램 「아이돌 군단의 떴다! 그녀 3」(MBC every1, 2008~2009)는 당시 신인 아이돌이었던 2PM이 매회 초대되는 여성 출연자에게 선택받기 위해 경쟁을 벌이는 구조로 이루어진 버라이어티쇼였다. 노래와 춤, 고백과 같은 개인기를 통해 매력을 어필하면 여성 출연자가 한 멤버를 선택하는 방식이다. 연애 구도를 만드는 예능 성격상 팬의 반발을 예상하기 쉽지만, 사실상 여성 출연자의 선택은 부차적이다. 멤버들 간의 질투나 경쟁과 같은 대립 구도가 팬의 눈길을 사로잡기 때문이다. 결국 이 대립 구도를 통해서 강화되는 것은 멤버들 간의 교류다.* 남성 동성사회(homosocial)의 친밀감이나 이에 기반한 남-남 커플링은 2PM의 인기 비결이었다.

2PM의 예능 「와일드 바니」(Mnet, 2009)는 아이돌이 아니라 '평범한 청년'으로 돌아가서 아이돌 규범을 어기고 일탈하는 내용으로 구성되어 있다. 첫 화부터 매니저의 눈을 피해 숙소를 도망치는 모습이 등장하고 섹시 콘셉트의 화보나 몰래카메라, 걸그룹 댄스 등을 B급 감성으로 펼쳐낸다. 망가짐을 권장하는 프로그램 기획은 아이돌답지 않은 모습을 보여주는 것이 특징이다. 아이돌다움을 넘나드는 남성미로 인기를 끌었던 2PM의 이미지를 만드는 데 주요한 역할을 한 사람은 그룹 리더 박재범이었다.

한국의 아이돌 문화와 관습에 익숙하지 않았던 박재범의 솔

---

* 이브 세즈윅은 남성들의 사회에서는 동성친화적 욕망과 가부장적 권력의 유지 및 이양을 위한 구조가 연관되어 있지만, 이를 드러내지 않기 위해 여성의 거래를 남성들 간의 동성애적 관계를 금지하기 위한 도구로 사용한다고 설명한다. 이 남성 동성사회성에는 남성들 사이의 연대를 강화하기 위해 한 여자를 서로 교환하는 이성애 정상성이 필요하다. 여성 없이는 남성들 사이의 연대가 자칫 동성애(homosexual)로 오해될 수 있기 때문이다. 남자다운 남자들의 공동체에서 가장 중요한 것은 여성과 남성 사이의 관계가 아니라, 서로에게 친밀감을 표현하는 방법이 이것밖에 없는 두 남성 사이의 교환거래다. Eve Kosofsky Sedgwick, *Between Men*, Columbia University Press, 1985, pp. 1~27.

직함은 정제된 다른 아이돌과 달랐다. 분홍색 티셔츠나 멤버들 간의 스킨십을 어색해하던 그는 엉뚱한 행동과 발언으로 인기를 끌었다. 박재범은 출퇴근 시간을 관리하며 연습을 강제하는 한국식 연습생 문화에 잘 적응하지 못했다. 그가 데뷔 전 SNS에서 친구와 나눈 대화에 등장한 "Korean is gay. I hate Korean"은 온라인에서 퍼졌고, 곧 수백 개의 기사로 나타났다. 한국 비하 논란으로 번진 이 발언으로 박재범은 인기 아이돌에서 '검은 머리 외국인'이 되었다. 문제의 발언이 보도되자 대중은 "한국에 돈 벌러 온 양키는 집에 돌아가라", "군대에라도 갔다 오지 않는 이상 한국에서 활동할 생각은 하지 마라"며 목소리를 높였다. 이 사건은 민족주의와 호모포비아 양쪽을 다 건드린 셈이다.

악동을 연기하면서 남성성을 과시하는 연출은 가능하지만 아이돌다움을 훼손해선 안 된다는 케이팝의 특징은 JYP엔터테인먼트의 프로듀서 박진영이 강조하는 인성 교육과도 연결된다. 케이팝 아이돌은 춤과 노래뿐 아니라 인사법과 말투 등 인성까지 교육받아야 한다. '진실, 성실, 겸손'이라는 인성 교육은 케이팝 아이돌이 내재한 직업윤리를 보여준다.[1] 진정성을 갖고 성실하게 임하되 겸손해야 한다. 그리고 이 규범은 90도로 인사하는 법을 몸에 익히고 겸손한 태도로 팬의 사랑에 감사하는 것으로 증명되어야 한다. 이러한 규범을 거부하며 계속 문제를 일으켰던 박재범은 케이팝 아이돌답지 않기 때문에 인기를 끌었고, 처벌받았다.

힙합으로 남자 되기

'제2의 유승준'으로 불릴 만큼 전국민적인 비난을 받았던 박재범이 1년여 만에 한국으로 돌아와 성공적으로 복귀할 수 있었던 것은 헤게모니적 남성성을 충실히 수행한 덕분이다. 흑인문화를 준거집단으로 둔 힙합 문화가 강조하는 가족에 대한 책임감, 친구에 대한 의리 등은 한국의 남성성 규범에도 유효했다.

힙합 연구자들은 힙합이 백인의 헤게모니적 남성성에 저항하기 위해 폭력성과 초남성성의 특성을 보인다고 지적한다. 1970년대 흑인 청년들이 자신의 정체성을 지키고 서로 유대감을 유지하기 위한 수단으로 등장한 힙합은 백인 주류문화에 대한 저항 의식을 바탕에 두고 있다. 자기 서사, 자수성가한 흑인 이미지, 뽐내는 스웨그 정신, 디스로 가득 찬 배틀 랩 등을 특징으로 하는 힙합은 일종의 대항 문화였다. 자기 자신에 대한 긍정과 쿨한 자세는 현실 세계에서 절대적 강자인 백인 남성성과 굴절한 결과다.[2] 지배 계급에 대항하기 위해서 더욱 강력한 남성성을 획득하고 모방해야 하는 피지배 계급 남성은 힙합 음악을 통해서 성공할 수 있는 방법을 찾았다. 문화연구자 트리시아 로즈는 힙합 음악이 흑인 사회 안의 계급 이동성과 연결된다고 지적한다. 흑인 남성은 힙합 음악을 통해 상위 계층으로 이동할 수 있다.[3] 가난한 흑인 공동체에서 성장해 갱스터가 될 뻔했던 남성 청년이 음악을 통해 미국인의 우상이 되는 과정은 진정성 있는 이야기로 인정된다. 이러한 자수성가 이야기는 한국 힙합에서도 비슷하게 성립한다.

홍대의 언더그라운드를 중심으로 활동하던 한국 힙합이 미디어를 통해 대중화되는 과정에서 강조된 것은 자신이 직접 가사를 쓰는 진정성이다. 힙합 레이블 일리네어레코즈(ILLIONAIRE RECORDS)의 사장 도끼는 기획사 음악의 대척점으로 인디 정신을 이야기하며, 자신이 하는 이야기는 진짜라는 점을 강조한다. "진짜는 진짜를 알아본다(real recognize real)"는 그의 프레이즈는 특유의 스웨그 문화를 진정성의 서사로 만들었다. 그렇게 자신이 번 돈을 자랑하면서 성공을 과시하는 가사가 한국 힙합의 특징이 되었다.[4] 한국에서 래퍼들의 스웨그 문화에는 경제적 어려움을 맨몸으로 극복한 성공 사례, 아버지에 대한 호소와 인정투쟁이 들어 있다. 아버지를 원망하거나 비판하지 않고 아버지로부터의 승인을 요구한다.

남성 주체의 성장은 아버지를 죽이고 왕의 자리를 차지하는 오이디푸스 서사로 설명되어 왔다. 아버지로 상징되는 기성세대, 상징질서와 대결을 통해 승리해야만 아들/청년은 새로운 규범과 질서를 만들어갈 수 있다. 오이디푸스의 '아버지 살해'는 아들의 성장과 세대교체를 상징하는 것으로 여겨졌다. 그런데 피식민 국가는 아버지 살해 경험을 박탈당한 채로 근대화된다. 피지배 인종이나 피지배 계급의 남성은 백인 남성의 공동체처럼 나눠 가질 권력이 없다. 벨 훅스는 이러한 흑인 남성성을 '플랜테이션 가부장제(plantation patriarchy)'라고 불렀다. 훅스에 따르면, 흑인 남성은 자유를 획득하고 흑인 여성을 보호함으로써 가부장이 되기 위해 노력하는 방식으로 사회화된다. 즉, 흑인 남성은 백인에게 침탈당한 남성적 권력을 가부장제를 통해 보상받으려는 왜곡된 의식을 갖는다. 흑인 남성 사이에서 오히려 남자다움과 경제적 능력의 연결이 강화되며 소수자 남성일수록 남자다움이라는 규범적 질서에 더 민감하다.[5]

박재범 역시 가족의 경제적 안정을 위해 한국에 와서 연습생이 되었다고 말할 만큼 가족에 대한 책임감을 여러 차례 강조했다. 그는 이러한 자수성가와 승인의 서사를 '희망'으로 표현한다. 인종적, 계급적 한계를 극복하고 성공하는 모습을 보여준다는 점 또한 강조한다. 이러한 표현들은 가장으로서의 책임감, 사장으로서의 자부심, 한국인으로서의 정체성 등으로 이어진다.

> 센 척하면서 욕한다고 힙합이 아니다. 그보다는 스토리가 중요하다. 힙합은 가난한 흑인들의 게토에서 출발한 음악이다. 비보이, 디제잉, 랩이 모두 자기가 어떻게 바닥에서부터 시작해 올라갔는지를 담아왔다. 그런 희망적인 이야기를 다양한 방식으로 풀어내는 것이 힙합이다.[6]

가부장 되기의 진정성

2PM 탈퇴 이후 유튜브를 통해 모습을 드러낸 박재범은 2010년 1년여 만에 영화 촬영을 이유로 한국에 들어온다. 이 영화에 출연한 계기는 자신이 중학교 시절 친구들과 만든 비보이 크루 AOM(Art of Movement) 친구들과 함께 출연할 수 있어서였다.[7] 박재범은 자신의 팬미팅 투어를 비롯한 각종 행사에 AOM을 동반했

으며, AOM의 멤버였던 친구 차차 말론과 음악 작업을 시작했다. 2011년 발표한 그의 첫 솔로 앨범 『Take a Deeper Look』을 지원한 사람은 이미 힙합 신에서 인정받고 있던 래퍼이자 박재범의 친구인 도끼다. 그는 힙합 아티스트들과 교류하면서 '브로'들로 이루어진 남성연대를 구축했으며, 문신과 술 등 남자다움을 과시하는 방식으로 자신을 재현했다. 가족의 출생 연도, 자신이 대표로 있는 레이블의 상징을 문신으로 새길 만큼 가족에 대한 책임감과 형제/동료에 대한 의리를 내세웠다.

> 2010년에서는 차 바퀴를 갈고
> 한겨울 날씨 안에서 난 벌벌 떨었어
> 2014년 AOMG 차렸고
> 여자들이 나를 보면 덜덜덜덜 떨어
> 눈치 보고 살지 않길
> 의리 있는 남자 되길
> 돈은 쫓아가지 마
> 금으로 된 내 앞길
> Always do just what you feel
> 언제나 자유롭길
> 하지만 개념 있게 살고
> 예의도 지켜주길

- 박재범, 「Evolution」(2014)

자신의 이야기를 직접 쓰는 래퍼인 박재범은 『EVOLUTION』에 실린 동명의 곡을 통해서 돈이 아니라 "의리 있는 남자"로 진화하겠다는 다짐을 꺼내놓는다. 같은 해 힙합 레이블 AOMG를 설립한 박재범은 작사와 작곡, 프로듀싱을 직접 시도하는 아티스트로 거듭난다. 또한 소속 아티스트에 대한 지원과 존중을 내세우면서 의리 있는 남자들의 공동체를 확장해 나간다. 박재범은 AOMG와 H1GHR MUSIC 소속 가수들을 자신의 해외 투어에 동행시키고, 무료로 피처링 작업을 진행하는 등 힙합 신에 증여를 계속한다. 이는 그가 인터뷰에서 자신의 회사 소속 아티스트를 가족이나 식구 등으로 부르는 것을 통해서도 확인할 수 있다.[*]

2017 : 사실 일 관계이긴 하지만 아티스트로서 존중하고 사람으로서도 좋아하는 래퍼들이 뭉친 레이블이다. 소속 아티스트들이 계약에 따라 다른 회사로 옮기는 것이 상상이 안 될 정도로 한식구가 되었다. 진심이 담긴 관계다.

2018 : 처음부터 돈을 많이 벌고 그런 것보다는, 순수하게 재밌고 멋있는 뮤지션들이랑 함께 식구처럼 만들어나가고 싶다

---

[*] 박재범은 2021년 12월 31일자로 AOMG와 H1GHR MUSIC의 대표를 사임한다. '보스(boss)'가 아닌 '인간 박재범'으로 돌아갈 것을 선언한 그가 공개한 싱글 「To Life」는 지난 13년간 박재범의 행보를 담고 있으며, 뮤직비디오에는 소속사 아티스트들이 모여 박재범의 새로운 삶을 기념한다.

는 마음이 컸다. 난 항상 나에 대한 자존감이 강하거든. 다들 같은 방향을 향해 달려가니까 점점 회사에 대한 자신감도 붙더라. 그레이 형, 로꼬가 잘되기 전에, 쌈디 형이 들어오기 전에 이미 나는 상상했었다. 열심히 잘하면 우리가 무시할 수 없는 존재가 되겠구나. AOMG의 성공은 너무나 감사하지만 그렇게 막 놀랍거나 하지는 않다.[8]

자신의 성공이 단순히 돈이 아니라 '명분 있는 것'이라는 주장은 박재범의 노래에서 반복해서 등장한다. 후배를 양성하고 힙합 신의 파이를 키웠다는 자부심은 공동체와 이웃에 관한 언급으로도 등장한다. 이는 힙합 음악이 커뮤니티의 유대와 연대를 중심으로 한 장르라는 점을 보여준다.[9] 즉 '진짜'는 개인의 경제적 성공이 아니다.

> 무릎 꿇고 살 바엔 차라리 서서 난 죽어
> 나의 성공 내가 명분 있게 얻었지
> 그래서 고개 안 숙여
> - 박재범, 「Worldwide」(2015)

AOMG의 성공으로 박재범은 한 명의 힙합 가수 혹은 스타에서 한국 음악 시장의 중요한 행위자가 되었다. "어깨 위에 무게가 만만치 않아, 그래도 난 날아다녀, 나는 사장 아닌 리더"(「Toast」,

2020)라며 한국 힙합 신에서 자신의 위치를 주장한다. 그는 AOMG와 관련한 인터뷰에서 매번 진심, 자존감, 자신감을 강조한다. 돈벌이는 중요하지 않으며 회사를 통해서 돈을 벌 생각은 없다고 말하는 것도 마찬가지다. "식구처럼 만들어나가고 싶다"는 말은 여러 형태로 박재범의 가사에 등장한다. 돈이 아니라 사람을, 명성이 아니라 의리를 택한다는 남자다움이 그를 '제2의 유승준'에서 '재범이 형'으로 만들었다.

> 진짜 힙합 씬 구원하러 온 갓파더임. 재범이 형이 한국 음악 수준 높여놨다고 생각한다 진짜. 내 기준에 콰이엇 형이랑 같이 지금 한국 힙합 신에서 가장 존경해야 할 두 사람이라고 봄. 음악 대하는 태도나 후배 양성, 실력 등 모든 게 빠지는 게 없음.[10]

> 확실히 재범 형이 2pm이 아니라 aomg 세우면서부터 바닥에서 올라가는 게 보여서 남자들이 볼 때 이뤄내는 과정이 보여서 롤 모델 삼고 싶은 사람임 ㅎㅎ.[11]

박재범이 힙합 신에서 인정받는 형이 되는 과정은 힙합 신의 대부 역할과 직결된다. 아티스트에게 무대를 제공하고 공정한 계약으로 제대로 대우하겠다고 선언함으로써 박재범은 바람직한 가부장으로 거듭났다. 이제 한때 박재범을 향한 수식어였던 '검은 머리 외국인'과 같은 말은 사라졌다. 그의 진정성이 대중들에게 받아들여진 것이다. 박재범을 수용하는 대중들의 방식이 달라지면서 그는 "남자들이 볼 때" "롤 모델"로 삼고 싶은 사람이 된다. 대중음악의 진정성은 수용자 차원에서 담론화된다는 지적은 틀리지 않았다. 남성들의 인정이 박재범을 설명하는 중요한 키워드로 제시된다. 박재범의 남자다움은 케이팝에서 힙합으로 넘어가는 매체 전환 과정에서 등장한 일종의 상징적 가치다. 대중으로부터 수용적 가치를 얻는 데 중요한 것은 헤게모니적 남성성을 얼마나 수용하느냐다. 박재범은 남자다움을 통해서 진정성을 획득했다.[*]

이민자로서 성공하기

인종적 탈식민의 과정에서 초남성적 헤게모니는 힙합의 남성성으로 나타났다. 그 과정에서 인종과 계급 갈등이 전면적으로 드러났다. 사회 비판 의식을 품고 있는 힙합은 백인 부르주아 남성의 헤게모니에 대항하기 위해 생겨난 일종의 대항 문화이자, 인종적 타자로서의 흑인이 주체의 자리를 점유하는 장르다. 이 남성성을 둘러싼 갈등과 충돌은 힙합을 좋아하는 한국계 미국인 박재범에게도 핵심적인 요소였다. 백인 중심 사회에서 흑인 남성이 야만성에 가까울지라도 남성성을 인정받고 있었다면, 아시아 남성은 여성적이거나 비남성적인 존재로 취급되었다. 아시아 남성은

---

[*] 송화숙은 진정성이 일종의 상징적 가치이며, 진정성의 유무가 중요한 차이로 작동하는 것이 아니라 대중음악을 감상하는 방식의 차이가 진정성 담론을 구성한다고 지적한다. 송화숙, 「대중음악에서의 진정성(Authenticity) 개념」, 『대중서사연구』 21, 대중서사학회, 2009, 345~370쪽.

"흑인과 백인 남성들보다 일반적으로 덜 성적이며 더 총명하"거나 "일 중독자, 컴퓨터광, 무술가, 갱단 혹은 아시아의 신비한 존재" 등으로 전형화된다.[12] 이러한 전형화로부터 탈피하기 위해 오히려 소수인종 남성들은 남자다움과 남성끼리의 연대를 강조한다.

한국계 미국인 박재범은 흑인, 히스패닉 등 유색인종 친구들과 힙합, 비보이 댄스 등을 통해 남성 공동체를 만들어나갔다. AOMG의 출발점이기도 한 AOM은 박재범을 비롯한 유색인종 청소년들의 비보잉 클럽이었다. 힙합은 흑인 음악으로 장르화되었기 때문에 아시안이 미국의 힙합 신에서 인정받는 것은 쉽지 않다. 그러나 케이팝 아이돌 출신의 박재범은 미국 시장에서 한국인과 아시아인을 대표 재현하고 있다. 2017년 박재범은 미국을 대표하는 힙합 레이블 락네이션과 계약한 최초의 아시아계 아티스트가 되었다. 그는 이 락네이션과 계약을 발표하면서 자신의 성공을 고향, 한국, 아시아계 미국인, 무시당하고 과소 평가된 사람들의 승리이자 헌신과 정직, 진정성의 승리라고 표현했다.* 인터뷰에서도 "내가 동양인 그리고 한국 힙합 신 대표로서 이 큰 세계에 들어가 많은 사람을 대표하는 거니까. 동양인의 멋, 한국인의 멋을 제대로 보여줘야 한다는 부담감이 있"다고 언급했다.[13] 트랜스내셔널한 경

---

* "This is a win for the Town / This is a win for Korea / This is a win for Asian Americans / This is a win for the overlooked and underappreciated / This is a win for genuine ppl who look out for their ppls / This is a win for hard work and dedication / This is a win for honesty and authenticity", 박재범 인스타그램, 2017. 7. 21. 2021년 대표 사림과 동시에 박재범은 자신의 인스타그램을 비활성화하고 운영하지 않고 있다.

계에 있지만 미국 음악 시장에서 한국을 대표하는 인물이 된 셈이다. 이후 2019년 스미소니언의 게임체인저상(아시아계 미국인으로서 경계를 뛰어넘었다는 의미)을 수상하고, 락네이션의 대표 제이지가 만든 음악 축제인 'Made In America'(2018), 아시아계 아티스트들의 공연인 'Identity LA'(2018) 등에 출연했다.

　　박재범은 인종적 특수성이나 민족적 특수성을 자부심으로 환원하는 방식으로 미국 진출을 시도한다. 박재범이 미국에서 처음 발표한 싱글은 「SOJU」였으며 그 뮤직비디오를 케이타운의 식당 등을 배경으로 촬영했다.* 흑인과 아시아인 등의 유색인종이 등장하는 뮤직비디오는 힙합의 전형성과 한국의 특수성이 결합한 키치한 영상으로 완성되었다. 그의 미국 데뷔를 다룬 다큐멘터리 「Jay park: CHOSEN 1」에서도 이 점을 강조했다. 아시아계 미국인이 어떻게 흑인 중심인 힙합 음악 시장에 성공적으로 진입할 수 있을까를 질문하면서 박재범의 행보가 아시아인 사회의 전망이 될 것이라고 진단했다. 그런 점에서 박재범의 행보는 인종으로서의 아시아인이 미국 대중음악 시장에서 어떻게 생존할 수 있을까를 시험하는 지점이라고도 볼 수 있다.

　　Because y'all my brothers / My actions reflect y'all / So

---

* 이러한 지역성은 힙합 문화에서 중요한 지점으로 꼽히기도 한다. 흑인이 게토화된 자신의 공동체에 관한 관심을 불러일으키는 것에서 출발해 출신 지역을 자신의 방식으로 확립해 가는 것이 힙합 문화이기도 하다. 애덤 브래들리, 김봉현 외 옮김, 『힙합의 시학』, 글항아리, 2017, 186~187쪽.

I'll never move like a sucker // I'm slipping I'm falling
I can't get up / I know you'll catch me support me /
And help me get up / Yeah this bullshit's whatever / I'll
show nothing but love / Bitches money fame is cool /
But it means nothing above / So let's enjoy it while it
lasts

너희 모두는 내 형제들이고 / 내 행동이 너희 모두에게 영향을 미치지 / 그래서 나는 함부로 행동할 수가 없지 // 나는 미끄러지고 추락하고 일어날 수가 없어 / 나는 알아 네가 나를 도와주고 일으켜줄 것을 / 무슨 일이든지 / 나는 사랑만 줄게 / 여자 돈 명예는 멋지지 / 그렇지만 그 이상의 의미는 없어 / 그러니 있는 동안 즐기자

- Jay Park, 「Legacy(feat.Gifted Gab & Shelby)」(2019)

「Legacy」는 미국 가수들의 피처링으로 이루어진 영어 곡이다. 인종차별과 형제애를 이야기하는 이 노래에서 박재범은 "너희 모두가 내 형제들이고 내 행동이 너희 모두에게 영향을 미친다. 그래서 나는 함부로 행동할 수 없"다고 말한다. 자신의 대표성에 대한 고민이자 유색인종 사이의 유대에 관한 강조다. 이는 미국 사회에서 인종적 소수자인 아시아계 역시 흑인과 마찬가지로 사회적 부조리와 억압에 노출되어 있다는 것을 뜻한다. 박재범은 2018년 미국 홍보 당시 출연한 라디오 프로그램에서 "이 나라에

서 태어났지만, 이민자라고 느낀다. 그러니 우리는 서로를 돌봐줘야 한다. 너는 내 형제다. 나는 너의 인종이나 피부색에 신경 쓰지 않는다"는 프리스타일 랩을 했다.[14] 여기서 그는 소수자로서 자신의 정체성을 고백하고 자신과 청취자, 그 자리의 디제이를 "형제"로 호명한다. 이 형제의 정체성은 미국에서 소수자로 살아가는 사람들끼리의 연대를 의미한다.

아시아인으로 말하기

박재범은 흑인 민권운동과 관련한 사건이 발생할 때마다 자신의 SNS를 통해서 적극적인 발언을 이어갔다.* 조지 플로이드 총격 사망 사건 당시 추도 글을 올린 것은 물론이고, 그가 사장인 힙합 레이블 H1GHR MUSIC은 '흑인의 생명은 소중하다(#Black Lives Matter, 이하 BLM)' 운동에 약 2만 달러를 기부했다. 또한 블랙아웃튜스데이(Black Out Tuesday, 2020년 6월 2일에 발생한 인종차별과 경찰의 만행에 대한 집단행동)에 동참하기 위해 음원 발매일을 연기했다. 이는 BLM 운동에 아시아계 미국인이 적극적인 지지를 표명한 것과 맞물린다. 한국계 미국인 배우 산드라 오는 2020년 에미상 시상식에 한글로 '흑인의 생명은 소중하다'라고 새긴 점퍼를 입고 참석해

---

* 박재범은 #Black Lives Matter 운동뿐 아니라 태국 시민들의 시위를 지지하거나, 미얀마 군부 쿠데타를 비판하는 등 전 세계 민권운동에 대해 발화하고 있다. 그뿐만 아니라 코로나19 이후 깊어진 아시아인에 대한 혐오와 공격을 비판하는 데에도 적극적으로 나서고 있다.

화제가 되었다. 한국 교민 사회도 BLM 시위에 참여했다.* 아시아인과 흑인의 연대는 최근 미국 사회에서 강화되는 인종차별과 혐오범죄에 대항하는 방법이다.

"트럼프 대통령의 '중국 바이러스' 발언은 인종적 긴장과 분열을 만들어내고 있다."[15] 코로나19 이후 아시아인에 대한 혐오와 폭력이 강화되자 한국계 미국인 박재범, 에릭남, 티파니(소녀시대) 등은 소수자 정체성을 바탕으로 인종 문제에 관해 적극적으로 발언했다. 박재범은 스포티파이의 '아시아태평양계 미국인 문화유산의 달' 캠페인인 #StopAsianHate 광고에 참여하는 한편, 자신의 SNS를 통해 계속해서 목소리를 내고 있다. 에릭남은 애틀랜타 한국인 여성 총격 사건 직후 『타임』을 통해 미국에서 아시아인으로 산다는 문제의식을 드러냈다. '모범적인 소수자 시민' 모델로 일컬어진 아시아계 미국인이 내면화해야 했던 일상화된 인종주의 문제를 거론했다.[16]

그러나 케이팝 가수들의 BLM 지지는 한국 안팎에서 상반된 효과를 낳았다. BLM이 확산하면서 미국의 케이팝 팬들은 가수들에게 BLM과 관련한 의견 표명을 호소하고 나섰다. 케이팝의 존재 자체가 백인 중심성에 대한 문제 제기를 바탕에 두고 있기 때문이다.[17] 그러자 한국의 아이돌 커뮤니티에서 논쟁이 일어났다. "왜 한국인 가수한테 지지를 바라는지 모르겠다", "요구가 끝도 없을 것이다"와 같은 댓글에 이어 "정치랑은 안 엮였으면 좋겠다"는 말

---

* Asians for Black Lives와 같은 단체가 만들어졌다.

도 등장했다. 다음 카페의 대표적인 여초 커뮤니티에서는 에릭남이 트럼프를 비판하며 바이든을 지지하자 에릭남도 어쩔 수 없는 미국인, 즉 한국의 이익을 고려하지 않는 검은 머리 외국인이라고 비판했다. '1가정 1에릭남'으로 불릴 만큼 여초 커뮤니티에서 인기가 많았던 그는 BLM과 인종주의에 관한 발언으로 호감을 잃었다.

2020년 6월 21일 미국 뉴욕주 하원의원 오카시오-코르테스가 틱톡을 사용하는 10대들과 케이팝 팬덤이 트럼프 대통령의 선거 유세를 방해한 데 대해 트위터에서 감사의 인사를 전했다. 이들은 트럼프의 선거 유세장 입장권을 예매한 뒤 불참함으로써 유세장을 텅 비게 했다. BLM 운동, 코로나19에 대한 대책 등으로 미국 안에서 비판받고 있던 트럼프를 웃음거리로 만든 사건이었다. 이 사건은 케이팝 팬덤이 트럼프로 표상되는 보수 정치에 반대하며 소수자와 다양성의 가치를 증명한 것으로 기록된다. 소수자성에 대한 성찰 없이 케이팝을 적극적으로 미디어에 홍보하고 미국의 미디어 전략을 비판할 수 없다.

그러나 한국의 케이팝 팬덤은 BLM이나 퀴어퍼레이드와 같은 문제에 관해서는 조심스러운 태도를 보인다. 케이팝이 해외 시장에서 소수자의 표상으로서 정치적인 존재로 거듭났지만, 케이팝을 만들어낸 한국의 아이돌 문화는 다르다. 한국의 케이팝에 대한 해석은 '우리 한국인'의 범주를 벗어나지 않는다. 해외 팬이 많은 케이팝 그룹이 한복을 변형한 디자인의 옷을 입거나 무대에서 한국무용을 선보이면 한국 팬의 폭넓은 지지를 받는다. 케이팝에 대한 자부심은 민족주의와 결합해 파급력을 갖는다. 스포츠 민족주의와 마찬가지로 서구에 의해 인정받고 증명된 '영웅'은 식민지 국이었던 한국의 열등감을 해소하는 '애국 마케팅'의 하나로 사용된다. 국가의 이름을 높임으로써 구성원에게 만족감을 준다.[18] 해외 시장에서 성공을 거둔 케이팝은 그 자체로 한국의 이름을 알리는 자부심의 원천이 되고, 케이팝의 K는 음식, 화장품, 문학 등 분야를 막론하며 사용된다. 이런 점에서 케이팝은 후발 독립 국가의 미국 시장 진출을 보여주는 표상이라고 할 수 있다. 케이팝의 진정성 속에는 국가적 자부심이 따라붙는다. 이 과정에서 한국인 케이팝 팬덤과 해외 팬덤 사이의 갈등 역시 커진다. 국가와 민족의 경계를 넘어 자유롭게 이동할 수 있는 것은 케이팝이라는 문화상품뿐이다.

무해한 케이팝을 넘어서

BTS가 7주 연속 빌보드 차트 1위를 수성하자(2021. 7. 15) BTS의 성공과 문화적 다양성, 대안적 남성상을 이야기하는 기사가 쏟아졌다. "개인의 즐거움보다 사회 공동체적 연대를 강조하고, 일탈 대신 음악을 통한 치유를 중시하며 선한 영향력을 행사"하는 "무해함"을 가진 아티스트가 등장했다는 찬사다.[19] 빌보드 Hot 100 차트 1위를 차지한 「Permission to dance」에는 안무에 수화를 넣어서 화제가 되었다. 미국에서도 "해로운 남성성에 맞서 도전했다"(『에스콰이어』), "남성성에 관한 엄격한 통념을 본능적으로 거부한다"(『롤링스톤』)와 같은 평가가 이어졌다.[20] 이러한 해석은 케이팝의 규범적 남성성에 대한 이해 부족에서 비롯한다. 미국을 비롯한 서구의 시선에서 바라보면, 아시아의 남성성은 대안적 남성성으로 의미 부여될 수 있다. 그러나 케이팝의 사회적 맥락에서 보면, 케이팝 남성성의 '모델 시민'과 같은 성격은 전혀 새롭지도 진보적이지도 않다.

　　케이팝 아이돌에서 힙합 아티스트가 된 박재범은 아이돌과 아티스트, 한국계 미국인과 한국인, 케이팝과 힙합이라는 여러 경계의 접촉지대에 있다. 그는 "케이팝이 한국 대중문화 내 마초성이 소거된 '비남성성'의 지대라거나 전형적인 남성성이나 여성성에 귀속되지 않는 표현 방식을 갖는다"는 평가[21]를 거스르는 존재다. 아이돌로서 박재범은 솔직함과 자유분방함, 정제되지 않음을 내세우는 개별성을 가진 존재로 케이팝 규범성을 위반했다. 하지만 그는 줄곧 헤게모니적 남성성에 충실했다. 이는 설화 사건 이후 한국에 복귀한 박재범이 가족에 대한 책임감과 친구에 대한 의리를 강조하는 진정성의 서사를 들고나온 것을 통해서 확인할 수 있다. 박재범의 가사와 행보는 흑인 남성 주체의 피식민 상태에 대한 문제의식에서부터 출발한 힙합의 남성성과 통하는 지점에 있다. 이는 그가 한국계 미국인으로서 미국 사회에서 이방인으로 성장했다는 점과 맞물린다.

　　소수자로서 박재범은 BLM 운동이나 태국, 미얀마의 민주화 운동에 대해서 SNS를 통해 적극적으로 지지하는 목소리를 낸다. 소수자의 다양성과 평등함을 강조한다. 그런데 이러한 정치적 발언은 케이팝 규범성과 충돌한다. 이러한 격차는 케이팝이 상연하는 비헤게모니적 남성성이 상당 부분 무대 위에서만 허용된다는 데 있다. 즉 모델이 될 만하고, 무해하며, 규범적인 케이팝은 대안적 다양성을 표상한다기보다 헤게모니적 규범성을 강화하고 유지한다.

5장
청춘의 퀴어링, 글로벌 대중문화의 꿈

미쉘 조

BTS의 트랜스퍼시픽 패스티쉬

케이팝* 혹은 한국 아이돌 팝은 트랜스퍼시픽 상품이자 팬 문화다. 수용되는 맥락에 따라 낯선 신문물이나, 서구 팝의 조악한

---

* 이 글은 북미 팬과 평론가의 관점에서 아이돌 문화를 분석한다. 따라서 여기서 '케이팝'이란 단어는 현재 한국 바깥의 팬과 대중 사이에서 통용되듯 '아이돌 팝'과 동의어다. 이 점을 강조하는 이유는, 아이돌 팝이 주류 상업적 청춘 문화를 이루는 한국과 달리 하위문화를 이루고 있는 곳에서는 매우 다른 의미를 지닌다는 점을 전제할 필요가 있기 때문이다.

모방 혹은 매끈한 첨단기술의 산물로 여겨지면서 아시아의 우세한 이미지 경제를 증명하는 것처럼 보인다. 혹은 레이 차우가 지적했듯, 아시아의 상품 문화가 이제 무(無)시간적인 동양을 의미하기보다는 초자본주의적 판타스마고리아(phantasmagoria)를 지시하는 "경제적-기호적 이동" 상황을 보여준다고 할 수도 있다.[1] 케이팝의 북미 대중음악 시장 진입을 팬과 음악 산업 관계자들은 한국의 발전 행보를 재현하는 것으로 이해한다. 반면 평론가들은 케이팝의 인기를 동시대 글로벌 청년문화가 갖는 보편성의 관점에서 설명하거나, 문화적 차이에 따른 매혹으로 보거나, 국가적 문화산업의 획기적인 혁신으로 해석하는 등 오락가락한다.

      이 글은 남성 아이돌 그룹 BTS가 국제적인 인기를 얻어감에 따라 그 시각적 콘텐츠에 나타난 복잡한 상호텍스트적 실천의 궤적을 살핀다. BTS와 케이팝은 유예된 청춘이라는 에로틱하고 노스탤지어적인 미학을 통해 다양한 대중이 갖는 기대감을 관리하면서 트랜스퍼시픽 월딩(Worlding)*의 특별한 사례를 제공한다. 여러 형태의 욕망과 충동, 오브제로 가득한 BTS의 뮤직비디오와 무대 퍼포먼스의 시각적 풍경은 트랜스퍼시픽 관계의 한 형식으로서 퀴어함을 만들어낸다. 하지만 이것은 BTS의 콘텐츠가 명백히 퀴어적이라거나 반(反)규범적이라는 것과는 다르다. 내가 말하는 퀴어함이란 성적 혹은 젠더적 정체성을 가리키지 않는다. 나는 아시아와 북미 대중이 동성사회적, 이성애가부장적 남성성에

---

* 미쉘 조는 트랜스 미디어 콘텐츠를 통해 내러티브 세계를 만드는 실천을 설명하기 위해 이 개념을 사용하고 있다. 어감을 살리기 위해 그대로 "월딩"이라 번역한다(옮긴이).

대해 갖는 대조적인 이상형의 핵심이 되는 구성적인 모호성(범주 초월)을 BTS의 트랜스퍼시픽 '유통'이 끌어낸다고 본다. BTS의 작품을 관통하는 다양한 상호텍스트들과 문화적 참조지점들을 분석하면서 나는 이들의 인용 실천이 여러 분기하는 연상들을 병치하는 방식을 살펴볼 것이다. 이는 BTS 매력의 핵심이자, 케이팝 산업이 촉발한 '글로벌' 팝 문화라는 대안적 영역의 핵심이기도 하다. 나는 트랜스컬처 패스티쉬(pastiche, 다양한 작품 및 시각적, 음악적 스타일을 참조하고 융합하는 행위-옮긴이)를 통해 BTS가 젠더 규범에 맞서고 그것을 교란하는 전략이 퀴어한 관계를 생성한다는 가설을 진전시키고자 한다. 이 가설은 케이팝의 글로벌한 말 걸기 전략이라는 특정 조건에서 생겨난, 맥락-결정된 다성성(多聲性)에 기대고 있다.

케이팝은 단순히 하나의 음악 장르가 아니라 시각문화다. 아이돌 상품에서 뮤직비디오와 군무는 중요하다. 팬의 관심을 자본으로 바꾸는 통상적인 메커니즘은 콘서트 퍼포먼스와 수집용 상품을 통한 것이지만, 그 현상 자체는 소셜 미디어 영역 전반을 가로지르며 퍼져나간다. BTS는 이 집중과 분산을 둘 다 유지하는 데 탁월하다. 즉 팬의 생산 영역을 축소하거나 협소화하지 않는 상품을 생산하고 판매하는 것은 전문적으로 음원, 사진, 공식 뮤직비디오를 만드는 것만큼이나 케이팝 및 BTS의 본질적인 요소다. 케이팝 아이돌 문화의 또 다른 요소는 자기반영적이고 파라텍스트(paratext. 커버, 제목, 장르 표시, 서문, 화보, 각주 등 원래 텍스트(본문)에 부가되거나 그것을 보완하는 텍스트-옮긴이)적인 표현을 제공한다는 것인데, 팝 아이돌은 자신의 '무대 밖(비하인드 신)' 자아들을 앨범 및 무대 퍼포먼스의 주제와 관련지음으로써 일종의 공적 페르소나를 만든다.

대표적인 아이돌 그룹으로서 BTS는 한국의 젊은 MZ 세대의 집단적 정체성을 의미화하는 한편, 세대와 문화를 넘나드는 광범위한 시대정신을 구현한다. 이들의 핵심 전략인 패스티쉬는 청춘 문화, 특히 쉽고 빠르게 콘텐츠를 공유함으로써 상호텍스트적 리믹스를 가능하게 하는 디지털 시대의 청춘 문화를 단적으로 표현한다고 이해되어 왔다. 해외에서 BTS가 수용되는 양상은 전문가의 비평과 팬들의 내러티브가 얼마나 대조적인지를 명확히 보여준다. 팬들이 BTS의 개별성, 진정성, 독특성을 강조하는 반면, 음악 산업의 전문가들은 2015년 영국 보이그룹 원 디렉션(One Direction)이 기약 없는 활동 중단을 선언한 이래 생겨난 산업의 공백을 BTS가 메우고 있다는 장르적 해석을 내놓는다.

하지만 이런 진단은 BTS가 2013년부터 활동했으며, 케이팝 중에서도 청춘의 관심사라는 일관된 메시지로 독특하다는 평을 받아왔고, 앨범 콘셉트와 패션, 음악 장르, 팝 문화의 참조에서 스타일적으로 매우 다양하다는 사실을 간과한다. 이렇게 정적이고 동적인 요소들을 활용하면서 또한 BTS는 대부분의 케이팝 그룹이 구사하는 전통적이고 이분법적인 젠더 마케팅 전략에 도전했다. 신인에서 유명 아티스트가 되어가면서 BTS의 가사와 젠더 표현은 점점 '부드럽고' 중성적으로 변했다. 특히 비아시아권에서 BTS 팬은 더욱 다양해져서 남성 아이돌 그룹을 주로 (젊은) 여성에게 마케팅하는 아시아의 경향을 뛰어넘었다. BTS의 신체적, 예술적 성장과 성숙이 점차 덜 이분법적인 젠더 표현으로 나아갔다는 사실은 트렌드의 변화에 대한 일종의 반응, 혹은 시장의 요구에 따르는 것으로 해석될 수도 있다. 하지만 이들의 궤적을 좀 다른 방식으로 읽는다면, 이와는 좀 다른 영향들을 발견할 수 있다. 바로 BTS의 가장 큰 두 가지 기반인 동아시아와 북미 지역 팬들의 요구 및 투사와 협상해야 했다는 점이다.

글로벌 스타가 되어 한국에 돌아오다

2017년 5월 빌보드뮤직어워드에서의 역사적 승리 이후 BTS는 데뷔 4주년을 맞이하며 소셜 미디어 캠페인을 통해 세 번째 월드 투어의 성공적인 마무리와 새로운 싱글 「컴 백 홈(Come Back Home)」의 출시를 알렸다. 이 노래는 1995년 케이팝의 창시자인 서태지와 아이들의 힙합곡을 리메이크한 것이다. 현재 한국 아이돌 팝의 기폭제로 평가받는 서태지와 아이들의 데뷔 25주년을 기념한 「컴 백 홈」은 영민하게도 BTS 자신의 금의환향('컴 백 홈'), 즉 6개월 이상의 논스톱 투어와 각종 차트 1위, 해외에서 한국의 팝 음악이 이루어낸 최고 순위 달성이라는 성과를 자랑하는 것이었다. 이 노래는 BTS의 혼종적이고 힙합에 기반을 둔 특징을 강조하면서 자신들을 한국 팝의 선봉에 다시 한 번 올려놓았다. 상업적인 팝 음악 시장에 처음 진입할 때 BTS는 포화 상태인 아이돌 시장에서 자신들의 역사적 전거(典據)를 강조하는 방식으로 차별화를 꾀했다. 첫 싱글인 「노 모어 드림(No More Dream)」이 엄청난 인기를 누렸던 아이돌 그룹 H.O.T.의 「전사의 후예」를 떠올리게 하는 베이스 선율로 시작한 것처럼, 최초의 3개 싱글들에는 1990년대 케이팝에서 직접적으로 영감을 얻은 가사들을 실었다.

이렇게 음악적 선배들을 반복하고 되풀이하는데도 BTS는 독창적이고 전례 없는 존재라는 칭송을 받는다. 반복을 통해 재창조를 이루어내는 능력은 한국 아이돌 팝 전반에서 발견되는 특징이기도 하다. 나는 자기 참조, 오마주, 전유, 그리고 비판으로 이루어진 이런 상호텍스트성의 양식을 (세기 전환기에도 그랬듯) 현재 한국 팝 문화의 풍경을 특징짓는 월딩의 실천이라고 본다. 사이프레스 힐(Cypress Hill)의 「Insane in the Brain」에서 많이 빌린 서태지와 아이들의 「컴 백 홈」과 미국 힙합 문화의 강력한 영향은 아이돌 팝 장르 전반에 뚜렷이 보인다. 서태지와 아이들, H.O.T., 젝스키스, 신화와 마찬가지로 BTS도 조용필이나 펄시스터즈, 신중현 등 미군 부대에서 연주하면서 활동을 시작하고 미국의 대중음악을 한국의 청춘 문화에 융합시켰던 선배 스타들을 따른다. 이런 트랜스퍼시픽 환경은 많은 한국의 팝 음악이 미국의 록과 재즈, R&B, 힙합의 영향을 강하게 받도록 만들었고 미국의 문화적 헤게모니의 힘도 경험하게 했다.

역사상 가장 유명한 보이밴드였던 비틀스는 영국에서 탄생했지만, 보이밴드 장르 자체는 20세기 중반에 유행한 청춘의 모델, 즉 미국의 틴에이저 모델을 차용한 것이었다. 보이밴드의 유기체적인 생명주기뿐만 아니라 이들에 대한 미디어화된 대중 정동에 최초로 관심을 불러일으킨 것은 미국의 비틀마니아(Beatlemania, 비틀즈의 팬덤-옮긴이)였다. 최근 북미의 팝 음악 저널리스트들은 원

디렉션이나 조나스 브라더스(Jonas Brothers) 같은 그룹이 어쩔 수 없이 나이가 들고 해체되어 생겨난 공백을 케이팝이 채우고 있다고 주장했다. 하지만 이 그룹들은 광적이라 여겨진 젊은 여성들, 즉 "팬"이라는 용어를 처음 만들어냈던 무질서한 생명력과 연관되었기 때문에 매혹적인 동시에 불안했다. 케이팝 보이밴드는 이런 보이밴드/소녀 팬 구도에 단지 미스터리라는 요소를 한 겹 더한 것처럼 보일 수도 있다. 하지만 이들은 모든 보이밴드가 기본적으로 주창하는 성장(coming-of-age) 내러티브의 감상성을 표현하는 데 일조하고 있어서, 우리의 현재 순간을 추동하는 팝 문화 판타지와 불안의 양상을 드러낸다. 전체적으로 보이밴드는 청춘을 대표한다고 널리 알려져 있고 그래서 끊임없이 등장하지만, 개별 그룹은 소멸 시한을 갖고 있다. 청춘 문화는 유행(영원한 현재의 마디들)으로서 경험되는데, 왜냐하면 그 유행이 재현 불가능한 '현재'를 뒤늦게, 역설적으로 뒤쫓는 행위라는 것을 알아채는 순간 우리는 이미 청춘에게 허용된 보호막의 반대편에 서 있는 나이가 된 셈이기 때문이다.

BTS의 한국어 이름은 '방탄소년단(영어로는 Bulletproof Boy Scouts로 번역된다)'이다. 영어든 한국어든 이 이름은 다소 고루하게 들린다. '소년단'이나 '보이스카우트'는 모두 반항하는 10대 이미지와는 대척점에 있는, 조무래기 집단 같은 어감을 풍기기 때문이다. 이들이 한국 밖에서 가장 인기 있는 케이팝 그룹이자 팝의 글로벌화를 상징하는 그룹이 되었다는 사실과 그룹명이 갖는 아이러니를 북미 팬들은 잊었을지도 모른다. 하지만 2017년 브랜드명을 'Beyond The Scene'으로 바꾸고 로고를 리뉴얼했다는 사실은, BTS와 소속사 빅히트가 학교나 군대와 같은 남성화된 규율집단을 환기시키는 원래 이름의 한계를, 그래서 타겟 대중을 젠더화된 방식으로 일정한 국가나 세대에 국한시키는 그 한계를 인식하고 있었음을 보여준다. BTS의 브랜드를 풍자적인 초남성성 속에 가둬놓으면, 팬층이 젊은 여성들(BTS의 퍼포먼스를 자신들을 겨냥한 것으로서 소비하는 아이러니를 즐기는)로 좁아지기 때문이다.

또 BTS는 자칭 포스트-침체(post-recession)* 시기의 글로벌한 청춘의 대변자라는 역할을 노래 가사나 뮤직비디오, 한국과 외국의 언론 인터뷰, 팬베이스와 소통하기 위한 소셜 미디어 플랫폼, 유니세프의 대변인 활동 등을 통해 기회가 있을 때마다 강조한다. 젊은 세대의 트랜스내셔널한 디지털 연결성의 상징으로서 이들의 소셜 미디어 활동은 북미 및 여타 국가에서 인기를 얻는 데 '열쇠'가 된다. 또 시드니, 오사카, 산티아고와 뉴왁 등 4대륙에서 공연 티켓을 매진시킬 수 있는 이유가 된다. BTS는 공식적인 데뷔 전부터 모델 커뮤니티로서의 팬들과 상호작용을 했다. 즉 팬들끼리 서로를 위해 상대방의 언어로 번역하고 팔로워들이 BTS에 대한 애정을 공유할 비디오와 블로그 콘텐츠를 만들도록 독려했다. 소속사가 팬 생산물을 규제할 수단이 없었던 덕에 뜻밖에도 꽤 방어적이고 정서적으로 결속된 글로벌 팬덤이 탄생했고, 공식 팬덤은 그 군사주의적인 이름(A.R.M.Y.)에도 불구하고 유토피아적인 커뮤니티의 모양을 갖추게 되었다. 특히 트위터와 브이 라이브 등 디지털

---

* 2008년 세계금융위기는 북미에서 "대침체(The Great Recession)"라 불린다(옮긴이).

플랫폼을 능숙하게 이용하는 BTS는 한국과 미국의 팝 시장에 충격을 안겼다. BTS 아미는 수백만 장의 공연 티켓과 십수억 달러의 상품 및 앨범을 구매하는 팬덤으로서 강력한 시장을 만드는 전형성도 물론 갖추었지만, 어떤 운동처럼 보이기도 하기 때문이다.

하나의 그룹으로서 BTS가 갖는 가장 큰 특징으로 팬들이 손꼽는 것은, 이들이 초대형 셀러브리티의 거리두기 구조를 거부하고 대신 가족이자 공동 창작자로서 멤버들끼리의 친밀성을 강조한다는 점이다. 트랜스미디어 내러티브 콘텐츠의 안과 밖에서 이들의 이미지는 '베프' 그룹, 즉 개인 간 경쟁이나 성인다움의 요구(여성과 커플이 되고 나아가 핵가족 단위를 이루어 친구 집단이 분해되는 것)라는 위협으로부터 보호되어야만 하는 관계로 표현된다. 그래서 BTS의 콘텐츠와 공적 이미지는 규범적인 사회화의 궤도(또래 그룹에서 이성애 커플로 준거집단을 바꾸는)를 따를 때 생겨날 수 있는 상실의 위험을 명확히 없앤다. 따라서 '베프' 그룹 형식을 위협하는 관계들은 가능한 한 유예되거나 공공의 시선으로부터 감추어져야만 한다. 멤버들의 친밀성은 커리어에 획을 그은 앨범들에서 이미 상찬받은 바 있다. 중요한 시리즈인 『화양연화』 1, 2와 「EPILOGUE : young forever」의 인상 깊은 뮤직비디오에서 BTS 멤버들은 걱정 근심 없는 집단적 유대를 보여주는 목가적인 순간들과 고립, 좌절, 폭력, 소외에 빠진 개인별 장면들을 번갈아 보여주는 일종의 미니 드라마를 연기한다. 개인별 장면들은 청춘의 무기력 및 고통과 관련되어 있다. 성장의 과정은 필연적으로 상실을 수반하기 때문에 언제나 멜랑콜리를 생산한다는 것이다.

BTS가 관심을 기울였던 1990년대 한국 아이돌 팝(및 에픽하이와 같은 2000년대 초 한국 힙합 아티스트들)이 1980년대 미국 힙합에 관한 관심에 빚지고 있다고 할 때, BTS가 보여주는 진정한 현재-성(present-ness)이 지닌 비밀은 무엇일까? 이 질문에 대한 대답을 얻기 위해 이들이 청춘 콘셉트를 활용하는 양상을 살펴보자. 성장 내러티브란 매우 개인주의적인 것이다. 하지만 성장 내러티브 역시 만들어진 이야기여서 현대의 대중적 내러티브에서 가장 흔한 장르 중 하나인 교양소설(Bildungsroman)의 토대가 되었다. BTS의 모든 작품, 그중에서도 2016년 앨범 『Wings』(빌보드 앨범 차트 26위에 오름으로써 BTS가 글로벌 대중의 시야에 포착되게 만든)의 기반이 성장 내러티브라는 점에서 BTS는 이 장르의 전문가라 할 수 있다. 이 앨범과 그 리패키지 앨범인 『You Never Walk Alone』은 20세기 교양소설의 정전이라 할 수 있는 헤르만 헤세의 『데미안』을 여러 번 직접 언급한다. 헤세를 유명하게 만든 동양 신비주의와 융(Jung)적인 원형을 혼합한 『데미안』은 청소년에서 냉철한 남성이 되어가는 고통스러운 도정의 낭만적 이미지를 제공한다. 『Wings』 뮤직비디오에서 BTS 멤버들은 『데미안』의 주인공 싱클레어가 타락과 구원을 경험하는 여러 양상을 각자의 버전으로 연기한다. 멤버 개인들마다 이 성장 궤도를 다르게 표현하고 있지만, 전체적으로 퍼포먼스는 교양소설의 선형적 목적론을 거부하는 반복의 시리즈를 이루어낸다. 이렇게 BTS는 (『화양연화』 리패키지의 「EPILOGUE」에서처럼) 성인과 주류 대중성을 향해 '진보'해 나갈지라도 청춘의 소외라는 순환적 드라마를 계속 상영하기 위해 자신들은 "영원히 젊을" 것이라고 주장하는 것이다.

BTS의 작품 중 절반은 규범적, 개인주의적, 부르주아적 성공의 궤도를 거부하는 내용으로 이루어져 있고, 나머지 절반은 불안과 열망, 안정된 인간관계 형식에 대한 욕망을 다룬다. 작품 전체에 걸쳐 늘 칭송받는 것은 멤버들의 그룹 역동성이다. 함께 있을 때 이들은 안전하고 힘을 얻는다. 하지만 BTS는 주류의 제도적 위계질서를 재생산하기도 한다. 즉 이들이 연령 차별주의적이라는 건 부인할 수 없으며 각자 포지션(노래, 랩, 퍼포먼스, 작곡)에 따라 구별을 짓기도 한다. 이들의 우정은 그 자체가 일종의 유토피아적 비전이다. 이들은 동료라기보다 가족에 가깝지만, 가족이라기엔 평등주의적이다. 하지만 이런 유대관계는 성적인 성숙을 끝없이 유예함으로써만 유지되는 것이다. 왜냐하면 낭만적인 사랑은 강제적 이성애의 영역에서 성인이 되도록 만들기 때문이다. 따라서 어떤 여성도 BTS의 청소년적 남성 관계성이라는 섬세한 경계를 뚫고 들어오도록 허용되지 않는다. 하지만 욕망은 존재하는 것이어서, 동성사회성이나 동성애로 치부되지 않을 수 있는 퀴어한 친밀성 속에서 표현된다.

남성 케이팝 아이돌에게 성장 내러티브 사이클의 종착지는 한국의 모든 (셀러브리티건 공인이건) 남성 시민에게 부여된 의무인 입대다. 남성 아이돌의 어린 팬들도 이것을 자연스러운 진행이자 성숙의 도정으로 받아들인다. 함께 성장한다는 것은 이 상실을 함께 경험한다는 것이므로, 북미의 보이밴드와 달리 한국의 보이그룹은 이 상실을 하나의 통과의례로 만들 수 있는 확실한 종착지를 갖는 셈이다. 이런 순간은 BTS에게도 닥쳐올 것인데, 이들이 강박적으로 자신을 기록하고 기념할 기회를 만들고자 하는 것도 아마 이 때문일 것이다.

데뷔 싱글과 『학교』 3부작 미니 앨범, 그리고 최초의 스튜디오 앨범인 『Dark & Wild』에서 전형적으로 남성적이고 공격적인 가사와 안무는 마초적 퍼포먼스와 중성적, 청소년적 신체 사이의 부조화를 드러냈다. 하지만 이제 성인이 된 이들은 자신감 있게 젠더와 장르를 갖고 놀면서 좀 더 코스모폴리탄하고 유연한 젠더 표현을 끌어안는다. 그래서 BTS가 말하듯 성장하고 성숙해진다는 것은 젠더적 속박으로부터 자유로워진다는 것이고, 바로 이 이상에 전 세계 대중은 열광적으로 반응한다. 여기에는 여러 함의가 있다. 한편으로 BTS의 젠더 표현이 태평양 양편의 젠더 규범의 경계를 확장하기 때문에 아시아와 소위 서구 모두의 젠더 정치학을 추동한다고 볼 수 있다. 하지만 다른 한편으로는 이 유동성이야말로 포스트-침체 시대의 젊은 세대를 규정하는 것이어서, 융통성의 가치를 보여준다고 할 수도 있다. 안정된 사회적 역할이 붕괴되어 어디에서나 최대한의 적응력이 중요해졌고, 개성과 시민권이 언제나 다른 탈을 쓰고 수행되기를 요구받아서, 멀티태스킹이 가능한 극도로 유동적인 노동자 혹은 잠재적 고객에게 자신을 판매할 수 있는 프리랜서처럼 살아야 하는 시대이기 때문이다.

BTS의 궤적을 추적해 보면, 이들의 국제적 인기가 높아짐에 따라 한국에서의 인기도 증가하는 것을 볼 수 있다. 이는 다른 많은 한류 콘텐츠에서도 보이는 일종의 부메랑 효과이다. 또 이들이 소년에서 남자로 변화하는 과정이 규범적인 젠더 퍼포먼스를 역전시키는 과정과 일치한다는 사실도 알 수 있는데, 물론 이것은 대중의 취향과 깊은 관련이 있다. 신인 시절이던 2013~2014년, BTS의 호전적인 이미지는 이전 세대의 반항적인 청춘 이미지를 인용하면서 형성된 것이었다. 당시는 「쇼미더머니(Show Me The Money)」 같은 TV 쇼를 통해 한국에서 힙합 문화가 주류를 형성하던 때였다. 당시 BTS의 동료 아이돌(초남성적인 가사와 안무로 히트작을 만들어냈던 2PM, 비스트, 엑소 등) 역시 마초적 행동과 중성적 표현이라는 역설적 이중성을 강조하도록 고안된 수행적 남성성 장르를 시장에 내놓고 있었다. BTS는 이후 케이팝의 남성 아이돌이 대중화시킨 '꽃미남'이라는 다소 완화된 이중성(예쁜 얼굴, 호전적인 안무를 소화하는 근육질 몸매)에서도 벗어나 "부드러워졌다." 이는 광범위한 지역을 투어하고 여행하면서 BTS가 예외적인 지위를 획득했기 때문이고, 로맨스보다는 친밀한 우정에 초점을 맞추는 작품들을 발전시키면서 음악적 인지도를 얻는 데에서 점점 성공 가능성을 발견했기 때문이다.

세계의 건설: 태평양을 사이에 둔 청춘의 퀴어함

지금까지 BTS의 앨범 콘셉트의 변화를 셀러브리티 페르소나의 진화와 연결 짓기 위해 월딩(세계 건설 혹은 세계 창조의 실천)이라는 개념을 사용해 왔다. 세계 건설이란 트랜스 미디어 콘텐츠를 통해 내러티브 세계를 만드는 것을 말한다. 이는 빅히트(이제는 '하이브'

로 이름을 바꾼)가 방탄 유니버스(BU)를 창안하기 위해 활용했던 비디오, SNS, 가사, 음반 해설, 게임 앱('BTS World'), 웹툰(「Save Me」) 등의 미디어 생산물을 설명하는 용어이기도 하다. 공식적인 콘텐츠를 통해 이렇게 직접적으로 세계-건설을 하는 양식은 대중의 수용과 논의를 통해 널리 알려지고 전유되고 또 보충되어서, 팬과 소속사와 BTS 멤버 모두가 끊임없이 상호작용하면서 BTS 현상이라는 광범위한 세계를 함께 창조해냈다. 공식적인 BTS 트랜스 미디어 세계(BU)는 2015년 『화양연화』 EP 시리즈(1부, 2부, 그리고 EPILOGUE: Young Forever)에서 시작되었다. 이는 멤버들과 팬 모두에게 있어 트랜스미디어 스토리텔링을 BTS 콘텐츠의 핵심으로 삼게 되는 중요한 전환점이었다. 이런 월딩 실천을 통해 BTS는 우정을 성스러운 것으로 승화시키는 동성사회적 유토피아로 돌아서며, 성장 내러티브에서 예감되는 상실의 비애미를 구현한다. 나는 BTS의 청춘 개념이 갖는 퀴어함을 세계적 차원의 젠더, 계급, 그리고 문화 규범이 갖는 소외 효과에 대한 일종의 해독제로 정의하고자 한다.

미디어 학자인 마크 스타인버그에 따르면 세계와 콘텐츠는 서로 얽혀 있는데, 콘텐츠는 그 토대이자 서브텍스트로 기능하는 세계를 반영하기 때문이다.[2] 달리 말하면, 모든 미디어 콘텐츠는 그 맥락적 기반으로서 세계의 가치와 형이상학에 기댄다. 어떤 경우 이 세계는 특정한 미디어 프랜차이즈의 스토리-월드로서 명시적으로 이름이 붙여지기도 한다. 그렇지만 판타지나 SF적인 스토리-월드가 없을 때 수많은 미디어 텍스트나 시리즈를 뒷받침하는 세계는 대중이 사는 세계, 우리가 거주하는 소위 리얼한 세계 혹은 리얼리티, 지금 상황에서는 후기 자본주의 세계(마르크스 이래로 자본주의는 세계-재구축/세계-파괴의 사업으로서 이론화되어 왔다)로 간주된다.

나아가 방탄 유니버스에 영향을 미치는 이 후기 자본주의 세계는 미국의 젠더와 섹슈얼리티 학자인 제인 워드가 최근작 『이성애의 비극』에서 "여성혐오 역설(misogyny paradox)"이라 말했던 것으로 가득 차 있다.³ 가부장주의, 이성애, 여성혐오가 어떻게 연결되었는가를 보여주는 오랜 역사를 설명하면서, 워드는 최근의 여성혐오 현상을 과거(낭만적 사랑이나 동반자적 이성애 결혼이 문화적인 이상으로 존재하기 이전)의 여성혐오와 구별한다. 최근 부르주아 자유주의와 신자유주의적 개별 최적화(individual optimization) 문화는 낭만적인 이성애 파트너쉽과 남성성의 여성혐오 규범(여성과 자본(자본으로 전화되는 노동을 포함)을 손에 넣을 수 있느냐 여부로 남성성을 규정하는) '모두를' 통해 이성애 정상성이라는 명령을 유포하고 있다. 그래서 여성혐오 역설이란 "소녀와 여성에 대한 남성의 욕망은 소녀와 여성을 혐오하도록 부추기는 광범위한 문화 속에서 표현된다"⁴는 사실로부터 생겨난다.

이와 대조적으로 팬과 아이돌이 함께 창조한 커다란 세계에서 BTS의 월딩 실천은 성장 드라마에서 반복적으로 상실되는 동성사회적 유토피아(청춘의 가능성이라는 순수한 영역)를 꿈꾼다. 물론 어린 시절이라고 해서 여성혐오가 없는 것은 아니며, 소년들은 흔히 소녀 혹은 남자 또래에게서 나타나는 여성적이라 여겨지는 성격이나 행동을 표적 삼아 여성혐오적 잔학함을 표출하기도 한다. 하지만 BTS가 수행하는 친밀한 남성 우정은 '이성애자다움'이나 규범적 이성애로부터 자유로운 공간을 제공한다. '이성애자다움' 혹은 규범적 이성애는 필연적으로 "이분법적이고, 생물학 결정론적이며, 자연적으로 위계화된 젠더 대립이라는 이성성애적 판타지"에 젖어 있기 때문이다.[5]

나아가 방탄 유니버스 스토리라인의 캐릭터로서 멤버 각자의 궤적은, 워드에 의하면 "남성성이 남자의 신체와 정신건강을 취하면서 치르게 되는 막대한 대가"[6]로서 생겨나는 발달상의 트라우마를 극복한다. 이 극복은 그룹 내 다른 멤버/캐릭터들의 보살핌, 가장 중요하게는 그룹 자체가 지원하는 친밀한 관계를 통해 이루어진다. 그래서 교양소설 내러티브의 반복을 통해 각 멤버가 경험하는 자기-발전은 위기, 안정화, 그리고 안정화의 예견된 상실(개인화를 강제하기 때문에 친구 사이의 친밀성을 파괴할 성인됨)이다. 그러므로 방탄 유니버스가 제시하는 비병리학적 남성성의 유일한 형식은, 청춘이기에 가능한 집단적 친밀성이 생산한 퀴어 형식이다.

소외된 소년들과 성인 남성에게 고통을 주는 것은 분노 이외의 감정 표현은 금지하고 연약함을 거부하는 규범적인 이성애 남성성의 압박들로 보인다. 이에 대한 해결책으로 BTS는 종속적이고 대상화된 여성을 요구하는 이성성애의 욕망 구조를 거부하는 한편, 육체적, 정서적으로 친밀한 이상적인 우정의 커뮤니티 이미지를 제공한다. BTS의 궤적이 보여주는 것은 이들이 초남성적 힙합 퍼포먼스의 미학과 결별했을 뿐만 아니라 여성혐오 역설을 계속 각인하는 남성성 버전도 폐기했다는 점이다. 후자의 남성성은 특히 미니 앨범 『Skool Luv Affair』의 「상남자」 뮤직비디오와 가사, 첫 스튜디오 앨범 『Dark & Wild』에 실린 몇 개의 노래 (「Intro: What Am I To You」, 「Danger」, 「호르몬 전쟁」, 「여기 봐」)에 나타난다. 『Dark and Wild』의 앨범 커버는 미국의 랩 앨범에서 가사의 폭력성과 노골성을 경고하기 위해 자주 사용하는 '부모의 주의 지도가 필요함' 문구를 모방해, 낭만적 사랑에 희생된 소년들이 발산하는 폭발적인 감정을 조심하라고 경고하고 있다("주의: 사랑은 상처를 준다. 사랑은 분노와 질투와 집착을 낳는다. 왜 넌 날 사랑하지 않니?"). 이 앨범의 콘셉트는 강박적인 이성애주의가 상남자가-되고 싶은-소년과 그의 구애 대상인 여성 사이에 만들어내는 "성별 전쟁" 혹은 적대적 관계(즉 워드의 여성혐오 역설을 예증하는)를 중심에 놓고 있다. 이후 BTS가 이런 주제를 떠나 청춘의 본질에 대한 것으로 장르적 메시지의 내용을 바꿈으로써(즉 유해한 이성애규범성을 떠나 동성사회적 친밀성을 향함으로써) 일관된 예술적 비전을 진전시켰을 때, 이들은 이성성애적 규범과 남성의 퇴행이 관련되어 있다는 것을 인정하고 집단적 친밀성이라는 퀴어한 관계로 나아가기로 했던 셈이다.

방탄 유니버스는 청춘의 환멸이라는 감성 드라마를 공유하는 트랜스퍼시픽 상호텍스트들의 아카이브(혹은 데이터베이스)로부터 감정, 언어, 소리, 내러티브의 흔적을 가져온다. 여기에는 『아웃사이더』(S.E.힌튼, 1967)나 「오멜라스를 떠나는 사람들」(어슐러 르 귄, 1973) 같은 청소년 문학작품, 서태지와 아이들처럼 아직도 20세기 후반 청춘의 불만의 아이콘으로 여겨지는 록밴드 너바나(특히 1991년 앨범 『네버마인드(Nevermind)』), 영화 「화양연화」(왕가위, 2000)와 「릴리 슈슈의 모든 것」(이와이 슌지, 2001) 등이 있다. 왕가위의 영화는 BTS의 『화양연화』 시리즈와 제목이 같고, 이와이 슌지의 틴에이저 비극의 시각적 스타일과 드뷔시 음악의 사운드트랙은 2015년 10월에 발매된 12분 정도의 단편 영화 「화양연화 on stage: prologue」에 직접 인용된다. 이 단편 영화는 BTS의 「I Need You」(2015년 5월), 「RUN」(2015년 11월), 「EPILOGUE : Young Forever」(2016년 4월)의 뮤직비디오와 더불어 공식적인 방탄 유니버스의 내러티브를 정초한 핵심 영상이다. 물론 왕가위의 영화에는 청춘기 인물이 등장하지 않지만, 청춘을 지시하는 관용적 표현인 '화양연화'를 제목으로 하고* 인물들의 성적인 관계를 배제함으로써 훨씬 감정을 건드리는 로맨스를 중심에 놓는다. 그리고 이와이 슌지의 영화는 성인의 영역으로부터 자신을 완전히 감추어 신비스럽게 보이는 자기만의 세계에 사는 일본인 비행청소년들을 다룬다. 이 영화에는 연약한 10대들에게 결국 치명상을 입히는 폭력적인 여성혐오적 남성성 문화에 대한 강한 비판이 담겨 있다. 방탄 유니버스는 왕가위와 이와이 슌지 영화의 정서적 색채를 각색해 청춘, 노스텔지어, 슬픔과 구원의 관계에 대한 일종의 보물창고를 만들어, 팬의 참여와 상호텍스트적인 반복, 그리고 BTS 자신의 공식 콘텐츠의 수정 등이 지속해서 일어나게끔 한다.

　　방탄 유니버스가 바탕에 두고 있는 소년의 성장 스토리가 다양하고 식별 가능한 영감의 소스들에 대한 패스티쉬로 정의되는 반면, 팬들은 그것을 진정성 있고 독창적인 것으로 경험한다.

---

* 　화양연화(花樣年華)는 인생에서 가장 아름답고 행복한 시간을 뜻한다(옮긴이).

이런 모순이 가능한 이유는, 비록 이것저것 꿰맞추었다 하더라도 교양소설의 내러티브가 정서적인 울림을 갖고 있어서 진정성 있게 '느껴지기' 때문이다. BTS의 메시지는 낯익은 동시에 장르적(이해받지 못하는 청춘이 관심, 인정, 공감을 갈구하다가 타인과의 커뮤니티에서 그것을 찾게 된다는)이고 꽤 자전적인 것으로 보여서, 결국 리얼하게 느껴진다. 리얼리티와 판타지가 깔끔하게 구분되지 않는 새천년의 시대정신에 있어서 이런 구성된 진정성은 팬들의 집중을 끌어낸다. 이 집중은 우리가 통상적으로 팬덤에서 보아왔던 것을 뛰어넘는 주체 형성의 힘으로 전화될 수 있다. 많은 학자가 현재 소셜 미디어 사용자들의 자기 소외에서 그 원인을 찾는 유동적이고 자기-서술적인 주체성은, BTS의 월딩 실천에서는 연대와 커뮤니티의 원천이 된다. 이 집단은 교양소설의 전통적인 목적론, 즉 이성애 규범성의 재생산이라는 종착점을 갖는 목적론을 따르지 않는다는 점에서 반규범적이거나 퀴어한, 청춘의 친밀성이라는 상실된 대상을 둘러싸고 형성된다.

따라서 BTS의 콘텐츠와 팬덤의 퀴어 월딩은 퀴어 젠더나 섹슈얼리티 등의 정체성 범주를 갖고 있지 않으며, 이분법적 젠더 규범과 성적 차이의 개념 너머의 친밀성을 사유할 수 있는 공간을 연다고 할 수 있다. BTS(그리고 좀 더 넓게는 케이팝)의 수많은 해외 팬들이 LGBTQ+ 청춘 그리고/혹은 문화적 아웃사이더들, 이민자이거나 인종적 소수자들인 것도 이런 이유에서일지도 모른다. 종족적, 인종적, 계급적, 이성애규범적 소속집단의 각본에서 주변화되어 있는 팬들에게 BTS의 퀴어 패스티쉬는 일종의 유예 공간을 제공한다. BTS의 셀러브리티 이미지와 메시지에 대한 이런 방식의 해석이 아시아(아이돌 팝이 동성사회적 판타지 전략으로 주로 이성애자 젊은 여성에게 마케팅되는)에서 BTS 수용과 직접적으로 관련되는 것이 아님을 강조하는 건 중요하다. 어쨌든 BTS의 트랜스퍼시픽 패스티쉬가 갖는 임팩트는 다면적 가치를 지니고 있으며, 미학과 젠더 표현에서 이들의 변화는 북미와 한국의 맥락 모두에서 여성혐오 역설을 인지하고 거기에 도전할 수 있는 가능성을 제공한다.

(원제: Queering Youth, Envisioning Global Popular Culture: BTS's Transpacific Pastiche, 옮김이: 백문임)

6장
동아시아 베어 남성 댄스 팀의 걸그룹 커버댄스*

김경태

원더게이즈부터 베어 커버댄스 팀까지

전 세계 케이팝 팬들은 음반, 음원을 구매해 듣거나 관련 영상을 시청하고 콘서트를 관람하며 케이팝을 소비하는 데 그치지 않는다. 그들은 다양한 방식으로 콘텐츠를 (재)생산한 뒤 그것을 유튜브나 SNS에 적극적으로 공유한다. 케이팝에 맞춰 안무를 따라

* 이 글은 『여성문학연구』 50호에 실린 「돌보는 귀여움: 서투르지만 귀여운 베어 커버댄스와 퀴어 친밀성」을 수정, 보완한 것이다.

하며 촬영한 커버댄스 영상이 대표적이다. 케이팝 커버댄스는 국내외에서 각종 경연대회가 열릴 정도로 케이팝 문화의 중요한 부분을 차지한다. 세계에는 많은 커버댄스 팀이 있는데, 그들은 유튜브에 독자적인 계정을 운영하면서 정기적으로 영상을 업로드한다.

  케이팝 커버댄스 팀이 유튜브를 통해 주목받기 시작한 때는 2009년이다. 당시 태국에서 걸그룹 원더걸스를 모방한 커버댄스 팀 원더게이즈(Wonder Gays)가 처음 등장했다. 5명의 게이 고등학생으로 구성된 원더게이즈는 태국뿐만 아니라 아시아 전역에서 선풍적인 인기를 끌었던 원더걸스의 「노바디」(2008)를 커버한 영상을 유튜브에 공개했다. 그들은 반바지와 반소매 교복을 입고 교내의 국기 게양대 앞에서 춤을 췄고, 이 모습을 고정된 카메라의 풀 숏으로 담아냈다. 뜻밖에도 이 영상이 태국 전역에서 선풍적인 인기를 끌면서 다양한 유사 그룹이 등장했다. 원더게이즈는 태국의 제자 레코드(Zheza Records)와 정식 계약을 맺고 1년간 전국 투어를 다니기도 했다.

  드렛지 강에 따르면, 원더게이즈는 아래와 같이 세 가지 측면에서 '태국성(Thainess)'에 맞선다. 먼저 원더게이즈는 단순히 케이팝 흉내 내기에 그친 것이 아니라 태국 음악, 나아가 태국 문화에 도전장을 던졌다. 둘째 자신들의 퀴어성을 공개적으로 드러냄으로써 태국 사회에 젠더와 섹슈얼리티 논쟁을 일으켰다. 셋째 원더게이즈의 퀴어성이 해외 온라인 관객에게 그대로 노출되었고, 그 결과 원더게이즈가 가진 대중적 영향력에 반비례해 그들이 태국 문화를 대표하거나 젊은이의 롤 모델이 될 수 있는가 하는 의문이 제기되었다. 태국 기성문화권에서는 우선 그들이 교복을 입은 채 학교를 무대로 공연한 것을 문제 삼았다. 학생 신분으로서 적절치 못한 행동이었다는 것. 또한 국기 게양대를 무대로 삼은 것은 국가에 대한 모욕이며, 그들의 퀴어성이 태국의 젠더 문화를 대표하는 것도 아니라는 것. 당연히 태국 정부도 원더게이즈가 일으킨 문제 제기가 태국 사회에 받아들여져서는 안 된다고 경고했다.[1]

이같이 태국 정부의 경고가 있었지만 "그들의 공연은 전국적으로 두루 퍼졌고 게이다움(gayness)을 드러내고자 하는 사람들에게 광범위한 영향을 미쳤다. 그것은 이성애 중심의 남성성을 벗어던지고자 하는 사람들에게는 긍정적 신호"였다. 여기서 우리는 "용기 있게 자신의 성 정체성을 공개한 어린 게이들이라는 지위가 주는 새로움에 주목"해야 한다. 또한 "그들의 퀴어성(남성적인 게이다움에 대립하는 '귀여운' 게이다움)은 BL이나 어린 게이들 간의 상상적 관계를 다루는 장르에 탐닉하는 어린 소녀들의 눈길을 끄는" 요소이기도 하다.[2] 엄밀히 말해 원더게이즈의 율동은 여성스러운 몸짓의 과시라기보다 앳된 소년들의 풋풋하고 귀여운 몸짓에 더 가깝다.

따라서 그들의 일시적이지만 선풍적인 인기는 부정적인 의미로서의 '여자 같다'는 전형적인 게이 이미지를 고착하기보다, 오히려 남성적인 이성애자다움(straightness)과 여성적인 게이다움이라는 이분법 사이에서 비규범적인 남성성을 만들어낸다. 그들은 남성에게 부여된 두 가지 선택지, 즉 긍정적인 것으로 옹호되고 독려되는 '남자다움(manliness)'과 부정적인 것으로 폄훼되고 못마땅해하는 '여자 같음(sissyness)' 사이의 양자택일을 거부한다. 오히려 미성숙한 귀여움(cuteness)이 그들의 무기다. 이는 드렛지 강이 말하듯, BL 문화에 친숙한 여성들의 적극적 호응을 통해서도 증명된다. 이 여성들은 원더게이즈의 어설픈 듯 귀여운 몸짓과 미성숙에서 비롯한 중성적 매력이 만들어내는 관계적 친밀함을 향해서 상상력을 발동한다.

원더게이즈 이후 10년이 흐른 최근에는 케이팝 아이돌의 전 지구적 유행과 더불어 각국에서 제작된 수많은 커버댄스 영상이 유튜브를 통해 퍼지고 있다. 여기서는 그중에서도 동아시아에서 많이 나타나는 '베어 커버댄스 팀(bear cover dance team)'에 주목하고자 한다. 게이 공동체에서 베어(bear)는 표준 체형을 벗어난 큰 체구에 체모(주로 수염)가 있는, 즉 남성적인 외모의 게이를 통칭한다. 따라서 누군가를 베어로 규정하는 것은 게이로서의 성 정체성을 인정하는 셈이다. 하지만 그들은 동성성애를 명시적 혹은 암시적으로 드러내지 않는다. 그래서 게이 공동체 구성원이나 게이 문화에 친숙한 이들만이 그들의 외적 코드를 알아챌 수 있다.

베어 커버댄스 팀 역시 원더게이즈처럼 '귀여운 게이다움'을 내세워 커버댄스를 젠더 수행으로 활용한다. 베어 하위문화로 특징되는 외모(크루컷(짧은 머리)과 코/턱수염/구레나룻 기르기)를 유지한 채 뚱뚱한 몸으로 케이팝 걸그룹의 난도 높은 여성스러운 안무를 따라 한다. 대표적으로 한국의 비비핑크(BBPINK), 일본의 베이컨, 중국의 프로듀스 판다스(Produce Pandas), 대만의 낫 샤이 베어스(Not Shy Bears), 태국의 101KG 등을 꼽을 수 있다. 다만 원더게이즈가 BL 문화의 영향 아래 그들의 풋풋하고 귀여운 소년성을 소구 대상으로 삼았다면, 베어 커버댄스 팀들은 베어 하위문화를 특징짓는 큰 덩치의 남성적인 외모로 다른 차원의 귀여움을 빚어낸다. 그들은 '뚱뚱한 몸에 대한 자긍심(fat pride)'과 다양한 체형/몸집의 긍정을 넘어 귀여움이란 가치를 전복적으로 재구성한다. 이들은 걸그룹 춤을 커버하면서 동시에 패러디한다.

미성숙한 여성성과 애교 사이에 갇힌 귀여움

2018년 Mnet에서 방영한 여자 아이돌 오디션 프로그램 「프로듀스 48」에서는 한국 연습생 48명과 일본 연습생 48명이 경쟁했다. 첫 번째로 이뤄진 등급평가 무대에서 한국 연습생들의 춤과 노래 실력이 전반적으로 일본 연습생들을 압도했다. 심사위원 한 명이 일본 연습생들에게 일본은 칼군무가 중요하지 않은지 묻자, 그들은 안무를 맞추는 것보다 귀여움을 보여주는 것이 더 중요하다고 대답했다. 완벽한 춤과 노래를 보여주기보다는 '즐겁다'는 것을 보여주는 게 우선이며, 그런 엔터테이너로서의 자질이 중요하다는 대답이었다. 일본 걸그룹은 어린 나이에 걸맞은 귀여운 매력을 발산하기 위한 수단으로 노래와 춤을 이용할 뿐이다. 춤과 노래는 인기의 척도가 아니다. 따라서 「프로듀스 48」의 주요한 관전 포인트는 일본 연습생들의 성장 과정이다. 그들이 이런 문화적 차이를 극복하면서 고된 훈련을 통해 귀여움을 떨쳐내고 칼군무로 대변되는 심미적 완결성을 추구하는 한국형 아이돌이 되어가는 모습이다. 일본 연습생들은 엔터테이너를 넘어 아티스트로 성장하고 거듭나기 위해 꾸밈없는 귀여움을 부차적인 것으로 밀어내야 한다.

그 문화적 차이는 어디에서 비롯할까? 일본의 영화학자 요모타 이누히코에 따르면, "일본에서는 작고 섬세한 것을 소중히 여겨 아직 완전히 성숙하게 자라지 않은 것, 언젠가 개화하리라 예상되지만 아직 활짝 피지 않은 것이야말로 가치 있다고 여긴다."[3] 일례로 「세일러문」에서는 성숙하고 성적인 존재가 악과 동의어이다. 그리고 세계를 진정으로 구제할 수 있는 것은 바로 성숙 단계를 목전에 두고 주저하는 소녀들(미소녀 전사들)이다. 그녀들은 '섹스(sex)'로 보면 여성이지만, '젠더'로 보면 미성숙한 채 멈춰 선 존재다."[4] 그녀들은 "남자의 시선을 의식한 교태 섞인 귀여움(가와이)이 아니라, 스스로가 만족할 수 있는 실체로서의 '가와이'를 보여준다."[5]

역설적으로 일본 여자 아이돌은 성숙한, 그리하여 교태 섞인 춤을 보여주기보다는 자신의 미성숙한 여성성을 한껏 뽐내는 것으로 숭배의 대상이 된다. 귀여움으로 상징되는 여자 아이돌의 소녀성에 열광하는 문화에 대한 우려 섞인 목소리도 나온다. 여자 아이돌이 추구하는 귀여움이 남성의 통제 아래 위협적이지 않은 미성숙한 여성의 속성으로 한정되면서 성별 위계를 공고화할 수 있기 때문이다. 실제로 일본 특유의 아이돌 팬미팅 문화인 '악수회'에 줄지어 선 중년 남성들이 딸 같은 10대 소녀들과 악수하며 "가와이!"를 연발하는 풍경을 상상해 보라. 롤리타 콤플렉스의 실사판이라는 외설스러운 혐의를 벗기 어렵다. 결국 여자 아이돌의

(외적/능력적) 미성숙에서 오는 귀여움은 아티스트로서의 전문성에 어긋날 뿐만 아니라, 남성 중심의 가부장 문화에 종속된다.

최근 케이팝 걸그룹을 연구하는 학자들은 걸그룹의 애교에 주목해 왔다. 애교의 사전적 의미는 '남에게 귀엽게 보이는 태도'로, 특히 '유아적 속성으로서의 귀여움'을 가리킨다. 팬은 걸그룹 멤버들이 무대 위에서 화려한 칼군무를 선보이면서도 무대 뒤에서는 몸짓과 목소리에서 애교가 묻어나는 것을 좋아한다. 그래서 걸그룹 멤버들은 아이처럼 귀여운 태도로 말하고 행동하는 애교를 습득하고 장착하기 위해 노력한다. 오주연에 따르면, "한국은 서구 사회와 달리 섹시함보다 귀여움을 우선시"하기에, "소녀답고 귀여운 태도를 지닌 아이처럼 행동하는 것은 팬들이 좋아하는 특징이다. 케이팝 걸그룹은 대중문화에서 도태되지 않기 위해 이러한 '의무적 귀여움(mandatory cuteness)'을 반영해야만 한다."[6] 그 의무적 귀여움은 훈련된 애교와 다름없다.

알조사 푸자르와 홍예원이 지적하듯 "애교의 두드러진 유형이 몸짓과 목소리, 그리고 일상적인 개별 수행의 여타 레퍼토리의 유아화(infantilisation)에 원칙적/근본적으로 의존하고 있는 것이 사실이라면, 그 실천 자체는 좁은 의미의 아이-같음(child-like)이 아니며 자연스럽고 본래의 아이 같은 귀여움이라고 가정되는 것에 대한 성인의 모방을 넘어선다."[7] 푸자르와 홍예원은 아이들이 애교로 인식되는 특정한 행동을 하는 모습이 담긴 온라인 동영상을 분석했다. 두 사람에 따르면 부모는 세간의 이목을 끌기 위해 어린 자식에게 애교를 주입식으로 가르치며, 카메라 뒤에서 어른의 시점에 부합하는 애교를 더욱 잘 수행할 수 있도록 지도한다. 그런데 이 같은 과도한 인위적인 애교, 즉 "과잉-유아화(over-infantilisation)"는 "아이들이 재연된 귀여움이나 심지어 성애화된 '아이다움(childishness)'을 수행하거나 혹은 수행하도록 만드는 현상"과 맞물려 있다. 따라서 "유혹의 관행이라는 배경의 일부로서, 그리고 친밀한 영역에서 애교는 (유아화된 채 남아 있으면서) 고도로 성애화된 형태들로 나타나곤 하며, 또한 (귀여움의 양상들을 유지하면서도) 확연하게 성인의 초-여성적인(hyper-feminine) 행위들과 관련될 수도" 있다.[8] 특히 10대 중후반에서 20대 초중반의 특정한 연령대에 집중된 걸그룹의 애교는 이러한 맥락과 잘 어울리면서 귀여움의 성애화를 보여준다.

더욱이 남성 중심의 가부장 사회와 신자유주의 소비문화 속에서 무대 위에 오른 소녀들은 남성으로 예상되는 소비 주체를 향해 자신의 성애화된 상품 가치를 높이고자 귀여움을 마음껏 발산한다. 김구용의 주장대로 "여성의 유아화는 가부장제의 필수적인 요소이므로, 케이팝 여성 아이돌의 귀여움에 대한 전략적 전시는 남성 우위의 포르노그래피적 본성을 지속"시킨다. 따라서 "귀여운 척하기는 여성이 남성의 욕망, 영향, 지배, 착취의 총합에 취약하고 종속되어 있음을 조건 짓는 젠더화된 생명정치"다. 그는 일례로 소녀시대의 「Gee」(2009) 뮤직비디오를 분석한다. 이 뮤직비디오는 "여성의 주체성과 섹슈얼리티가 남성의 응시와 남성의 호의를 통해서 어떻게 활성화되고 실현될 수 있는지를 보여준다. 여성 마네킹이 살아나서 행위의 매너리즘과 분위기 모두에서 귀엽게 행동하는 방식을 묘사하면서, 옆집의 순수하고 착한 소녀의 이미지를 성인 남성의 성적 판타지로 대상화한다. 그러면서 소녀시대는 어린 시절의 순수함이라는 상징적 구축물을 단순한 성적 대상으로 페티시화"한다.[9] 인위적인 애교, 즉 의무적 귀여움은 귀여움을 여성의 성적 대상화 수단으로 전유하며 귀여움의 가치를 소비자본주의 논리에 종속시킨다.

나아가 김구용은 케이팝 여자 아이돌의 뛰어난 외모와 흠잡을 데 없는 칼군무가 종용하는 신자유주의적 욕망에 주목한다. "경쟁의 유토피아적 약속인 시장 논리라는 비현실적인 물가 안정책으로 신자유주의가 사람들에게 최면을 걸듯이, 케이팝은 매끄럽고 숨 막히는 안무와 케이팝 가수들의 매력적이고 섹시한 외모로 관객을 사로잡아" 왔다.[10] 여성 팬에게 그들의 외모는 가장 닮고 싶은 신자유주의적인 자아 이상으로 자리 잡는다. 다른 한편으로 여자 아이돌은 "심화하는 신자유주의적 경쟁으로 고통받는 관객들에게 심리적이고 정서적으로 감당할 만한 무언가를 제공"한다. 즉, 그들은 "다채롭고 생동감 넘치며 귀여운 이미지를 지닌 가장 신자유주의적 실체들"로서 관객의 상처를 치유하는 데 이용된다.[11] 그러나 이 동종요법은 상처를 낫게 하는 근본적인 치료제가 아니다. 차라리 고통을 일시적으로 잊게 하는 진통제에 가깝다. 케이팝 걸그룹이 수행하는 귀여움은 고도로 성애화된 채 신자유주의적 이상을 구현하며 작동한다. 우리는 귀여움을 그 무한경쟁의 폐쇄회로로부터 구원하기 위해서 그것이 지닌 본래 가치가 무엇인지에 대한 원론적 질문을 던져야 한다. 애교의 유행 아래 귀여움이 성애적 의미로 한정되고 왜곡되었다면, 그 귀여움의 원형과 근본적 기능에 대한 성찰이 필요하다.

자연스러운 귀여움을 찾아서

귀여움과 관련해 아드리안 척과 오웬 페르난도는 유의미한 실험을 했다. 그들은 색깔, 질감, 소리, 움직임, 크기, 비율, 모양 등으로 분야를 나눠 참가자가 귀엽다고 느끼는 특징을 조사했다. 그 결과의 일부를 살펴보면, 우선 머리와 몸의 비율에 변화를 준 사람 중에서 참가자들은 몸의 크기와 비교해 불균형하게 큰 머리를 지닌, 즉 아기를 떠올리게 하는 신체 비율을 선호했다. 단순한 모양의 도형 중 가장 귀여운 것으로 꼽힌 것은 전반적으로 원형에 가까운 형태를 취하고 있었다. 작고 검은 동그라미가 왼쪽에서 오른쪽으로 다양한 방식으로 움직이는 영상 가운데 대부분 작게 통통 튀면서 움직이는 것을 골랐다. 이는 주변을 관찰하며 놀라움에 비틀거리는 새끼 동물의 무해하고 친근한 움직임이 떠오르기 때문이다.[12] 그 대상을 사람에 국한해 적용하면, 자연스러운 귀여움은 유아적인 신체 비율과 둥글둥글한 외모, 그리고 그로부터 비롯되는 서투른 몸짓을 특징으로 한다.

결국 자연스러운 귀여움이란, 아이가 어른의 모습을 모방하며 어른처럼 말하고 걷고 노래 부르고 춤추고자 하지만 신체적 한계 때문에 언제나 거기에 미치지 못하는 결핍이 낳는 정동이다. 따라서 걸그룹이 구현하는 귀여움에는 모순된 속성이 발견될 수밖에 없다. 귀여움이 아이처럼 행동하는 것에 기원한다면, 유혹을 위해 의도된 애교와 화려하고 절도 있는 퍼포먼스는 사실 아이다운 모습에 가깝지 않기 때문이다. 물론 성인이 정말 아이처럼 자연스러운 귀여움에 도달하는 것은 불가능할지도 모른다. 그런데도 귀여움은 귀여움의 본래 가치를 체화하기 위해 반추해야 할 참조점이다.

원래 아이의 귀여움은 어른의 육아 본성을 일깨우며 돌봄 행위를 일으킨다. 한편 개리 셔먼과 조너선 하이트는 귀여움이 특수한 관계성에 기반한 돌봄 행위에 앞서서 더욱 근본적으로 사회적인 상호작용이라는 포괄적인 인간 행위를 불러일으킨다고 본다. 그들에 따르면 "귀여움에 대한 반응은 (놀이와 기타 친화적인 상호작용 같은) 사회성을 촉발하는 메커니즘으로서 더 잘 이해되는 편이며, 때로는 그 사회성이 (부차적인 측면에서) 돌봄의 증대를 이끌기도" 한다.[13] 귀여움은 "돌봄을 유도하는 것만큼 놀이를 유도한다. 그것은 부모의 위치만큼이나 아이 같은 위치를 유발하기 쉽다. 귀여움과 돌봄 사이의 관계성은 매우 분명하지만 그 연관성은 부차적이며, 귀여움의 직접적인 효과는 더욱 일반적"이다. 즉 귀여움에 대한 반응은 "돌보는 행위의 직접적인 유발 요인이 아니라, 인간 사회성의 직접적인 유발 요인"이다.[14] 예컨대 "아기에게 접근해서 친근한 방식(발성을 고음으로 하기 등)으로 말을 거는 것은 돌보는 응대가 아니라 사회적이고 친화적인 응대이다. 이것은 귀여움이 촉발하는 즉각적인 행위들이 그 아이를 사회적인 상호작용에 개입하도록 이끄는 시도들이라는 생각과 일치"한다. 따라서 "사회적인 상호작용은 돌보는 행위와 관련 있을 수도 있고 없을 수도 있다."[15] 나는 귀여움이 돌보는 반응을 일으키는 속성으로 한정되지 않고 인간 행위의 포괄적인 상호작용에 이바지한다는 그들의 의견에 동의한다. 이는 귀여움을 성애화나 소비의 대상으로 한정 짓는 관점에서 벗어나 사회적이고 친화적인 관계 맺기의 기원이 되는 정동으로 상정한다. 다만 돌봄을 제공자와 수혜자가 구분된 실질적인 양육 행위라는 협소한 의미로 정의하는 것에 대해서는 이의를 제기한다.

서구 베어 남성성의 성애화

원래 게이에게 짧은 머리와 수염은 '동성애자는 여성스럽다'는 편견을 지워내기 위한 장치였다. 크리스토퍼 올드스톤-무어의 주장대로, 게이에게 수염은 "동성애와 여성성 사이의 문화적 연관성과 맞서 싸우면서 자신의 남성적 진정성(bona fides)을 강화하기"[16] 위해 필요하다. 아울러 잘 정돈된 수염은 성적 매력/페티시로 기능하는 일종의 장신구다. "성적으로 자유롭고 소비자-지향적인 현대성을 포용"하는 동시대 도시의 게이 및 이성애자 남성에게 "적당한 수염은 선명한 근육만큼 매력적일" 수 있다. 그 결과 "무신경한 가부장이 아니라 감성적이며 세련된 사람의 기호로 재정의"된다.[17]

그동안 미디어를 통해 재현된 게이의 긍정적 이미지는 균형 잡힌 근육에 깔끔하게 단장한 몸이 대표적이었다. 숀 콜의 말대로, "만약 게이 해방과 현대적 대항-문화가 남성의 몸에 대한 대안적 접근을 제시하고자 했다면, 게이 미디어에서 지속해서 고취하는 젊음과 털 하나 없이 완벽하게 발달한 근육 조직에 대한 강조는 사실 해방이 아니라 규범적 몸의 파시즘적 대안으로 작동할" 뿐이다.[18] 비만은 이러한 "규율적인 단단한 몸의 원형에서 벗어나면서 남성적 특징을 여성화"하며, "남성의 성기를 더 작게 보이도록 하고 가슴과 엉덩이를 발달시키는 원인이 된다. 비만 남성의 육체성은 연약하다는 꼬리표를 강화하면서 궁극적으로 자신에게 등을 돌리게 한다. 게이는 뚱뚱하거나 여성적이라는 낙인에 맞서며 받아들여지기 위해 '이성애자처럼 행동하고 남자다운' 남성을 매우 바람직한 것으로 만들면서 엄격한 젠더 역할을 들먹이곤" 한다.[19] 따라서 게이라는 성 정체성뿐만 아니라 뚱뚱한 몸은 베어의 남성성을 위협해 왔다.

그래서 미국에서는 탈성애적 존재로 낙인찍힌 비만한 게이들이 몸에 대한 자부심을 품고서 성적인 매력을 발산할 수 있도록 독려하는 행사를 개최해 왔다. 1970년대의 거스&머스(Girth & Mirth)가 대표적이다. 이 행사는 육중한 게이들(big gay men)의 수치스러운 경험에 변화를 주기 위해 고안된 활동이자, 게이 공동체에서의 체중 차별에 대응하는 전국적인 사회 운동이었다. 여기에서 참가자들은 자신의 뚱뚱한 몸을 상품으로 전시할 수 있는 기회를 얻는다. 이 행사에 참여했던 제이슨 화이트셀에 따르면, "뚱뚱한 몸은 피부를 드러내고 유혹적인 옷을 입는 것이 승인되지 않기 때문에, 그리고 육중한 남자들은 자기 몸을 뽐내는 것이 허락되지 않기 때문에 탈성애화와 투쟁하고 패션의 사이즈주의(sizist) 정치로부터 일시적 해방을 쟁취하고자 자유 투쟁을 위한 무기로써 다양한 의상을 입는다." 그러면서 그들은 "자신을 욕망의 대상으로 재발명하고 자기-정의(self-definition)에 관한 권리를 되찾는다."[20] 이제 베어는 몸의 파시즘에 대항하며 규범에서 어긋난 정형화되지 않은 다양한 몸을 수행적으로 긍정한다.

베어가 공연을 통해 자신을 성적 대상화하는 방식은 과잉된 동성성애적 표현을 통해 여성의 성적 대상화를 풍자적으로 모방하는 '캠프적 패러디(campy parody)'로 불린다. "육중한 남자들은 뚱뚱하다는 낙인에 둔감해지기 위해서 캠프적인 유머를 이용한다. 그들은 캠프를 이용해서 대중문화 형식들을 가장 조악한 공연들로 뒤집어 '원본'과 '복제' 사이의 대립에 대한 퀴어적 해체를 통해 조롱한다. 일례로 우리는 싱크로나이즈드 스위밍을 화려한 수영복을 입은 우아하고 날씬한 여성들이 물속에서 추는 춤이라고 생각한다. 육중한 남자들이 이 춤을 모방할 때 그들은 즐겁게 철벅거리면서 스펙터클로 바꿔놓는다."[21]

이러한 맥락에서 최근 미국의 베어 하위문화 팬덤을 기반으로 활동하는 베어 래퍼 빅 디퍼(Big Dipper)의 뮤직비디오를 참조할 수 있다. 대표적으로 세차장을 배경으로 하는 「Lookin」(2018)이라는 뮤직비디오를 보면, 그를 포함한 다양한 체형과 인종, 나이의 베어들이 댄서로 출연해 상의를 벗고 핫팬츠를 입은 채 여성 댄서가 할 만한 선정적인 춤을 춘다. 양손으로 두툼한 뱃살을 움켜쥐며 흔들거나 상체를 숙인 채 엉덩이를 과감하게 흔들며 추는, 성적 함의가 다분한 춤인 트워킹(twerking)을 추기도 한다. 이는 베어의 풍 뚱한 몸에 대한 자기 긍정을 초과해 베어 남성성의 성애화된 스펙터클한 재현 전략이다.

동아시아 베어 남성성의 귀여움

2000년대 들어 남성들 사이에서 유행한 짧은 머리와 수염은 새로운 남성성의 부상과 맞물린다. 콜에 따르면, "2005년부터 게이 및 이성애자 남성들 사이에서 머리와 수염을 같은 길이로 아주 짧게 자르는 것이 유행했고, '유명인사들(celebrities)' 사이에서도 똑같이 인기를 끌었다. (중략) 그것은 과거 짧은 머리의 화신이었던 노동계급의 '단단함(hardness)'에 대항하는 어떤 순진한 젊은이의 순수성으로 제어되고 다듬어져" 있다.[22] 성 정체성과 상관없이 젊은 남성들 사이에서 짧은 머리와 수염은 과거와 달리 강인한 남성이 아니라 천진난만한 청년의 이미지를 위해 재전유되기 시작했다. 근육질이 아닌/단단하지 않은 몸, 즉 부드러운/물렁한(soft) 몸은 더욱 '껴안기 쉬운/껴안고 싶은(huggable)' 몸이다. 여기에 때마침 시대의 흐름과 맞물려 그들의 짧은 머리와 수염은 더 이상 무뚝뚝하고 권위적인 가부장이나 육체적 강인함을 뽐내는 마초의 상징이 아니라 새로운 남성성의 기호로 소비된다. 그것은 순수하게 관계에 뛰어들어 교감하고 포용하며 공감하는 남성성이다. 이러한 시각에서 베어는 친근한 이미지로 돌봄이라는 관계 맺기에 적합한 정서적 호소력을 지닌 베어 남성성을 구축한다.

특히 동아시아의 베어 커버댄서들은 케이팝 걸그룹의 대중적 호소력을 이용해 베어의 천진난만한 이미지를 극대화한다. 그러면서 기존 걸그룹이 지닌 의무적 귀여움을 재전유한다. 이들이 댄스팀을 결성해 케이팝 걸그룹의 춤을 커버하게 된 계기는 케이팝의 전 세계적 인기 및 유튜브 공유의 보편화와 맞물린다. 특별히 걸그룹의 노래와 춤을 선택한 까닭은 중독성 있는 멜로디의 흡입력, 그리고 무엇보다 귀여움이 도드라지면서도 여성성을 드러내는 안무 때문일 것이다. 요컨대 베어 댄서들은 걸그룹 춤을 추지만, 여성스러운 복장을 착용하거나 자기 몸을 성애적으로 노출하지 않는다. 자신을 성적 대상으로 전시하려는 의지도, 고착된 젠더 규범을 폭로하거나 뒤집을 의도도 없어 보인다. 더욱이 그 안무들은 걸그룹 멤버들의 날씬한 몸이 돋보이게 구성되었다. 그러한 몸이라야만 정확하고 수월하게 따라 할 수 있으며 미학적인 완성도를 높일 수 있다. 결국 베어 댄서들의 걸그룹 여성성 따라 하기는 소극적 모방과 신체적 한계로 인해 성애적으로 부족함을 드러낸다. 그렇다면 베어 댄서들이 걸그룹 춤을 추며 자신의 젠더/섹슈얼리티 정체성을 표출하는 것은 무슨 의미가 있을까?

아시아의 젊은 베어들은 동양인 특유의 동안과 둥글둥글한 체형, 정형화되지 않은(미성숙해 보이는) 신체 비율, 서툴고 두리뭉실한 동작으로 커버댄스를 춘다. 이제 막 자기 몸이 만들어내는 동작에 눈을 뜬 아이같이 거리낌 없이 춤을 추지만 신체적 한계 때문에 어설프고 익살스러워 보인다. 그들은 걸그룹의 칼군무와 유아의 율동 사이에서 새로운 춤의 영역을 만들어낸다. 걸그룹에게 강요

된 귀여움의 한계를 넘어 규범에 묶이지 않은 귀여움을 발산한다. 이것은 흡사 재롱잔치에서 어설픈 율동으로 부모를 미소 짓게 하는 아이에게서 발견할 수 있는 본래 의미의 귀여움, 즉 자연스러운 귀여움과 다르지 않다. 의무적 귀여움이 성적 대상과 규격화된 상품으로 소비되는 데 그친다면, 자연스러운 귀여움은 돌봄을 주고받는 행위로 기능한다.

이상의 논의를 바탕으로 현재 동시다발적으로 활동하고 있는 아시아 베어 커버댄스 팀들의 특징을 구체적으로 살펴보자. 먼저 원더게이즈 등장 뒤 10년이 지난 2019년부터 활동을 시작한 태국의 101KG다. 이들은 다른 그룹보다 정형화되지 않은 다양한 체형의 멤버들로 구성되어 있다. 전용 유튜브 계정을 보유하고 있으며, 트와이스의 「Fancy」(2019)와 「Feel Special」(2019) 커버댄스 영상은 전문적인 촬영기법과 편집 기술을 자랑한다. 기성 가수의 뮤직비디오로 봐도 손색없다. 그들은 케이팝 세계 시민으로서 더 이상 국가의 이미지를 훼손하지 않으며, 국가적 가치와 맞물려 재단되지도 않는다. 케이팝의 대유행과 관련한 커버댄스 영상의 급증은 이미 전 지구적인 현상으로 자리 잡았다.

또한 원더게이즈처럼 여성들의 BL 판타지로 소비되기에 너무 뚱뚱(!)할 뿐만 아니라 짧은 머리와 수염이라는 뚜렷한 남성적 징표까지 지니고 있다. 그들은 원더게이즈보다 더욱 깜찍하고 당당한 표정을 짓고, 서로의 춤동작이 완벽하게 맞지 않아도 크게 연연하지 않는다. 관건은 얼마나 자신 있게 춤을 추느냐인 듯 말이다. 무대의상을 맞춰 입기보다는 아동복 취향의 일상복을 입거나,

베어 정체성을 드러내는 브랜드(일본의 Bearology라는 베어 공동체를 타깃으로 한 브랜드)의 옷을 입고 나온다. 특히 워터파크에 놀러 가서 카메라를 세워놓고 수영복만 입은 채 즉흥적으로 커버댄스를 추기도 한다. 이것은 앞서 빅 디퍼의 뮤직비디오에서 봤던, 세차장에서 상체를 벗고 추는 선정적인 춤과 다른 차원이다. 그들에게 커버댄스는 젠더/섹슈얼리티의 수행에 앞서 일상적인 유희이자 유아적인 놀이에 가깝다.

다음으로 일본의 커버댄스 팀인 베이컨은 게이클럽의 '뚱보들만을 위한 나이트(デブも専ナイト)' 행사에서 정기적으로 공연한다. 이들은 공연 장면을 편집 없이 풀 숏으로 촬영한 영상을 올린다. 트와이스의 「Fancy」 커버댄스를 보면, 토끼 귀 모양의 머리띠를 하고 한쪽 손목에는 작은 곰 인형을 달고 있다. 긴팔의 흰 티셔츠를 입었는데, 배 부분은 투명한 비닐로 되어 있어 맨살이 그대로 드러난다. 여기에 핫핑크로 색을 맞춘 반바지와 긴 양말을 신고 있다. 그런데 이렇게 불룩한 배를 내보이는 시스루 패션은 몸의 자긍심이나 성애화의 역할보다는 귀여움을 강조하는 요소로 작용한다.

한편 트와이스의 「Yes or Yes」(2018) 공연의 경우에는 핫핑크로 로고가 새겨진 흰 민소매 티셔츠에 녹색 형광 반바지를 입었고, 허리에는 춤을 추는 데 거슬릴 정도로 제법 큰 분홍색 곰 인형과 한 다발의 바나나 모형을 달았다. 사실 트와이스의 멤버 수대로 9명의 덩치 큰 게이들이 무대에 오르면 꽉 차서 대형을 바꿀 때마다 서로 부딪히곤 한다. 그런데도 지나치게 큰 소품을 고집하는 이유는 포기할 수 없는 귀여움 때문이다. 이들에게는 안무를 완벽하게 소화하는 것보다 귀여움을 수행하는 게 더 중요하다.

끝으로 앞선 두 그룹과 달리 정식 가수 데뷔를 목표로 결성해 2020년 7월 28일에 데뷔 싱글인 「La La La」를 발표한 중국의 프로듀스 판다스가 있다. 참고로 서구의 베어 공동체에서는 동양인 베어를 '판다 베어'로 부르곤 한다. 따라서 이들이 빌린 판다라는 동물성은 중국인의 정체성과 함께 베어 하위문화를 대변한다. 또한 팀 이름에서 알 수 있듯이, 한국의 「프로듀스 101」시리즈를 참조/모방하며 고정 멤버 5명으로 훈련을 해왔다. 2019년 말에 첫 커버댄스 영상을 올린 이들 역시 유튜브 계정을 보유하고 있으며, 춤뿐만 아니라 노래도 직접 커버해서 올리고 있다. 특히 춤 실력과 영상의 완성도가 다른 베어들에 비해 월등히 뛰어날 정도로 전문성을 겸비하고 있다. 그런데 이 그룹의 등장에는 앞서 2011년 중국판 「더 엑스 팩터(The X Factor)」를 통해 처음 이름을 알린 그룹 '판다 브로스(Panda Bros)'가 중요한 역할을 했다. 덩치 큰 7명의 멤버가 모두 뿔테 안경을 끼고 똑같이 짧은 머리와 수염으로 시선을 끌었다. 이들은 방송 활동을 통해 소녀시대의 「Gee」 커버 공연을 펼쳐 보였다. 이때 판다 의상을 입은 채 직접 부른 노래에 립싱크를 하면서 춤을 췄다. 마치 앞서 김구용이 「Gee」 뮤직비디오를 분석하며 "어린 시절의 순수함이라는 상징적 구축물을 단순한 성적 대상으로 페티시화"한다는 주장에 화답하듯, 옆집 소녀/스키니진을 베어/판다 의상으로 대체하며 안무를 귀엽게 재전유하고 탈성애화했다.

이를 이어받은 프로듀스 판다스는 판다 의상을 입고 슈퍼

주니어의 「Super Clap」(2019)에 맞춰 커버댄스를 췄다. 흥미로운 것은 프로듀스 판다스는 국적을 가리지 않고 다양한 곡들의 커버댄스를 선보인다는 점이다. 블랙핑크의 「Kill This Love」(2019)와 ITZY의 「WANNABE」(2020)와 같은 케이팝뿐만 아니라, 자국 밖에서는 큰 주목을 받지 않는 필리핀이나 태국 가수의 커버댄스를 추며 SNS를 발판 삼아 초아시아적인 행보를 보인다.

캠프적 패러디를 넘어 반신자유주의적 패러디로

이상에서 살펴본 것처럼 아시아 베어 커버댄스 팀들은 비교적 탈성애적인 자기 재현을 통해 아이-되기 혹은 귀여운 대상-되기를 실천한다. 이는 흡사 동물의 생장이 일정한 단계에서 정지하고 생식소만 성숙해 번식하는 현상을 일컫는 유형성숙(幼形成熟)[23]을 떠올리게 한다. 그들은 아이의 외형과 태도에 머무른 채 어른이 되어버린 듯하다. 혹은 더 이상 성장하지 않기 위해 아이처럼 춤을 추는 것 같다. 따라서 커버댄스는 게이와 결부된 부정적 의미로서의 여성성이 아니라, 오히려 유아성이 두드러진 베어 남성성을 강조한다. 아이러니하게도 과거 서구의 베어들이 탈성애화의 낙인에서 벗어나기 위해 애써온 역사가 무색하게 그들은 재차 탈성애화를 자처하며 '아시아적 베어다움'을 만들어낸다.

애당초 아시아의 젊은 베어의 삶에는 비만 수치심(fat shame)과 탈성애화를 극복하고자 했던 앞선 세대의 지난한 서사가 아로새겨져 있지 않다. 그들은 성 정체성을 자각하기 시작한 어린 시절부터 다양한 SNS를 통해 베어 공동체와 상호작용해 왔다. 그 안에서 일찌감치 서로의 몸을 긍정하고 자긍심을 독려하는 법을 배우며, 자신이 뚱뚱하더라도 충분히 성적 매력이 있음을 인지하며 성장했다. 그래서 유튜브에 공연 영상을 올리며 불특정 다수에게 자신을 공개하는 데 거리낌이 없다. 따라서 게이클럽과 같은 폐쇄적인 공간에서 자신의 비만한 몸과 서투른 춤에 환호를 보낼 준비가 되어 있는 사람들 앞에서만 공연하는 것과 다르다. 그들은 '케이팝 세계 시민'에 합류해 '초아시아적인 베어 연대'를 꿈꾼다.

비만한 성인 남성의 아이-되기의 의미를 파악하기 위해 할리우드 무성영화 시대를 대표하는 배우 로스코 아버클(Roscoe 'Fatty' Arbuckle)에 대한 네다 울라비의 분석을 참고하고자 한다. 그는 아버클이 유아화하기 위해 자신의 뚱뚱한 몸을 전유하는 방식을 아래와 같이 설명한다.

> 아버클은 페르소나를 유아화하기 위해 자기 몸을 이용하고, 중성적인 아이의 범주로 들어가기 위해 자신의 비만을 활용한다. 아버클의 비만 때문에 상대적으로 작아진 성기는 성 정체성을 모호하게 하고 아이러니한 도착(perversion)에 유쾌하게 접근하도록 한다. 그는 순수한 것과 성애적인 것, 거대한 것과 작은 것, 어른스러운 것과 아이 같은 것을 동시에 재현했다. 그의 퇴보적인 매력은 환상적인 이동성 및 민첩성, 하나에 고정하지 않고 다양한 위치의 욕망을 점유하는 능력과 불가분하게 연결되어 있었다. 비만과 유아증(infantilism)의 융합은 젠더와 섹슈

얼리티에 대한 그의 지속적인 언급에서 중요한 요소였다.[24]

울라비는 아버클의 중성적인 유아화를 "퇴보적인 매력"으로 묘사한다. 여기에서 '중성화'는 여성성과 남성성을 모두 포용한다는 의미가 아니라 성기 발달 이전, 그러니까 완전하게 성별이 분화되기 이전의 단계로 돌아간다는 것을 뜻한다. 아이로의 퇴행은 재생산의 불가능/거부를 함의한다. 따라서 아이-되기는 자본주의적 재생산에 맞서는 존재론적 저항이자 인식론적 전환으로 독해할 수 있다.

베어 커버댄서들의 춤은 미성숙한 존재로 회귀하기 위해 이성애 규범적 시간을 거스르는 몸짓이다. 완전한 성장의 거부로서의 아이-되기는 다시 원본(케이팝 걸그룹 댄스)에 대한 완벽한 복제(커버댄스)의 실패로 귀결된다. 귀엽지만 어설픈 커버댄스는 원본은 물론 유튜브에 넘쳐나는 여타의 그것들과 비교했을 때도 분명 부족해 보인다. 대신 뚱뚱한 몸을 성적 대상화하는 캠프적 패러디를 넘어 재생산적 미래주의를 거부하는 반신자유주의적 패러디로 향한다.

돌봄에 기반한 퀴어 친밀성

세계 각국에 원본을 완벽하게 복제한 무수히 많은 커버댄스 영상들이 있다. 따라서 몸매부터 신뢰(?) 가지 않는 베어들의 커버댄스 영상을 선뜻 클릭할 관객은 그리 많지 않다. 혹은 시청하더라도 어설픈 솜씨 때문에 쉽게 '좋아요'를 누르지 않는다. 애초부터 베어들은 조회 수나 구독자 수를 비롯해, 그것을 기준으로 판단하는 성공과 실패에 연연하지 않을지 모른다. 주디스 핼버스탬에 따르면, "실패를 통달(mastery)의 거부, 자본주의 안에 있는 성공과 이윤 사이의 직관적인 결합에 대한 비판, 그리고 패배에 대한 대항 헤게모니적 담론으로 읽을 수 있다."[25] 신자유주의적 경쟁에서의 실패는 어설프지만 귀여운 커버댄스를 걸그룹 춤의 완전한 통달에 대한 저항의 의미로 이끈다. 그 귀여움은 무한경쟁에서 살아남기 위한 훈육 과정에 걸림돌이 되는 미성숙한 여성성도 아니고, 무한 경쟁에서 승리하는 데 필요한 애교도 아니다. 궁극적으로 그것은 신자유주의의 배제와 복속의 논리에서 벗어난다.

따라서 베어 커버댄스는 케이팝 걸그룹이 상징하는 신자유주의적 성공과 그것을 확대 재생산하는 진보적 역사에 제동을 걸며 대안적인 정치를 상상한다. "대안적인 정치를 형성하는 역사"는 "전 지구적 자본주의의 승리로부터 등장해 온 성공의 논리를 대체하기 위해 우리가 기반으로 삼은 실패, 실패로 가는 유력한 길을 확인시켜준다."[26] 베어 커버댄스 팀은 걸그룹의 성공을 약속하는 의무적 귀여움에 대항하며 아이처럼 실패를 의식하지 않는 '돌보는 귀여움'을 실천한다. 그들의 목표는 원본을 완벽하게 복제하는 것이 아니기 때문이다. 아이는 "비성인의 몸체라는 이미지 안에서 무능력의 성향, 의미를 생산 할 수 없는 서투름, 어른의 독재로부터의 독립하고자 하는 갈망, 성공과 실패라는 어른의 관념에 대한 완전한 무관심을 인지"한다.[27] 이런 아이처럼 그들은 실패를 감안하고 심지어 실패를 수행하기 위해 춤을 춘다. 그 실패를 배회

하는 시간 속에서 돌봄에 기반한 퀴어 친밀성이 들어설 좁지만 유의미한 자리를 만든다.

3부

친밀성을 살게요

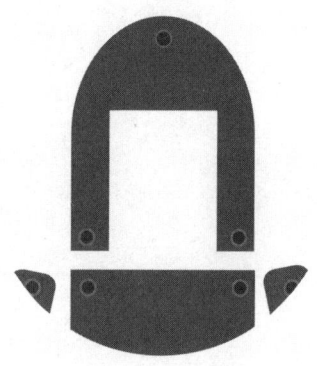

7장
"항상 함께할 거예요"의 이면

장지현

BTS와 MD 산업

갓 명성을 얻기 시작한 2015년, BTS는 스포츠웨어 브랜드 푸마(PUMA)*와 광고 모델 계약을 체결한다. 이후 BTS가 점차 유명세를 얻자 푸마는 한 차례 계약을 갱신하며 흥미로운 마케팅을 펼쳤다. 이들은 푸마와 BTS도 아닌 제3의 무언가, 즉 BTS와 팬의 관계를 상징하는 로고를 만들었다. 브랜드로서의 푸마를 전면에 내

---

* 2021년 11월 말 현재 BTS는 스포츠웨어 브랜드 FILA의 공식 모델이다.

세우는 대신, BTS와 BTS 팬덤인 아미를 매개하는 위치를 점했다. BTS의 첫 번째 공식 광고사이자 스폰서로서 BTS와 팬덤의 성공을 격려한 것이다. 뒤축에 꽃을 든 손 모양 로고가 새겨진, 10만 원이 조금 안 되는 스니커즈는 BTS와 팬덤 아미를 상징하는 역할을 톡톡히 해내며 흥행했다.

최근 몇 년간 캐릭터 머천다이징(merchandising) 분야에서 두각을 드러내고 있는 BT21의 사례도 주목할 만하다. BT21은 캐릭터 머천다이징과 IP(Intellectual Property, 지적재산권), 온라인 메신저 애플리케이션 라인을 주요 분야로 삼고 있는 라인코퍼레이션즈와 BTS의 매니지먼트사인 하이브가 손잡고 개발한 캐릭터다. 개발 과정에 BTS 멤버들이 여러 번에 걸쳐 참여하면서 이야기, 외관, 캐릭터의 버릇이나 호불호 등을 상세히 부여했고, 미팅 과정은 촬영 및 편집되어 유튜브에 업로드되었다.

유튜브 영상에서 BTS 멤버들은 각자 개발한 BT21 캐릭터의 특징을 설명한다. BT21 캐릭터 중 하나인 코야(KOYA)는 생각이 많아 자주 불면에 시달리고, 깜짝 놀라면 귀를 떨어뜨려 잃어버리는 것으로 묘사된다. 이는 BTS 리더 RM의 평소 행동 특성을 얼마간 반영한 것이다. 다른 캐릭터도 마찬가지다. BTS 멤버의 개인성(personality)을 상징으로 활용하는 셈이다.

BT21은 선풍적인 인기를 끌었다. 서울 강남의 한 오프라인 팝업 스토어에서 인형이나 쿠션을 비롯한 몇 가지 제품이 한정 판매됐다. 판매량을 예측할 수 없었던 까닭이다. 걱정과 달리 반응은 폭발적이었다. BT21 제품을 구입하기 위한 밤샘 줄, 대리 거래,

웃돈을 얹은 중고 거래가 눈에 띄게 늘어났다. 팬들의 볼멘소리가 높아졌다. 라인프렌즈는 BT21의 판매처를 부랴부랴 자사가 보유하고 있던 서울 시내 주요 상권의 전문 플래그십 스토어로 옮겼다. 상품 종류도 다양해졌다. 온라인 판매도 크게 다르지 않았다. 독립 호스팅으로 라인의 오리지널 브랜드 캐릭터 상품을 판매해 왔던 라인프렌즈 스토어는 BT21 판매를 시작하자마자 잦은 서버 다운을 겪었다. 판매를 재개할 때마다 폭증하는 트래픽을 감당하지 못해 네이버 스마트 스토어로 판매처를 일시 이전해야 했다. 팬들의 아우성으로 떠밀리듯 국제 배송이 시작됐다.

BT21의 성공 이후 하이브는 MD 영역에서 확장을 시도했다. 자체 개발 캐릭터 라인인 타이니 탄(Tiny Tan)*으로 일본 최대 장난감 회사 중 하나인 타카라 토미 아츠(Takara Tomy A.R.T.S)와 캐릭터 상품을 발매하거나, 바비로 유명한 미국의 마텔(Mattel)과 BTS 인형, BTS 사진이 인쇄된 우노(Uno)** 등을 만들어서 팔았다. 하이브가 만든 MD(merchandise)는 그간의 어떤 회사보다 다종다양하다. 심지어 BTS라는 아이돌에 국한하지 않고, BTS가 인기의 정점에 서기 시작했던 노래「DNA」에서부터「MIC Drop」,「ON」,「Black Swan」,「Dynamite」,「Butter」등 그간 발매했던 앨범 및 싱글 곡의 이미지를 형상화한 의류와 잡화, 심지어는 식품까지 만든다. 하이브가 자회사 위버스숍을 통해 벌어들이는 MD 수익은

* BT21이 생물이나 비생물의 모양을 한 캐릭터라면, 타이니 탄(Tiny Tan)은 말 그대로 축소된 형태의 BTS 캐릭터에 가깝다.
** 보드게임의 한 종류로, 트럼프 카드 게임 '원 카드(One Card)'와 규칙이 같다.

BTS의 콘텐츠나 투어 수익에는 미치지 못할지라도 어마어마하다.

성공한 사례가 있다면 물론 실패한 사례도 있다. BTS가 광고 모델을 맡거나 하이브가 상품을 만들었다고 해서 팬이 이를 무조건 구매하는 것은 아니다. 하이브의 의장인 방시혁이 언급한 것처럼 "팬들은 바보가 아니"다. 사용하기 불편하거나 "못생기게" 디자인된 MD는 재고로 남는다. 터무니없이 비싼 것, 평상시 BTS의 행보와 그다지 연관이 없는 것도 그렇다. 2019년 BTS를 광고 모델로 기용한 브이티코스메틱(VT COSMETICS)은 한 번에 7종의 향수를 발매하고 롯데백화점 등에 팝업 스토어를 설치했다. 다른 회사들처럼 브이티코스메틱 역시 자사의 광고 모델을 맡은 BTS의 이미지를 향수로 형상화했다는 마케팅을 펼쳤다. 홈페이지에는 유명 프랑스인 조향사가 멤버들을 보고 떠올린 이미지를 토대로 향수를 만들었다는 설명을 띄웠고, 이는 팬들이 평소 BTS 멤버들에게 느껴온 이미지를 일부 반영하고 있었다. 여기까지는 위의 흥행 상품들과 비슷한 특징을 지니는 것 같다.

그러나 이 제품은 판매 흥행에 실패한다. 백화점 안에 설치된 팝업 스토어 운영이 원활하지 못해 고객의 항의를 불러일으켰음은 물론이고 향이 지나치게 호불호를 탔다. 무엇보다 브이티코스메틱이라는 브랜드 가치와 상품의 가격이 어울리지 않았다. 팬 커뮤니티에는 향수가 패키징과 질에 비해 지나치게 비싸며, 정말 BTS를 사랑해서 굿즈를 모으고 싶은 게 아니라면 구매하지 말라는 후기가 넘쳐났다. 상대적으로 경제활동인구에 해당하는 연령층이 두꺼운 BTS 팬덤에게는 때로 몇 십만 원을 호가하는 니치 향수˚가 익숙했을지도 모른다. 그에 반해 브이티코스메틱이 발매한 향수는 가격이나 제품의 질 면에서 이점이 없었다. 무엇보다 BTS 멤버들의 언급이 없다시피 했다. 향수의 생산량은 판매량을 웃돌았고, 결국 싼 가격에 재고 판매가 시작됐다.

우리 온라인으로 만나요

아주 오래전부터 팬은 팬이면서 소비자였으되, 팬-소비자가 구매할 수 있는 상품의 종류는 최근에 이르러 기하급수적으로 늘고 있다. 온라인 플랫폼에서 유통되는 동영상 등의 콘텐츠도 그중 하나다. BTS가 2015년, 시작을 함께한 브이 라이브는 아이돌이 실시간으로 영상을 스트리밍하고 팬은 댓글을 쓰거나 '좋아요'를 눌러 호감을 표현할 수 있는 소통 플랫폼이다. 2022년 현재 유튜브와 아프리카TV, 트위치, 틱톡을 비롯, 영상 콘텐츠와 플랫폼이 우리 삶에 심대한 영향을 미친다. 이런 때에 아이돌과 그 팬을 주요 대상으로 삼는 소통 플랫폼은 과거 매니지먼트사가 '돈은 안 되지만 팬덤 형성을 위해 일단 무료로 제공하던' '자컨(자체 콘텐츠)'의 유통과 유료화에 최적화되어 있었다. 매니지먼트사는 무료였던 상품에 새로운 가치를 부여해 수익을 창출하기 시작했다.

처음부터 그랬던 것은 아니다. 팬들은 유료 콘텐츠에 반발했고, 브이 라이브는 저작권을 이유로 영상의 녹화 및 유출을 막으

---

* 소규모 공방에서 전문 조향사가 고급 재료를 사용해 만든 향수 브랜드를 일컬었으나, 현재는 프리미엄 향수 등과 유사한 의미로 사용되는 듯하다.

며 맞섰다. 그러나 팬들은 아랑곳하지 않고 이를 더욱 짧은 형태로 재가공해 트위터 등의 숏폼(short form) 콘텐츠 공유가 가능한 플랫폼으로 자료를 퍼 날랐다. 팬들은 때로 장시간 시청이 필요한 콘텐츠보다 또 다른 팬이 재가공한 영상을 선호했다. 언뜻 보면 팬들의 생산성이 발휘되면서 브이 라이브의 매출에 악영향을 주었을 것 같은 이 행위는 역설적으로 브이 라이브의 영향력 확산에 도움을 주었다. 다른 팬들이 확산시킨 콘텐츠를 보고 브이 라이브의 존재와 이용법을 알게 됨으로써, 브이 라이브와 매니지먼트사가 유료로 제공하는 장기 편성 콘텐츠에 팬들은 더욱 아낌없이 돈을 쓰기 시작했다.

　한편 새로운 플랫폼이 아이돌 산업에서 어마어마한 영향력을 가지기 시작하자 기존의 팬클럽 모집과 관리 또한 기능의 일부로 흡수되었다. 팬은 브이 라이브에서 운영하는 팬십(Fanship)에 가입해 팬클럽 키트*를 받는다. 팬십에 가입되어 있어야만 시청할 수 있는 콘텐츠를 보거나, 가입 후 추가 요금을 내야만 시청 가능한 콘텐츠를 즐긴다. 하이브는 BTS의 「본 보야지(Von Voyage)」처럼 여행을 콘셉트로 멤버들의 일상을 보여주는 시리즈 영상물을 만들어 왔다. 팬들은 이러한 콘텐츠 유료 구매를 상호 독려한다. 다른 아이돌의 팬덤도 비슷하다. 짧은 시간 동안 브이 라이브는 아이돌 팬 생활에 필수적인 플랫폼이 되었다.

　시장 잠재력을 안 이상, 또 다른 플랫폼의 출현은 필연적이

---

* 팬클럽 회원비를 내면 팬클럽 모집 기간이 끝난 뒤 그 가치에 상응하는 MD를 보내주는 것이 관례로 자리 잡았다.

었다. 하이브는 자회사 비엔엑스(BeNX)를 통해 팬덤 전용 플랫폼 위버스(Weverse)를 만들었다. 위버스의 작동 방식은 어떤 점에서 트위터와 비슷했다. 팬과 아이돌이 각각의 글에 제약 없이 댓글을 달아 직접 소통을 가능하게 한 것이다. BTS를 비롯해 하이브가 계약을 맺은 아이돌-아티스트는 위버스에 새로운 팬 커뮤니티를 구축한다. 브이 라이브처럼 팬십을 직접 관리하는 기능을 제공함은 물론이다. 과거 포털 사이트의 카페 기능을 통해 무료로 운영되던/하던 팬 커뮤니티는 이제 유료 플랫폼에 흡수된다.

    과거의 콘텐츠를 플랫폼으로 재탄생시킨 사례도 등장했다. 아이돌-아티스트와 애플리케이션으로 마치 사적인 대화를 나누는 듯한 느낌을 주는 플랫폼인 버블(Bubble)이다. 버블은 SM엔터테인먼트의 계열사 SM스튜디오스(구 디어유)가 개발한 애플리케이션*이다. 과거 SM엔터테인먼트가 웹사이트와 유료 SMS 서비스를 통해 운영하던 'UFO 타운'과 비슷하다. 아이돌 개인은 자신의 버블을 유료로 구독한 팬들에게 메시지를 보내고, 팬들이 보낸 답장이나 메시지를 확인한다. 팬은 운이 좋다면 자신이 전송한 메시지에 답변받을 수 있다. 단, 개인 대 개인의 사적인 관계 맺기는 지양하기 때문에 아이돌이 보낸 메시지는 다른 구독자 모두에게 노출된다. 버블을 시작하는 아이돌과 그를 구독하는 팬은 점차 늘어나는 추세다.

---

* 그래서 어떤 아티스트가 버블, 위버스, 후술할 유니버스와 계약하게 되는가는 각 매니지먼트사의 이익 관계에 달려 있다. 가령 SM엔터테인먼트 아티스트가 위버스와 계약할 가능성은 없거나 현저히 낮을 것이다.

엔씨소프트가 만든 플랫폼 유니버스(Universe)도 있다. 유니버스는 AI 기술을 플랫폼에 본격적으로 활용했다. 팬은 유니버스를 이용하는 아이돌, 가령 몬스타 엑스(Monsta X)나 더 보이즈(The Boys)의 아바타를 만들고 특정 액션을 구현해 볼 수 있다. 아이돌 개인의 목소리를 녹음, 수집해 만든 데이터로 여러 문구를 음성화할 수도 있다. 유니버스는 이러한 목소리 합성 기술을 통해 아이돌과 팬이 통화하는 콘셉트의 콘텐츠를 만들었다. AI 기술에 기반한 텍스트 메시징 시스템도 있다. 앞서 예를 든 버블은 아이돌이 메시지를 읽거나 보내지 않으면 그 상태로 소통이 정지된다. 팬이 하루에 보낼 수 있는 메시지 수도 한정되어 있다. 그렇지 않으면 인기 아이돌이 받는 메시지의 수에 부하가 걸릴 가능성이 있기 때문이다. 반면 유니버스는 팬이 보낸 메시지에 AI 혹은 아이돌이 답변할 수 있도록 반응성을 강화했다. 이른바 메타버스(Metaverse)다.

상품에도 진정성이 있어요

그러나 다른 플랫폼에 비해 유니버스에 대한 팬들의 반응은 그다지 좋지 않았다. 이유가 무엇일까? 이는 아이돌과 팬 사이의 관계에서 비롯되는 친밀성이라는 감각을 유·무형의 재화에 적극적으로 끌어들였는가, 그렇지 못했는가에 있다. 점차 고도화되는 아이돌 팬덤 시장에서 팬은 아이돌을 단순하게 본뜬 상품이 아니라 아이돌과 연결되어 있다는, '진짜 아이돌'의 일부를 소유하고 있다는 감각을 원한다. 이는 '정당한' 재화를 지급하고 받는 교환

관계에서만 성립한다. 유니버스가 제공하는 AI의 목소리는, 그것이 AI인 줄 모르는 사람에게 들려주었을 때 가짜인지 진짜인지 구별하지 못할 정도로 재현도가 높다. 그런데도 팬들은 이를 "불쾌한 골짜기(Uncanny Valley)"라고 불렀다. 아이돌의 일부 요소를 본뜬 것을 다시 모방한 것은 '진짜'가 아니며, '진짜'가 아닌 것에 재화를 지불하는 것은 아이돌 산업 문화 내에서는 불공정한 거래에 해당하기 때문이다.

과거 아이돌의 상품화, 그리고 그것에 정당성과 진정성을 부여하는 작업은 일관되게 시도되었다. 그러나 과거의 팬 MD는 지금처럼 고도화된 상징성을 지니고 있지는 않았다. SM엔터테인먼트는 아이돌 머천다이징 분야의 선구자였다. 자회사를 설립하고 동아시아 권역의 외국인 팬을 대상으로 관광상품과 기념품을 만들었다. 서울 삼성동 코엑스에는 지금은 폐점한 SM타운이라는 자사 콘텐츠의 종합 체험관과 굿즈 스토어가 함께한 복합 공간이 있었다. 팬 투어 등의 관광상품을 기획, 판매하는 자회사도 있었다. 체험에서 비롯되는 관계의 진정성이나 친밀성을 추구했다. YG엔터테인먼트도 과거 빅뱅이나 2NE1 등의 '옷 잘 입는' 이미지를 빌려 여러 패션 잡화 상품을 만들었다. 아티스트의 아우라를 빌려 쓴 것이다. 그러나 현재 판매되는 MD와 콘텐츠는 조금 더 복잡하다. 오늘날 아이돌 상품은 앞서 설명한 사례들처럼 더욱 내면화되고 고도화된 방식의 진정성과 친밀성을 상호 부여할 때라야 팬덤과 시장에서 가치를 갖는다.

일본 아이돌 응원 문화에서 시작돼 이제는 현수막, 색깔 풍선, 상징색 대신 정착된 응원봉을 예로 들어보자. 응원봉은 특성상 대량 생산이 필요하고, 그 절차가 까다로워 풍선이나 현수막처럼 팬이 제작하는 데 한계가 있다. 아이돌은 무대에서 그런 응원봉을 들고 있는 팬들의 집합이 밤하늘의 별처럼 아름답다며 의미를 부여한다. 그 응원봉에 가짜란 존재할 수 없다. 응원봉은 공식 사이트에서 인증마크를 부여받아 판매되며, 가품을 판별하는 방법이 있을 만큼 진품 여부가 중요한 물건이 되었다. 즉 팬은 재화와, 관계를 매개하는 MD 및 콘텐츠를 교환하는 것이다. 푸마나 BT21 같은 상품의 저변에 깔린 의미가 어디까지나 교환에 의한 것임을 팬은 알고 있다. 암묵적인 전제다. 그러나 이는 어디까지나 전제여야만 한다.

새로운 거래의 시작점

아이돌 산업이 급속도로 관계를 물화하는 한가운데에는 흥미롭게도 BTS와 하이브가 있었다. BTS가 큰 영향력을 갖기 시작한 2015~2016년에 그들은 방탄밤(Bangtan Bomb)이라는 자체 제작 유튜브 콘텐츠와 SNS인 트위터, 카카오 계열(당시 다음)의 블로그 티스토리, 누구나 자유롭게 자신의 창작 음악을 업로드 및 공유할 수 있다는 플랫폼인 사운드클라우드(SoundCloud) 등을 운영했다. 팬과 소통하기 위한 채널을 상대적으로 많이 가지고 있었던 셈이다. BTS는 널리 알려진 것처럼 뮤직비디오 메이킹 영상이나 대기실 비하인드 등을 트위터와 유튜브에 자주 업로드하면서 '솔직하고 개방적인 그룹'이라는 이미지를 만들었다. 팬에게 이 콘텐츠들은 쏟아지는 '떡밥'이었고, 기존에 신비화 전략을 고수하던 아이돌에게서 발견하기 어려운 신선함이었다. BTS의 정규 2집인 『Wings』의 타이틀곡 「피, 땀, 눈물(Blood, Sweat and Tears)」에 대한 '궁예'*, 즉 헤르만 헤세의 소설 『데미안』 일부가 이식된 일종의 상징 해석 유희가 이전의 『화양연화』 시리즈와 더불어 널리 퍼졌다. 팬이 접촉하고 재가공할 수 있는 콘텐츠의 수가 폭발적으로 늘어났다. 콘텐츠의 범람은 팬에게 BTS라는 존재를 멀리 있는 존재가 아니라 아주 가까운 개개인으로 구체화하고 유형화하는 매개가 되었다.

　　당시 SNS에서 증대하고 있었던 페미니즘에 관한 관심도 결과적으로 BTS와 팬의 관계 기반을 전환하는 데 이바지했다고 볼 수 있다. 메갈리아 이후 온라인 페미니즘 물결의 맥락에서 만들어진 '방탄소년단에게 피드백을 요구합니다'라는, 방탄소년단의 콘텐츠 속 여성혐오를 성찰해 달라는 팬의 요구에 응답해 방탄소년단은 언론을 통한 공식 사과 성명을 내놓았다. 이는 팬덤 내외부에 상당한 논란을 낳았다. 흥미로운 점은 공식 성명이 있기까지 많은 BTS 팬이 그간의 업계 관행에 따라 하이브와 BTS가 일부러라도 침묵하기를 바랐다는 것이다. 대응한다면, 여성혐오 그룹이라는 '꼬리표'를 기정사실로 할 가능성이 있다는 주장이다. 하지만 BTS

---

*　KBS 드라마 「태조 왕건」의 등장인물인 궁예가 미래를 내다볼 수 있는 능력이 있다며 미륵불을 자칭했던 것을 빌어 만들어진 은어이다. 아이돌 팬덤에서는 근거 유무와 상관없이 추측하는 행위를 일컫는다.

는 응답했고, 이 성명은 아이러니하게도 BTS가 팬과 가까이에서 소통하는 존재라는 이미지를 강화했다. 팬에게 BTS는 완전한 독해와 이해가 가능한 대상이 되었다. 팬은 그 친밀감을 느끼고 간직하고 싶어 했다. MD나 콘텐츠는 바로 그 연장선의 하나로 작용한다.

    이러한 맥락은 시장 가능성과 결합해 폭발적인 금전적 가치를 낳았다. 발 빠르게 이를 포착한 하이브는 여러 업체와 협력해 전에 없이 다종다양한 상품을 쏟아내기 시작했다. BT21 이전에 디자인되었던 방탄소년단 자체 캐릭터와 웹툰*을 새로운 콘텐츠로 덮어 버렸다. 과거의 캐릭터는 BT21처럼 똑같이 IP로 개발되었으나 멤버들이 직접 부여한 특성, 즉 친밀성은 없었다. 하이브는 빠르게 과거의 지적 재화를 사람들의 기억에서 지웠다.

관계의 시장 가치

    하이브는 2021년 음악 사업부인 빅히트뮤직과 IP를 관장하는 사업부를 분리했다. 그리고 아이돌-엔터테인먼트 상품을 전에 없이 전방위로 확장했다. 또한 국내 매니지먼트 기업**, 심지어는 아리아나 그란데와 저스틴 비버가 소속된 미국 이타카홀딩스를 인수 합병해 빠르게 몸집을 불렸다. 기존에 하이브가 이익을 실현하던 방식이 이식됐다. 하이브가 '음악'을 하던 매니지먼트사에

---

* 힙합 몬스터즈 등 네이트에 연재되었던 2종의 웹툰을 가리킨다.

** 하이브는 걸그룹 여자친구가 소속된 소스뮤직, 보이그룹 세븐틴 등이 소속된 플레디스 등을 자체 레이블로 흡수했다.

서 하나의 거대 콘텐츠 '기업'으로 변모하는 순간이었다.

하이브의 코스피 상장일인 2020년 10월 15일, 증시 개장 직후 하이브의 1주당 가격은 약 26만 원까지 치솟았다. 흔히 '엔터(테인먼트) 3사'로 불리는 JYP엔터테인먼트, SM엔터테인먼트, YG엔터테인먼트의 1주당 가격이 비슷한 시기 3만 원을 웃돌았고, 상장 당시 가격과 크게 차이 나지 않았다는 사실을 고려하면 놀라우리만치 고평가된 금액이다. 이는 단순히 2021년 4월 기준 직전 분기(2020년 4분기) 하이브의 영업이익이 타 엔터 3사와 비교하기 어려울 정도로 높았고, BTS가 창출할 미래 수익에 대한 기대감이 컸던 데서 비롯한 것으로도 볼 수 있다. 주가는 종래 매수자들이 시장 거래 차익을 목적으로 매도를 시작하고 투자 버블이 가라앉으면서 하락했다. 그러나 2021년 11월 말을 기준으로 주가는 완만한 회복세에 들어, 40여만 원까지 상승하기에 이른다. 이전까지 하이브의 영업이익 등이 대부분 BTS의 공연 수익에 기대어 있었고, 코로나19로 해당 분야 수익 전망이 좋지 않았음에도 불구하고 말이다.

하이브의 주가가 4월 결정적으로 반등세에 올라선 데에는 하이브의 자회사 비엔엑스가 네이버의 엔터테인먼트 계열 플랫폼 브이 라이브의 지분을 50% 이상 인수하고, 점진적으로 자사의 팬덤 커뮤니티 플랫폼 위버스와 통합하기로 했다는 소식이 크게 작용했다. 브이 라이브는 그간 아이돌에게 없어서는 안 될 팬과 소통의 매개체로 자리 잡아 왔는데, 이를 하이브가 맡게 된 것이다.

현재의 아이돌 산업은 팬과 아이돌, 그리고 산업 사이의 친밀성 및 진정성을 기반으로 수익을 창출하고 있다. 그를 매개하는 모든 것은 일종의 금맥이나 마찬가지다. 하이브는 사업 구조를 점차 공연과 음악 콘텐츠에서 여타 IP 위주로 전환하며 착실히 새로운 길을 트고 있다. 이를 가능하게 하는 친밀성 기반 플랫폼인 위버스와 브이 라이브의 성장 가능성은 무한히 크다. 기업 규모에서 하이브와 비교가 안 되게 크고 안정적이었던 엔씨소프트가 유니버스라는 팬덤 플랫폼을 만들어 엔터테인먼트 산업에 진출을 시도한 이유이기도 할 것이다. 다른 중개자의 간섭 없이 아티스트와 팬과 아티스트의 매개 및 활동 기반으로서의 플랫폼을 원천 확보하는 일은, 독과점이 가능한 하나의 시장을 만드는 일과 크게 다르지 않다.

팬에게는 구입할 권리만 있다

그러나 팽창하는 시장과 달리 생산자로서의 팬의 입지, 팬이 자발적으로 생산한 이른바 팬메이드 콘텐츠의 입지는 점차 줄어들고 있다. 불과 10년 전만 하더라도 '비공식'이라는 개념은 아이돌 팬에게 존재하지 않았다. 팬이 만들어낸 콘텐츠, 가령 사진, 직캠, 팬픽(션), 팬아트 등과 그를 생산하는 이른바 2차 생산자 팬이 아이돌 산업과 팬덤에서 중요한 위치를 차지하고 권력을 쥐었다. 이들 없이 아이돌 없다는 말이 있을 정도였다. 그러나 팬에 의해 생산되던 굿즈의 대부분은 현재 '비공굿'* 이라는 이름으로 거래된다. 비공굿은 떳떳한 상품이 아니다. 아이돌 멤버의 생일과 같은

---

* '비공식 굿즈'의 줄임말로, 팬의 직접 창작물부터 아티스트의 성명 및 초상권을 무단 도용한 인쇄물까지를 포괄적으로 가리킨다.

특별한 날에 비영리로 배포할 때, 수익 전액 기부를 목적으로 판매할 때만 정당성을 얻는다. 승인받지 못한 물건인 것이다. 유일한 승인의 주체는 바로 커뮤니티 플랫폼까지 집어삼킨 매니지먼트사다. 아티스트의 수익, 권리 신장과 지적재산권을 통한 기업의 매출 증가가 맞닿아 있다는 명목으로 매니지먼트사는 교환될 물건에 정당성을 부여한다. 라이선싱을 통한 공식 굿즈 시장은 점차 확대된다. 그러한 승인 없는, 법적 권리가 부재한 생산 영역은 축소되는 것이다.

일례로 알페스*로 논란된 팬 창작물인 팬픽도 마찬가지다. 팬픽은 BL의 하위 장르로서, 여성에게 성적으로 보수적인 사회에서 여성이 자유롭게 욕망을 표출하는 한 방식으로 해석되기도 해왔다. 그런 성격의 팬픽을 갑작스레 도마 위에 올려 도덕적 정당성을 요구하고, 그마저도 실존 인물을 엮어 만든 것이라는 점에서 형법상 범죄(어떤 팬들은 이를 모욕이나 명예훼손에 준하는 범죄로 칭하기도 한다)에 가까운 것으로 치부했다. 성명권이라는 성문법적 정의에 따른 질서를 따라야 한다는 것이다. 무엇이 옳은지 그른지, 더 나은 방법은 없는지 논의되기 이전에 지적재산권, 저작권이라는 근대법적 권리가 팬, 아이돌, 매니지먼트사 간 질서를 구획했다. 팬덤의 창의성이나 활동은 결코 승인돼서는 안 되는 것으로 변화하고 있다.

* Real Person Slash인 RPS의 한국식 발음. 본래 미국 드라마 「스타트렉」에 나오는 동성의 등장인물들을 로맨틱한 서사로 엮어낸 팬픽션이 그 시발점으로, 대부분 드라마 팬들에 의해 행해지고 있다. 그러나 한국에서는 독특하게 아이돌 팬이 주류 생산자이자 소비자이다. 일부 팬픽션의 대사는 너무 유명해서 방송에서 일종의 밈(meme)으로 인용되기도 한다.

2021년 2월 국민의힘 하태경 의원이 대표 발의했던 알페스 관련 법안은 이러한 상황과 밀접하게 닿아 있다.

내 돈으로 낳은 내 아이돌

팬이 아이돌을 대하는 태도도 변화했다. 과거 팬에게 아이돌이란 열정적으로 응원하고 믿는 대상에 가까웠다. 그러나 아이돌 산업의 수많은 사건을 겪고, 현재의 소비체계에 익숙해진 팬에게 아이돌은 내가 돈을 낸 만큼의 권리를 실현해야 할 주체다.

팬은 소비자로서 상당한 금액과 시간을 아이돌에게 투자한다. 이는 때로 팬덤 내부에서 자발적으로 무언가를 기획하고 실천하는 것으로 이어진다. 개인에게 아이돌 팬 경험은 커뮤니티에 속하고 새로운 인간관계를 맺는 등 다양한 즐거움으로 기억된다. 하지만 아이돌에 입덕하고 탈덕하는 과정은 실상 그리 원만하지 않다. 팬이 가진 정서적, 물질적 자본이 팬 활동에 대거 투입되기 때문이다.

아이돌을 위해 팬들은 온·오프라인에서 수없이 많은 무불노동 및 소비를 실천한다. 일명 '총공팀'을 필두로 조직적으로 음원을 스트리밍하거나 다운로드하는가 하면, 모금을 통해 래핑버스나 지하철 전광판 광고 등을 집행하기도 한다. 스트리밍*은 특정한

---

* '스밍'으로 줄여 말하기도 한다. 일반적으로는 음원을 다운로드하지 않고 온라인을 통해 재생하는 것을 뜻하나, 여기서는 아이돌의 앨범 또는 음원을 음원 사이트 차트의 높은 순위에 올려놓기 위해 반복 청취하는 행위를 일컫는다.

방식으로 독려된다. 스트리밍을 통해 만들어지는 음원 사이트 차트는 자신이 좋아하는 아이돌에 대한 대중의 반응을 알 수 있다는 점에서, 각종 음악방송의 순위 집계 점수로 활용된다는 점에서 팬에게 중요하다. 조직적인 스트리밍을 통해 높은 순위에 노래를 안착시킨다면, 더욱 많은 대중이 좋아하는 아이돌을 알 수 있는 기회도 된다. 그러므로 아이돌의 음반과 음원이 출시되면 국내외 각종 음원 사이트의 스트리밍권을 중복 결제하는 일이 필수다. 스트리밍했다는 인증을 전제로 돈이 부족한 10대 학생 팬의 스트리밍 요금을 대신 결제하거나, 스트리밍 인증을 하는 사람 중 한 명을 추첨해 치킨이나 피자, 각종 간식류의 기프티콘을 제공하는 일도 흔하다. 이러한 행위들은 아이돌이 1위를 향한 소망을 내비쳤을 때 더욱 심화한다. 그리고 결국 아이돌이 1위 수상소감에서 팬덤의 이름(BTS의 경우 아미에게 감사 인사를 전하거나, 'Teamwork makes the dream work'라는 구호를 반복함으로써)을 언급하며 감사를 전했을 때 비로소 기쁨으로 돌아온다. 이들을 지속해서 좋아할 정서적 명분이 된다. 그러나 스트리밍 사이트나 매니지먼트사의 이윤은 언급되지 않는다. 아이돌과 팬의 끈끈함과 함께 이뤄낸 성취라는 고양감만이 강조될 뿐이다.

    BTS처럼 인기 있는 아이돌의 팬은 멤버 생일을 축하하기 위해 거액을 들여 광고를 산다. 뉴욕 타임스퀘어 광장 전광판에 영상을 송출하고 중국의 한 도시 전역을 수놓을 폭죽을 터뜨린다. 이는 팬들이 아이돌에게 보내는 선물이자, 아이돌과 팬인 자신이 갖는 영향력의 과시이기도 하다. 내가 친밀감을 느끼는 '나의 대리인으로서의 아이돌'을 세상에 내보이는 것이다.

팬은 또한 기부나 봉사활동을 아이돌의 이름을 빌려 대리 수행한다. 멤버의 생일이나 그룹의 결성·데뷔일 등 팬에게 의미 있는 날에 각종 NGO에 멤버 혹은 그룹의 이름으로 소정의 금액을 기부하고 이 사실을 SNS를 통해 널리 알린다. "팬의 얼굴(체면)이 곧 아이돌의 얼굴(체면)"이라는 말이 있을 만큼 팬들이 자신이 좋아하는 아이돌과 일체감을 느끼고 있으며, 팬끼리의 유대감이나 결속 또한 강화할 수 있기 때문으로 보인다. 봉사나 기부가 사회적으로 인정받는 선량한 행위인 만큼 자신의 실천을 통해 아이돌의 사회적 체면을 높이는 발판이 되리란 기대도 작용할 것이다. 팬은 이러한 행위들을 통해 '덕분에 좋은 일도 해본다'고 정서적인 만족감을 표현한다. 하지만 실상 이 과정에서 팬의 존재나 이름은 같은 팬이 아니고서는 쉽게 알 수 없다. 광고나 봉사, 기부 등이 키울 아이돌의 좋은 면모, 이미지는 새로운 소비자가 발생할 산업 외부를 향해 있다. 행위를 함으로써 행위자-팬이 얻는 보상과 인정이 철저히 산업 내의 다른 행위자들에 국한되는 것과는 대조적이다. 경제적 이익이 아이돌의 매니지먼트사에 부분적으로 귀속된다는 사실도 비가시화되어 있다.

아이돌을 위해 경제적으로 헌신하는 경향은 팬들 사이에서 점차 당연한 것으로 자리 잡는다. 팬은 매니지먼트사의 MD를 구매해 일상에서 사용하는 한편, 앨범에 들어 있는 버전별로 다른 수십 종의 포토카드를 모두 모으기 위해 특정 기간에 음반을 구매한다. 이들 중 일부는 추첨식 팬 사인회의 당첨률을 높이기 위해 적게는 십수 장에서 많게는 수백 장의 앨범을 산다. 보통 앨범 한 장의 가격이 2만 원 안팎인 것을 고려하면 어마어마한 금액이다.

아이돌 또한 이러한 사실을 잘 알고 있기에 되도록 팬이 원하는 서비스를 제공하려 노력한다. 브이 라이브, 트위터 혹은 위버스를 비롯한 플랫폼을 되도록 자주 찾고 이야기를 나눈다. 팬은 아이돌이 어떤 플랫폼에 몇 번 방문했는지를 매일 확인하고, 심지어는 체크리스트를 만들어 이를 "효도"로 표현한다. 팬의 헌신만큼이나 효도도 점차 당연하게 여겨진다. 아이돌이 팬들을 자주 찾는 것을 효도로 상찬하는 행위가 있다면, 반대로 낮은 접촉 빈도를 비난하는 행위 또한 있다. 한때 BTS와 관련한 트위터 봇(bot)* 중에는 BTS 멤버 정국이 마지막으로 트윗을 업데이트한 지 며칠이 지났는지를 매일 세는 계정도 있었다. 팬을 대하는 태도를 자신이 좋아하는 아이돌 외에 다른 아이돌과 비교하기도 한다. 팬이 아이돌에게 의무 수행을 촉구함과 동시에 의무 유기를 비난하는 행위인 것이다.

편차가 있기는 하지만 팬 중에도 매우 헌신적이기로 손꼽히는 팬(코어(core) 팬이라고도 부른다)은 대개 아이돌로부터 자신을 알고 있다는 피드백을 얻기를 희망한다. 아이돌은 팬이 보낸 선물을 착용하고 사진을 찍어 웹에 올리는 것으로 이를 일부 수행한다. 이러한 행위들은 자주 아이돌의 의무로 발화된다. 노력한 팬을 위해 무

---

* 트위터에서 사용되는 용어로, 이전에는 미리 등록해 놓은 트윗을 반복해 올리거나 사진을 리트윗하는 등 말 그대로 '로봇' 같은 성격을 띠는 계정을 일컬었으나 최근 들어서는 다소 변칙적인 모습을 보인다.

대에서 최선을 다할 의무, 최고의 외모를 유지할 의무, 팬에게 공평하고 적정한 거리를 유지할 의무 등이다. 이것이 유지되지 않을 때 팬과 아이돌의 관계는 금이 간다. 아이돌이 무대나 팬 사인회에서 성의 없는 모습을 보인다면, 가령 팬 사인회에 몇 번이나 간 팬을 못 알아본다면, 이는 아이돌 본연의 직무를 유기하는 것이다. 팬들은 당연히 아이돌이 정신 차릴 수 있도록—온전한 거래를 할 수 있도록—"패야" 하거나 "머가리(대가리)를 쟁반으로 때려야" 한다. 즉 과거 팬과 아이돌의 친밀성 수행이 상대적으로 금전을 덜 매개했다면, 오늘날에는 여러 금전적 매개를 통해 거래할 수 있고 거래해야 하는 대상으로 노골화되고 있다.

아이돌이 다른 노동자와 마찬가지로 사람이라는 사실은 쉽게 잊히거나 의도적으로 비가시화된다. 아이돌이 자신의 면면을 시시각각 대중에게 내비치고 있어서 때로 아이돌답지 않은 모습을 보일 수도 있다는 사실, 즉 직업상의 의무를 다하지 못할 수도 그것을 원하지 않을 수도 있다는 사실은 돈으로 치환된다. '돈 벌고 싶으면 당연히 해야지'라는 생각은 팬들 사이에서 점차 자연스러워진다. 아이돌의 감정 노동을 포함한 팬 서비스와 특정 이미지가 굳어진 아이돌은 소비할 수 있는 멋진 상품이 되어 간다. 팬은 자신이 지급한 금액에 걸맞은 아이돌의 노동 수행을 기대한다. 아이돌 본인보다 아이돌을 본떠 만든 굿즈를 구매하는 데 더욱 치중하는 모습을 보이기도 한다. 인기 아이돌이라면 앨범에 무작위로 끼워주는 포토카드도 웃돈 거래의 대상이 된다. 종이에 있을 수 있는 사소한 긁힘이나 찍힘은 이제 거래에서 용납하기 어려운 결점이 된다.

아이돌이라는 퍼즐을 맞추자

　　근래 아이돌은 동적이고 가변적인 존재로서의 '사람'이라기보다 해석 대상이 될 때가 많다. 온라인 창작 사이트 포스타입(POSTYPE)에 각종 '해석글'이 범람하는 이유다. 흔히 '캐해석'*이라 불리는 이 행위를 통해서 팬은 아이돌 개인의 인격을 핀-포인트로 고정한다. 가령 BTS의 리더 RM은 트위터나 위버스에 업로드한 사진을 통해, 그리고 여러 차례 언급을 통해 자신이 미술관 관람과 산책 등을 좋아하고 피규어 모으는 취미를 가지고 있음을 내보였다. 학창 시절 성적이 우수했으며 평소에 책 읽는 모습이 자주 포착되었다는 점도 직간접적으로 알려져 있다. 팬은 이를 통해 RM을 '지적인 사람' 내지 '똑똑한 사람', '배울 것이 많은 사람' 등으로 여기곤 한다. 문제는 단지 그러하다는 서술을 떠나 팬들이 RM의 이러한 성격적 특성을 일종의 경전(經傳)으로 만들고 생각한다는 점이다. 팬들은 이를 뒷받침할 만한 자료를 브이 라이브나 BTS의 자체 콘텐츠에서 찾아다닌다. 자료는 효과적으로 이미지를 강화한다. 팬들은 아이돌에게서 흥미로운 것들을 집어내고 이를 선택적으로 부각하면서도, 자신이 아이돌을 전면적으로 이해하고 있음을 주장하려 한다. 아이돌의 라이프스타일을 전면적으로 모방하거나 상품 취향을 분석하는 방식으로 한 명의 인간을 읽어내는 데까지 이르기도 한다. 트위터의 '옷장(Closet) 계정'은 이를 잘 보여준다. 이 계정은 다른 이들의 제보 또는 자신의 정보망을 통해

---

* 캐릭터 해석의 준말로, '궁예'가 조금 더 체계화된 형태를 일컫는다.

아이돌이 착용한 의상이나 사용하고 있는 것으로 보이는 물건의 정보를 배포한다. 어느 정도 구매력이 있는 팬들은 획득한 정보와 같은 상품을 구매함으로써 아이돌과의 유대를 키운다.

브이 라이브의 등장은 아이돌에 대한 팬들의 정보 획득과 분석을 심화했다. 아이돌이 해외 투어 중 묵는 호텔 방 등 다소 사적인 장소에서 브이 라이브를 진행할 때 사적인 정보 획득 가능성과 양은 기하급수적으로 늘어나곤 했다. 가령 BTS의 멤버 V가 숙소에서 브이 라이브를 진행할 때 그의 뒤편에서 포착된 한 디퓨저는 시중의 드럭 스토어에서 쉽게 살 수 있는 물건으로 알려져 곧장 높은 판매량을 올렸다.

유대감을 갖는 방식과 그를 위한 소비 또한 새로운 방향으로 나아가고 있다. 비비아나 A. 젤라이저(Viviana A. Zelizer)에 의하면, 근대 사회에서 친밀성에 경제적인 것이 매개되지 않는 경우는 존재하지 않을지 모른다. 그러나 그것이 의식적인 수준에서 거부되던 팬덤에서조차 점차 노골화되고 있다는 점은 상징적이다. 오늘날 돈을 사용하지 않고 아이돌을 사랑하기는 매우 어렵다. 아이돌 팬 경험이 많은 사람일수록 이러한 점을 자주 호소한다. 이러한 과정에서 팬과 아이돌은 끊임없이 소모된다. 여느 때보다 아이돌과 팬의 거리는 가까워졌지만, 대상화는 극심해졌다.

그간 팬들은 새로운 앨범이나 상품이 나오면 자동으로 반응한다는 의미에서 "내 지갑은 ATM"이라고 자조하면서도 부당하다고 생각되는 것에는 과감히 보이콧을 선언해 왔다. 그러나 시간이 흐를수록 이 부당한 상황에 대한 대응은 트위터에서의 산발적인 논의로 끝을 맺고 있다. 팬들의 반발은 일종의 '경영 리스크'로 매니지먼트사에 의해 관리된다. 매니지먼트사에서 팬 마케팅 혹은 팬 매니지먼트 팀을 따로 두는 일은 매우 흔하다.

한국의 아이돌 산업 양식은 이제 해외로 전파되고 있다. 미국의 아미는 BTS를 위해 실물 앨범을 구매하고, 세계 최대 규모의 스트리밍 사이트인 스포티파이(Spotify)와 애플뮤직 등에서 한국의 스트리밍 문화를 이식해 활발히 활동한다. 이들 또한 포토카드를 모으거나 교환하고 수없이 많은 MD를 산다. 한국에서만 출시된 MD를 웃돈을 얹어 구매하기도 한다. 이미 팬-되기의 기본이 소비에 치우쳐 있다. 아이돌 업계가 BTS를 필두로 빠르게, 그것도 국제적으로 시장·자본화를 가속하고 있다는 점은 부정할 수 없는 사실이다.

잘 팔리기 위해서는

아이돌 시장의 구조가 앞서 설명한 방식으로 확장, 개편되면서 '비게퍼'[*]나 '유사'[**]도 점차 당위적으로 자리한다. 아이돌의 이러한 행위 수행이 아이돌 산업에서 공공연히 '팔리기 위한', 또한 '팬을 위한' 필수 요소로 여겨지고 있다는 것이다.

---

[*] 비즈니스 게이 퍼포먼스(Business Gay Performance)의 줄임말로, 성적 지향과 관계없이 동성성애적 연기를 수행하고 소비하는 일종의 팬 서비스를 의미한다.
[**] 팬과 스킨십, 멘트 등을 통해 이성애 로맨스 관계를 직접 수행하는 것 혹은 팬이 아이돌과 이를 적극적으로 상상하는 것을 뜻한다.

팬 사인회 등은 비게퍼나 유사가 특히 빈번하게 수행되는 장소다. 손깍지를 끼는 등 가벼운 스킨십까지 허용되곤 했던 팬 사인회는 코로나19 팬데믹으로 오프라인 행사가 금지되자 '영통팬싸(영상통화 팬 사인회)'로 대체되기 시작했다. 비접촉으로라도 아이돌과 팬을 마주하게 하는 것이 이 산업 안에서 얼마나 중요한지 알 수 있는 대목이다. 이제 팬 사인회를 진행하지 않는 BTS는 해당 사항이 없지만, 2021년 2월 현재 영통팬싸에서 아이돌이 팬이 만족할 수 있도록 특정 상황을 연습하고 연출하는 모습은 일반적이다. 팬의 요구는 보통 비슷하다. 특정 작품의 특정 캐릭터나 아이돌의 과거 사진을 보여주며 흉내를 부탁하거나, 애교를 요구하거나, 3행시를 비롯한 농담으로 아이돌에게 친근하게 접근하고자 한다. 또한 다른 멤버와의 관계나 이상형 등 팬 자신의 상상을 위해 평소에 궁금했지만 공개되지 않았던 부분을 물어보기도 한다. 그러나 이는 모두 어느 정도의 상호 친밀성이 요구되는, 그렇지 않으면 어색해지기 쉬운 것들로 아이돌의 대응력 또한 중요하다. 때로 팬 서비스가 능숙하고 확실한 아이돌의 행위는 '카미대응'[*]으로 불리며 팬에게 상찬받고, 유사를 비롯한 상상의 대상이 된다.

한편, 많으면 수만 명을 상대해야 하는 콘서트 현장에서조차 아이돌은 팬들이 자신과 교감하고 있다고 느끼게 해야 하고 그것을 능력으로 인정받는다. 2018년 BTS의 한 콘서트 현장에서는 "A(BTS 멤버 중 한 명)는 은근히 부끄러움을 많이 타서 자기 이름 적힌

---

[*] 신(神)의 일본어 발음 '카미'와 '대응'의 합성어이자 일종의 비유이다. 어떤 당황스러운 상황에서도 아이돌로서 해당 상황을 프로페셔널하게 넘겨버리는 대응을 뜻한다.

슬로건*을 들고 있으면 그쪽으로 잘 안 가고, B는 자기 팬들인 거 보이면 손을 흔드는 등 팬 서비스가 좋은 편"이라는 등의 현장 팬 서비스에 관한 평가를 심심찮게 들을 수 있었다. 팬들은 그 순간만큼은 팬이 아니라 이른바 고객으로서 행동한다. "콘서트에 왔는데 작게 보여도 '진짜 실물'인 무대를 보아야지 크게 보인다고 전광판을 보는 건 바보 같은 짓"이라는 평가도 있었다. 콘서트가 어땠는지는 나중에 DVD를 사서 보면 되는 것이고, 콘서트에 온 목적은 같은 공간에 있다는 유대감이나 친밀감을 느끼기 위해서라는 것이다. 이는 콘서트 등 현장 방문의 주된 목적이 명실상부하게 다른 것에 있음을 의미한다.

페미니즘과의 조우

아이돌 산업의 물화 경향은 온라인에서 발화되기 시작한 페미니즘 논의와 심심찮게 맞닥뜨렸다. 방탄소년단 여성혐오 공론화 사건만 해도 그렇다. 이 사건은 팬덤 내·외부로 다양한 반향을 끌어냈다. 팬덤 내부에서는 방어적이었다가 점차 페미니즘에 각성하는 계기로 삼기도 했고, 외부에서는 내가 좋아하는 아이돌도 그리 다르지 않을지 모른다는 반성 의식 혹은 공명, 때로 냉소가 있었다. 그런데 이런 온라인 페미니즘의 흐름은 아이돌 팬덤과 미러링(상대의 행동을 그대로 따라해 보임으로써 상대가 그 행동에 불편한 지점이 있음

---

* 스웨이드지 등으로 제작한 응원 도구. 앞면에 사진 및 디자인, 뒷면에 이름이 전사 인쇄된 양식이 일반적이다.

을 깨닫도록 하는 전략)이라는 전략과 마침 팽창하고 있던 아이돌 MD 및 IP 시장에 대한 소비자로서의 적응 요구가 만나는 데서 엇갈린다. 페미니즘이 지적하듯, 인간의 성적 대상화를 자본은 필수적으로 요구하며 적극적으로 장려한다. 그러나 변화하는 아이돌 시장에서 '좋아하는 사람'의 존재를 지키기 위해 팬은 어쩌면 필사적으로 자본의 요구를 따라야 한다. 짧은 시간 동안 팬의 소비자로서 권리 찾기와 의무 수행의 강조는 합법적, 도덕적으로 정당성을 얻어왔다. 전략으로서 미러링은 이러한 전제가 팽배하기 시작한 시점에 수행되어야만 했고, 아이돌 산업 소비자의 미러링은 전략을 넘어 소비자 정체성을 흡수하며 온전한 정당성을 획득했다. (특히 남성) 아이돌을 '소비'하는 일은 이제 페미니즘이라는 이름 아래 수행된다.

의미 있는 실천도 다수 존재했다. 주로 걸그룹의 불필요한 성적 대상화 및 지나친 유아화 반대, 인권 향상 요구 등을 들 수 있다. 2019년 한 시상식에서 모모랜드 멤버 낸시의 불법 촬영이 확인되자 트위터를 사용하는 대부분의 아이돌 팬은 온라인에서 관련 사진을 올리는 계정을 신고하거나 관련 검색어를 밀어내는 "정화"를 통해 조직적으로 대응했다. 더 과거에는 오마이걸이 「바나나 알러지 원숭이」라는 곡을 내고 활동하자, 성인 여성의 불필요한 유아화와 그에 대한 물신화의 위험성에 항의하기도 했다. 그러나 여전히 다수 팬의 태도는 현재 소비자로서의 태도와 교묘하게 결합해 있다.

오늘날 아이돌은 아이돌다움으로써 팬과의 정동 노동 수행을 요구받고, 팬 또한 이전과는 달리 소비자로서 아이돌의 행위 양식을 관망 및 평가한다. 아이돌과 팬덤 문화를 상상했을 때 많은 이들이 그 행위자로 아이돌과 팬만을 쉽게 떠올린다. 하지만 아이돌 산업 내의 주체에 기업으로서의 매니지먼트사가 있다는 사실, 아이돌 산업의 구조가 어떠한 메커니즘으로 움직이고 있는지를 파악할 필요가 있다. 팬덤의 행위·실천 양식이나 아이돌이 자신에게 주어진 일을 수행하는 방식, 그것을 기업으로서의 매니지먼트사가 조직해내는 기제를 알 때 비로소 아이돌 산업과 페미니즘이 함께 나아갈 방향을 모색할 수 있을 것이다.

8장
저항하는 팬덤과 소비자-팬덤의 모순적 공존

김수아

저항하는 팬덤?

지금까지 팬덤 연구가 주목한 것은 팬덤의 저항성과 정치성 문제다. 최근 스탠 액티비즘(stan activism)이라는 신조어가 등장할 정도로 미국 대선 국면에서 케이팝 팬덤의 활동, 정치적 저항을 위한 글로벌 청년 세대의 활동에 배경 음악으로 깔리는 케이팝 음악에 관한 관심이 늘어나고 있다. 미국 트럼프 대통령의 선거 활동에서 티켓을 대량 구매했다가 취소하는 방식으로 선거 홍보를 방해하고, 인종차별적 행위에 항의하는 해시태그 운동을 전개하는 등 정치적이고 저항적인 팬덤 활동에 주목하고 있다.

이 글은 이러한 팬덤의 저항성에 대한 논의가 충분히 의의가 있다는 전제 아래, 국내 아이돌 팬덤이 팬덤과 아이돌을 상호 규율하는 규범 만들기와 경계 짓기를 통해 산업과 어떠한 관계를 맺고 있는지를 드러내려는 목적을 갖는다. 특히 이성애 담론을 중심으로 하는 연애 문제에 대한 팬덤 반응을 중심으로, 다소 낭만화된 팬덤의 적극적 소통 방식이 어떻게 특정한 생산성 욕망과 결합하면서 팬덤 내부와 아이돌 스타 모두를 억압하는 담론을 구성하는지를 살핀다. 그리고 이러한 규율 담론을 우리 사회의 정서 구조와 연결 지어 이해할 때 소비자-팬덤 정체성이 우리 사회의 특정한 담론들과 어떻게 상호 연접하고 있는가를 살피고자 한다. 이 시도는 팬덤이 가지는 저항성 자체를 부정하려는 것이 아니라, 저항성의 의미화를 위해 함께 검토할 필요가 있는 팬덤의 특정한-부정적 측면을 검토해 보려는 것이다.

소비자-팬덤의 경계 짓기

통상 소비자 팬덤(consumer fandom)은 특정 브랜드의 소비자가 팬덤화하는 현상, 즉 애플 팬덤과 같은 것을 가리킨다. 이 글에서 말하는 소비자-팬덤과 다르다. 이 글은 소비를 통해 팬덤의 정체성이 증명될 수 있고, 소비했으므로 팬덤이 이에 대한 정당한 교환을 요구할 수 있다는 인식 구조를 소비자-팬덤으로 부르고자 한다. 일반적으로 소비자는 특정한 상품을 사용한 경험이 있는 사람이다. 하지만 소비자-팬덤 정체성에서는 아이돌의 문화 생산물을 사용한 경험만 있다면 팬이 아닌 일반인(머글)으로 취급될 뿐이다. 팬덤에서 '진정한 팬'이란 다양한 의미로 구성될 수 있으며, 진정한 팬과 아닌 팬을 나누는 것은 팬덤의 경계 감찰(boundary policing)에서 언제나 중요한 일이었다.

경계 감찰은 인종 연구에서 사용한 개념으로, 현존하는 인종 질서를 유지하기 위해 질서를 무너뜨리고 경계를 넘어서는 실천을 규율하는 것을 뜻한다. 이는 법적 차별에서부터 매우 미묘한 형태의 문화적 행위에 이르기까지 다양하다. 경계가 한번 설정되면 그 경계 안에서 의미 있는 행위가 무엇인지, 그리고 그 위반에는 어떤 문제가 있을지를 끊임없이 확인해 경계를 유지하려고 한다. 경계 감찰은 타인의 행위를 그대로 바라보기보다는, 경계를 지워 타인의 행위를 제한하고 타인에 대한 우월성을 드러내려 한다.[1]

현재 진정한 팬덤의 의미는 무엇보다 열정적 소비로 결정된다. 열정적 소비는 아이돌 그룹이 생산한 유무형의 모든 문화 상품을 사는 것을 넘어 디지털 상품의 가치 생산에 적극적으로 참여하는 것을 말한다. 해시태그에서 표현된 '얕덕'은 대표적으로 "스밍을 안 하거나, 공굿을 안 사거나"로 정의된다. 방송 프로그램을 보거나 음원 사이트의 음원을 들어보는 정도로는 팬덤의 자격을 획득할 수 없다. 따라서 얕덕은 팬덤이 어떤 행위를 하는 자를 팬으로 설정하고 있는지를 알리는 효과를 가진다.

얕덕 외에도 이전에 수많은 팬 경계를 정하고 이를 감찰하려는 팬덤 내 담론이 다양하게 존재했다. 예를 들어 여러 개의 그룹을 동시에 좋아하는 '잡덕' 혹은 'N집 살림'을 비난하는 팬 감찰 유형이 존재한다. 하나의 그룹에 대해서만 팬심을 표현해야 한다는 기준은 소위 1세대 아이돌 그룹의 팬덤에만 해당하는 것 같지만, 최근의 3세대 팬덤도 특정 팬덤을 표방하는 트위터 아이디를 통해 다른 그룹 또한 좋아한다는 사실을 드러내지 않는 것이 보통이다.

특정 멤버를 그룹에서 빼야 한다는 의미를 담은 'N인 지지'와 같은 팬덤 밈 역시 비슷하다. 신윤희는 「프로듀스 101」이후 팬덤이 그룹팬(올팬)이 아닌 개인 팬으로 변화하는 현상을 주목했다.[2] 하지만 이는 해당 서바이벌 오디션 프로그램이 기한이 한정된 그룹 활동을 하거나 원래 소속된 그룹이 있다는 사실에 기반한다. 그룹의 안정성이 중요한 상황이라면, 그룹의 안전에 해가 되는 멤버가 탈퇴하는 것을 바라는 사람들과 그룹의 온전함이 중요한 사람들 간의 담론 경쟁이 발생한다.

과거에는 그룹 전체가 아니라 한 멤버를 좋아하고 응원하는 개인 팬은 경계 대상이었다. 왜냐하면 그 멤버만 개인 활동을 계속하면 그룹 활동을 보장받기 어려울 수도 있기 때문이다. 특정한 멤버가 인기 얻는 것을 막을 수는 없으나, 적어도 팬덤 안에서 이를 적극적으로 표현하지 않음으로써 그룹의 안정성을 유지하려는 전략이다. '악개(악성 개인 팬)'는 이러한 맥락에서 배척 대상이다. 악개가 나쁜 까닭은 그룹을 해치면서 개인만을 응원하기 때문이다. 올

팬 성향과 악개는 대척점에서 팬덤의 안정뿐 아니라 그룹의 안정을 두고 설정되는 정체성 항목이다.

　　감찰을 통해 만들어져 팬덤의 경계를 짓는 팬덤 내부의 공동체 규범 구성 과정은 특정한 배제 논리를 포함하고 있다. '외퀴'와 같은 해외 팬덤의 배제 표현, 얕덕과 같이 열정적 소비를 할 수 없는 팬을 배제하려는 표현은 개인이 가진 국적의 한계, 금전적 자원의 차이를 고려하지 않는다. 10대 팬덤이 얕덕의 기준에 대한 불안감을 호소할 때, 최근 유행하는 유료 팬 서비스 프로그램 버블이나 유니버스 등을 하지 못하는 소외감을 호소할 때, 팬 사인회의 기준이 앨범을 산 숫자로 결정될 때 나타나는 팬덤 안의 동요는 이러한 팬덤 내 배제 논리가 이미 내면화되어 있음을 보여준다. 이때 소비자-팬덤의 행위성은 소비할 수 있는 구매력을 통해서만 증명된다. 대표적으로 게임 내 페미니즘 비평에 힘이 실리지 않는 까닭은 여성 게임 이용자 수, 특히 순 이용자보다는 유료 결제하는 이용자 수가 적기 때문이다.[3] 열정적 소비라는 기준으로 자신의 팬심을 증명할 수 없는 상황, 즉 팬이 되려 했는데 자신의 사랑이 진짜가 아닌 것으로 여겨지는 상황은 심각한 정체성의 불안을 일으킨다. 그러므로 팬은 이를 획득하기 위해 노력한다.

　　그렇다면 이처럼 소비의 수준이 팬 됨의 규율 기준이 되는 이유는 무엇일까? 많은 아이돌 스타의 팬덤이 다 함께 모여 활동하는 '더쿠' 커뮤니티에서는 초동 음반 숫자로 아이돌 그룹의 건재를 증명하거나, 음원 순위를 통해 아이돌 그룹의 대중성을 확인하는 게시물이 종종 인기를 끌곤 한다. 팬덤은 아이돌을 사랑하지만,

아이돌의 문화 생산물 자체가 평판을 구성한다고 보지 않는다. 생산물의 판매량이 평판을 구성한다고 여긴다. 문화 생산물의 판매량에는 작품 외에도 홍보 및 기타 다양한 요인이 포함되어야 하며, 팬덤은 열정적 소비를 통해 아이돌의 평판을 만드는 가장 중요한 행위성을 가진 주체로 상정된다.

이렇게 팬덤의 행위성이 실현되는 것, 즉 1등을 위한 앨범 공동구매와 음원 성적을 올리기 위한 스트리밍 행위에 참여하는 것은 팬과 아이돌 그룹이 '같은 것'을 바라는 주체라는 공동체 의식에 기반을 두고 있다. 스타 자신이 팬덤을 공동체로 호명하는 과정이 의례화되어 있는 것이 한국의 아이돌 산업이다. 종종 한국의 아이돌 스타는 1위 공약을 내걸고 앨범 발매 당일 각종 소통 프로그램을 통해 앨범을 소개하고 스트리밍을 독려한다. 팬 사인회 이벤트 일시를 음악방송 1위를 위한 앨범 판매 점수를 높일 수 있도록 배치하는 것은 물론이다. 1위를 한 아이돌 스타는 항상 팬덤을 향해 감사를 나타내며, 이러한 호명과 감사의 의례는 브이 라이브 등 유사-의사소통 매체가 늘어날수록 강화된다. 이 책임을 행위자 아이돌이 온전히 져야 한다는 뜻은 아니다. 하지만 산업 구조에서 팬덤에게 무임 노동 및 소비를 요구하는 의례들은 팬덤 공동체에서 매우 중요하게 여겨지는 아이돌 행위의 하나다.

팬덤의 공동체 연대 인식을 강화하는 데 이러한 디지털 생산 구조로의 편입 활동이 영향을 미친다는 것은 부인할 수 없다. 하지만 열정적 소비 활동은 팬덤 경계 감찰의 중요한 요소이고 행위 규범으로 작동한다는 점에서 단순히 유희나 연대로만 볼 수 없다. '같은 것'을 바라는 행위로서의 즐거움이 있음을 인정하면서도, 그 '같은 것'이 가지는 의미가 무엇인지를 논의할 필요가 있다.

무엇을 기만했다는 것일까

팬덤 내 팬 기만 담론을 통해서 '같은 것'이 무엇인지를 살펴볼 수 있다. 대표적인 팬 기만 담론 사례로 현아-이던의 열애 공표와 이후 기획사의 대처를 둘러싼 다양한 논의를 들 수 있다. 현아-이던 사건에서 소속사는 "소속사와 상의 없이 열애를 인정했으며 이에 따라 신뢰를 잃었다"는 이유로 현아와 이던의 계약을 해지했다. 이때 다수의 언론사가, 현아와 이던의 행위가 팬 기만이라면서 소속사의 일방적 계약 해지를 옹호하는 온라인 커뮤니티의 팬덤 담론을 그대로 중계했다. 여기서 팬 기만이란 무엇을 뜻할까? 더쿠와 같은 공개된 커뮤니티에서 팬 기만으로 논의되었던 내용을 요약하면, 먼저 팬덤은 두 아이돌 스타의 연애는 "문제가 아니라"는 점을 반복한다. 이들이 문제 삼는 팬 기만이란 "아이돌과 함께하고 있었다"는 인식이 깨진 것, "그룹과 팬덤의 목표와 인식이 같다는 믿음이 깨진 것"이다. 믿음을 배신했다는 의미에서 기만이다. 소비자-팬덤이 구매한 것은 아이돌 그룹이 팬과 같은 생각을 하고 있다는 믿음이며, 팬덤의 열정적 소비 대가는 재화 자체가 아니라 팬덤-아이돌 스타 간의 공동체성이다. 팬덤이 구매하는 아이돌 문화 상품(음반과 음원 및 기타 공식 굿즈)의 교환가치는 그 문화물 자체에 있지 않다. '같은 것'을 바라는 공동체성에 있다. 따라서 팬 기만은 팬-소비자가 구매한 상품의 가치가 공정하게 교환되지 않는다는 인식의 표현이다.

그렇다면 정말로 연애는 문제가 아닐까? 연애가 문제가 아니라고 주장하는 사람들은 자신이 유사 연애 관계를 원하지 않는다고 말한다. 아이돌의 연애가 문제가 되는 이유는 아이돌이 자신과 '같은 생각'이 아니기 때문이다. "그룹이 성공하기 위해 팬덤이 노력하는 동안 아이돌 본인은 연애했다"는 팬덤의 주장에서, 아이돌 스타의 규범으로 '연애하지 않을 것'이 이미 팬덤과 아이돌 간 합의사항처럼 다루어진다. 열애설은 팬 기만이며 팬이 피해자가 되는 상황은 이렇게 믿음과 관련해 만들어진다.

그런데 아이돌 스타의 연애나 결혼과 관련한 팬덤의 반응, 아직도 트위터에 트렌딩으로 엑소의 멤버 첸 탈퇴를 바라는 해시태그가 올라오는 상황을 단지 '같은 생각'이 무너진 것만으로 설명할 수 있을까? 여기에는 연구의 방법론과 윤리에 관한 논의 역시 개입한다. 이수현의 연구를 비롯한 팬덤에 관한 질적, 양적 연구에서 팬덤은 대체로 허구적 연애 감정을 부인하는 경향을 보인다.[4] 이렇게 행위자 스스로가 부인하는 상황에서 허구적 연애 감정의 매개를 추론하기는 어렵다. 공개적으로 표현되는 것은 '연애 문제가 아니다'라는 명시적 주장뿐이며, 팬 기만이 아닌 연애 사례가 최강창민이나 동영배(태양)로 제시되는 등 팬덤의 유사 연애 감정에 대한 강력한 방어 담론이 나타난다. 그런데도 종종 엑소 첸이나 신화 에릭에 대한 반응이 '유부남을 어떻게 좋아하는가'라는 사실에 주목할 필요가 있다. 결혼한 남성/여성 아이돌은 팬심의 대상이 될 수 없다는 것은 아이돌에 대한 마음 일부에 독점적 이성애에 기반을 둔 감정이 자리하고 있음을 함의한다. 바로 이 맥락에서 이성애 가능성이 제거된 결혼 상태의 스타를 좋아할 수 없다는 말이 팬덤 내에서 자연스럽게 이해된다.

유사 연애를 부정하는 것 같지만 '연애 때문이 아니라 팬 기만 때문이다'라는 담론은 아이돌 팬덤이 아닌 이들은 이해하기 어려운 행위 요소를 담고 있다. 바로 자연화된 '같은 것'이다. 팬덤도 아이돌도 바라는 성공이라는 가치를 위해 솔직함, 연애, 자율성, 자유, 시간적 여유와 같은 것들의 희생은 당연하다는 합의가 있다고 팬덤은 여긴다. 그래서 현아와 이던의 열애설에서 현아의 "솔직하고 싶다"는 말은 팬덤 내에서 비판의 대상이 되었다.

팬덤의 어머니 역할과 산업과의 공모

산업이 팬덤과 공모한다고 말할 때, 이는 단지 산업이 수행해야 할 노동을 팬덤이 무임으로 대신하기 때문이 아니다. 가치를 공유하는 하나의 집행자로서 산업 내에 편입되어 있기 때문이다. 가치 공유의 집행자로서 팬덤은 꾸준히 '같은 것'을 추구하지 않는 팬을 외부로 몰아내는 경계 감찰을 수행한다. 그리고 이렇게 가치를 공유하는 위치를 여성 중심의 팬덤이 스스로 '어머니'로 설정한다. 어머니 팬덤과 아버지 기획사라는 탁월한 비유가[5] 나온 이후 팬덤이 아이돌을 육성하고 관리하는 주체라는 인식은 널리 공유되고 있다.

「프로듀스 101」의 팬덤 중 디시인사이드 갤러리 중심으로 활동하던 사람들은 스스로를 '앰' 혹은 '애미(어머니)'로 불렀다. 이는 팬덤의 욕망이 성적 욕망이 아님을 드러내는 강력한 장치다. 여성-팬덤이 스스로 어머니로 위치 짓는 이유는, 열정적인 소비가 희생으로 해석되고 가족주의 담론이 한국 사회에서 가장 잘 이해되는 관계 도식이기 때문이다. 또한 어머니 노릇은 여성의 성역할 고정 관념을 중년 여성에게 강요하는 것이라기보다는, 팬덤 내 인정투쟁을 위해 이를 자처하는 여성의 실천 양상이다.[6]

하지만 어머니 노릇이 가지는 긍정성을 인정하더라도 현재 한국의 아이돌 팬덤이 지향하는 '같은 것'에 대한 질문은 여전히 남는다. '같은 것'은 연애와 같은 인간의 감정 행위를 부인하고, 극단적인 감정 노동을 당연하게 여기며, 미성년자일 때부터 강도 높은 훈련과 교육을 받고, 정규 교육에서는 배제되며, 성공하기 전에는 금전적 정산이 미루어지는 아이돌 산업의 구조 또한 자연화한다. '같은 것'을 구성하는 가치는 생산성 욕망의 한 표현이다. 여기서 '생산성'이라는 말에는 사회적으로 승인되는 가치를 획득하기 위해 내면의 욕구를 무시하고 유예하는 것을 자연스럽게 여기는 태도가 포함되어 있다.[7] 물론 이 생산성 욕망이 어머니에게만 해당하는 것은 아니다. 하지만 이경아는 자본주의 사회가 추구하는 생산성 중심의 문화를 어머니가 대표하고, 생산성을 증대시키기 위해 아이를 억압하는 역할을 어머니가 대리로 담당하는 문제를 지적한다[8]. 이러한 생산성에 대한 열망은 생산성 질서가 부여하는 억압을 오히려 자신의 욕망으로 착각하게 만든다. 어머니의 생산성에 대한 환상이 아이에게 전달되고 체계의 욕구가 아이의 욕구로 되면서, 어머니는 오히려 이러한 욕망 수행을 위해 희생하는 위치에 선다.[9] 팬덤은 투여와 산출은 반드시 연결되어야 하며, 산출이 있는 투여만이 가치 있다는 생산성 감각과 욕망을 투사함으로써 자신을 애미의 위치에 두고 희생과 투여를 하는 존재로 의미화한다. 가족 구조 내에서 일상적으로 경험하던 희생-투여의 구조를 모방하는 방식으로 '어머니 팬덤'이 구성된다.

「프로듀스 101」의 팬덤이 자신을 애미(앰)로 지칭한 것은 이런 점에서 상징적이다. 「프로듀스 101」은 팬들이 스타를 성공시킬 수 있다고 직접적으로 호명하는 프로그램이었다. 성공을 향한 생산성 욕망을 팬덤이 구성하고, 이를 스타와 공동체로 함께하며, 이를 위해 어느 정도 팬덤이 희생하고 있음을 강조하고, 스타의 희생은 이에 대한 정당한 교환이 될 수 있다는 공정한 소비 담론, 공정한 교환 담론이 이 지점에서 실행된다. 이경아는 생산성 욕망 내에서는 어머니와 자녀 간의 교환이 오로지 정당한 교환인가를 따지는 구조가 형성되면서 사랑이 불가능한 체계가 만들어진다고 했다.[10] 이러한 점에서 팬덤은 스타를 사랑하는 애미를 자처하면서도 사실은 사랑이 불가능한 체계를 구축하는 것으로 해석할 수 있다. 여기서 사랑이 불가능한 체계란 감정적 차원에서의 열정이나 애틋함, 정감 등이 아니다. 동등한 가치로 교환되지 않는 것을 전혀 상정할 수 없음이다.

아이돌의 연애는 왜 문제가 되는가

애미 정체성은 성적 욕망을 인정하지 않는다. 그렇다면 왜 연애하면 '같은 것' 즉 성공을 바랄 수 없는가? 아이돌을 독점적 연애 관계에 두지 않아야 팬덤을 만들 수 있다고 주장한다면 여기에 들어 있는 성애의 의미는 무엇인가? 애미를 자처하는 팬덤은 이런 질문을 묻어둔 채 '유사 연애 관계 욕망은 팬덤의 진정한 욕망이 아니다. 어머니는 성적 욕망을 가지지 않으며 그저 아이의 성공을 바랄 뿐이다'라면서 팬덤의 행위를 어머니의 희생과 투여로 치환한다.

팬덤은 아이돌의 연애가 허용되지 않는 것을 팬덤의 욕망이 아닌 소비자-시민-일반인의 욕망으로 상정한다. 그리고 이를 '같은 것'을 추구하는 팬덤과 스타 모두가 따라야 하는 규준으로 구성하려고 한다. 여기서 어머니-팬덤은 '연애가 아이돌 스타의 커리어를 망친다'는 산업의 전제를 승인하며 때론 견인한다. 동시에 이것은 팬덤의 욕망이 아니라 산업의 요구라는 방식으로 물러선다. 일반인은 독점적 연애 관계에 있지 않은 아이돌에게 성적 매력을 느끼고 이들이 음악 활동을 계속할 수 있는 광범위한 기반을 마련해 주고, 어머니-팬덤은 이러한 기반을 유지하기 위해 스타와 팬덤의 공동체적 욕망을 구성하고 실천하는 주체가 된다.

이렇게 팬덤은 소비자-시민의 욕망에 '연애하지 않는 아이돌'이 있다고 간주하고, 이 욕망을 당연히 아이돌이 이루어줘야 할 규범이라고 주장한다. 왜 일반인은 이성애주의적 욕망을 갖는다고 가정되는지, 이성애주의적 욕망 실현이 요구되는 것은 정당한

지, 이성애주의적 욕망의 실현 양식 중 하나로 여성 아이돌에게 강요되는 대상화 실천의 문제는 무엇인지, 퀴어 팬덤이 이 상황에서 어떤 방식으로 비가시화되는지 등에 대한 비판과 질문이 제기될 공간은 없다. 이러한 팬덤의 아이돌에 대한 요구는 팬덤 자신을 규율하는 효과를 갖고 있어서 팬덤 내부의 경계 감찰이 지속되는 한편으로 연애 담론의 억압이 계속해서 일어난다. 즉 '망상녀'와 같은 범주로 이성애적 욕망에 대한 질시와 비정상화가 구성된다.

팬덤 능력주의와 공정한 교환에 대한 요구

성적 욕망이 아닌 성공에 대한 욕망이 팬덤의 욕망으로 전면에 등장할 때 공정성과 능력주의가 생산성 욕망에 결합한다. 공정성 담론과 기회균등의 문제가 가장 명확하게 전시된 것은 「프로듀스 101」 시즌 전체에 걸쳐 나타나는 팬덤 활동이다. 경쟁과 관련해 투명한 과정이 보장되어야 하는 것, 양화된 숫자로 표현되는 공정한 지표에 대한 요구는 「프로듀스 101」을 관통하는 하나의 경쟁 원리다.

시청자를 국민 프로듀서로 호명한 「프로듀스 101」은 소비자 행동주의와 집단행동의 긍정적 사례로 논의되기도 했다. 특히 투표 조작 여부를 밝히는 데 가장 큰 역할을 한 것은 팬덤의 열정이었다. 그런데 한편으로 투표라는 형식의 공정성과 경쟁주의를 자연화하는 데 팬덤의 열정적 소비가 이바지하기도 한다. 우리 사회의 공정성 인식 조사에서 잘 드러나듯 기회균등이란 "특권 집단의 편향"이 개입되지 않았음을 말하지만, 더 중요하게 여겨지는 것은 "개인의 능력이 보상을 받는 구조"이다.[11] 그래서 101명을 11명으로 추려가는 것은 철저하게 능력에 대한 보상, 즉 능력주의로 의미화된다. 편파에 휘둘릴 가능성이 큰 PD, 심사위원 등과 달리 시청자의 선택에 따른 결과는 공정하다. 참여자는 노력을 보이고 시청자는 이 능력을 평가하는 구조에서 공정성 담론은 팬덤의 노력이 이 공정함의 한 축을 담당하는 팬덤 능력주의로 변화한다. 팬덤의 유료 투표가 아이돌 데뷔를 결정한다고 할 때 투표 수 자체는 공정함의 지표이다. 이 공정한 결과를 만드는 기회가 모두에게 주어져 있다는 인식은 투표 수를 변화시키는 노력이 스타에서 팬덤으로 옮겨가는 과정으로 이어진다. 팬덤의 스폰서십이 스타를 성공시킬 것이라는 팬덤의 믿음은 스타의 성공이 팬덤의 능력에 기반을 둔 것으로 설명되어, 팬덤의 소비자 정체성을 생산자 정체성과 결합하는 가장 큰 동력이 되었다. 「프로듀스 101」의 활발한 팬덤 활동은 트위터, 커뮤니티를 가리지 않고 일어났으며, 이 팬덤의 목표는 내가 선택한 아이돌을 성공시키는 것이었다. 아이를 성공시키고자 하는 어머니의 노력이 자녀의 성공으로 치환되는 과정은 「프로듀스 101」의 팬덤이 투표를 위한 모든 노력을 기울여 스타를 데뷔시키는 과정과 유사하다.

　　이렇게 공정함이라는 정당성 기반을 확보한 팬덤의 능력주의는 한 사람이 다수의 아이디를 스트리밍하는 음원 총공을 기계가 하는 사재기와는 다른 공정한 행위로 주장할 수 있게 한다. 기계와 달리 인간의 노력이 들어가고 팬덤 개개인의 능력이 발현된 결과이기 때문이다. 이렇게 스타의 성공은 팬덤의 성공이 되어 '팬의 선택이 틀리지 않았다는 것을 보증하는' 능력주의 신화로 돌아오고 있다. 팬덤이 주장하는 '같은 것'은 능력과 경쟁에 기반을 둔 성공의 가치이며, 이는 신자유주의적 자기 규율과 감정 노동, 비인격적 노동 조건을 자연화하는 데 이바지한다. 게다가 팬덤은 이러한 감정 노동과 무임 노동에 적극적으로 뛰어들어 공정한 교환을 주장할 수 있는 자리를 확보하려고 한다. 종종 팬덤은 '이렇게 고생해서 만든 앨범, 이대로 묻히게 할 것인가'라는 말을 통해 음원 총공 참여를 독려한다. 능력주의 담론과 신자유주의적 성공의 구조는 산업의 목표 아래 팬덤과 아이돌의 배치가 일어나고, 팬덤과 아이돌의 노동이 제대로 의미화되기 어려운 구조를 만들어낸다. 능력주의의 신화가 산업의 이해 혹은 사회의 불평등한 경쟁 구조를 유지하는 데 이바지할 뿐이라는 점은 가장 공정할 것 같은 국민투표가 조작되어 있다는 사실을 통해 역으로 드러났다.

  한편 팬덤의 요구를 이루었다는 판단 기준이 '팬의 선택이 틀리지 않았다'는 것이라면, '틀렸다'는 것을 확인하는 순간 스스로 기준을 바꾸기보다는 틀린 것을 도려내 자신의 선택을 보증받으려 할 것이다. 그룹 안에서 문제가 발생할 때 해당 멤버의 탈퇴로 해결하려는 움직임이 꾸준히 나타나는 이유다. 여기서 다시 어머니-팬덤은 소비자의 권리를 주장한다. 소비자가 원하지 않는 것을 보지 않겠다는 선언은 소비자 권력 선언이며, 다른 한편으로는 공정성의 요구다. 팬덤의 노력은 보상받아야 하며, 이 산출은 공정해야 한다. 즉 교환가치가 성립해야 한다. 이렇게 공정성 담론은 팬덤의 능력주의를 보장하는 것으로, 다른 한편으로 팬덤의 정당한 소비를 요구할 수 있는 기준으로 작동한다.

디지털 참여의 형식과 육성형 팬덤의 등장은 한편으로는 팬덤의 권력 강화, 산업의 일방적 전횡이 아닌 팬덤의 참여를 요구하는 다양한 변화들로 이어졌다. 분명 긍정적인 면이 있다. 그리고 이미 결정된 능력주의의 규칙에 대한 팬덤의 호응으로 팬덤을 비난할 수 없다는 점 역시 분명하다. 하지만 능력주의를 구현하는 팬덤이 스타에게 내면의 욕구를 무시하고 유예할 것을 요구할 자격이 있음을 스스로 생각하고 있다는 점에서 팬덤 담론은 재구성되어야 한다. 무엇보다 이러한 자격을 획득하기 위해 팬덤은 말 그대로 산업에만 유리할 뿐인 희생을 하고 있다. 감정적 즐거움과 연대의 즐거움으로 설명되곤 하지만, 팬덤의 무임 노동은 현재 한국 상황에서 과도한 면이 있다. 우리 사회의 경쟁 규범을 재편성할 책무를 팬덤에게만 부여하기는 어렵다고 하더라도, '같은 것'을 바라기 위해 요구되는 집단적 도덕주의의 규범에서 무엇이 문제이고, 아이돌과 산업의 구조에서 무엇이 문제가 될 수 있으며, 어떤 담론 변화가 가능할지를 살피는 것은 가능하다.

그러므로 이 '같은 것'에 대해 질문해야 한다. '같은 것'이 팬덤과 아이돌에게 억압임을 인지하면서도, 이를 산업의 공정성 담론에 따라 추구해야 할 가치로 인식하고 이를 적극적으로 실천하는 것이 문제라고 할 수 있다. 팬덤과 스타가 교환하는 행위는 이윤을 추구하는 산업의 구조화된 체계 속에서 실현되는 교환 행위다. 산업은 하나의 시스템으로 움직이며 아이돌의 행위 역시 산업 구조와 체계 내에서의 행위다. 그래서 시스템이 복무하는 주체들이 맞물려 움직이는 고리가 재구성되어야 체계의 변화를 가져올 수 있다. 이경아는 생산성 욕망 구조 안에서 오로지 교환만이 가능하고 올바른 교환인지 아닌지만 판단되는 구조가 생긴다는 점을 지적하면서, 생산성의 욕망 구조에서 벗어날 방법을 모색해야 한다고 말한다.[12] 소비자-팬덤과 스타의 관계에서 생산성 욕망 구조에서 벗어나기 위한 어떤 시도들이 가능할까?

다른 욕망을 추구하는 팬덤이 등장한다면

생산성의 논리 구조에서 '같은 것'을 재구성하려는 움직임 혹은 이 자체를 제거하는 것을 요구하는 움직임이 있다. 온라인 공간을 중심으로 하는 여성 아이돌을 좋아하는 여성 팬덤 활동이 몇 가지 특징적 현상으로 나타나고 있다.* 그중 하나는 청년 페미니스트를 중심으로 한 새로운 '같은 것'-페미니즘적 가치를 추구한다는 믿음을 형성하려는 시도이다. 즉, 능력과 경쟁에 따른 성공이라는 '같은 것'을 '여성의 능력 강화'에 대한 신념으로 치환하려는 움직임이다. 많은 여성 아이돌 그룹이 여성 팬덤에 호소하는 전략을 사용하고 있다. 이전보다 덜 수동적인 여성 이미지를 구현하며, 발

---

* 이는 트위터, 커뮤니티 등의 논의를 참조한 것으로, 온라인 커뮤니티 문화의 한정된 특성으로 이해할 수도 있다.

화의 대상도 남성보다는 여성인 경우가 많다.* 롤 모델로 여성 아이돌을 말하는 여성 팬덤이 늘어나는 추세다. 이러한 흐름은 여성 아이돌 그룹이 자신의 목소리를 내는 것을 응원하는 맥락에서 만들어졌다.

 이는 성공을 위해 추구해야 하는 가치에 페미니즘을 포함했다는 측면에서 긍정적이다. 몇 해 전 남성 팬덤의 일부가 레드벨벳의 멤버가 『82년생 김지영』을 읽고 남긴 감상에 분노하면서 앨범을 부수는 퍼포먼스를 했다. 여기서 드러나듯 일부 남성 팬덤이 상정한 '같은 것'이 여성 아이돌 그룹이 성적 대상화된 서비스를 계속하는 것에 있었다는 점을 떠올린다면,** 페미니즘의 가치를 말하는 '같은 것'에 대한 변경 요구는 더욱 윤리적인 아이돌-팬덤 관계를 상상하게 한다.

 하지만 여전히 소비자-팬덤 구조 안에 있으므로 페미니즘을 소비할 가치가 될 수 있을지를 판단하는 '공정한 교환' 회로에 두게 되어 문제가 일어날 수도 있다. 예를 들어 Mnet의 리얼리티 프로그램 「퀸덤」에서의 여성 아이돌 그룹 퍼포먼스를 둘러싼 논쟁을 보면, 과거 남장 댄스를 한 적이 있는 마마무는 해당 무대에서 노출 의상으로 퍼포먼스를 보였다고 비난받았다. 여성 아이돌이 주체적으로 성적 대상화되지 않는 의상을 채택하는 것을 '같은 것'

---

* 마마무가 대표적이다. 인터파크 앱은 콘서트 예매자의 성비와 연령을 공개하는데, 마마무의 2019년 콘서트의 여성 비율은 88%에 달했다.

** 이 글에서는 이 문제에 대한 남성 팬덤의 움직임과 정서 구조에 대해 논의하지 못하였으며, 이는 중요한 한계점이다.

으로 팬덤이 설정했기 때문에, 성적 대상화를 상징하는 노출을 선택한 그룹은 그들이 추구하는 음악이나 과거의 경력과 상관없이 '같은 것'을 추구하지 않는 것으로 평가된다. 그런데 이렇게 성적 대상화에 대한 이분법적 비평은 성적 대상화와 선정성이 연결되고, 기획사의 의도와 아이돌의 의도라는 이분법이 설정되면서 단순하게 해석하는 방식이 일반화되어 발생했다. 성적 대상화 문제에 대한 팬덤의 이해와 아이돌의 피드백 요구가 단순화되는 것은 우리 사회의 맥락에 따른다. 하지만 이는 성적 대상화 실천의 이슈를 여성 아이돌을 규율함으로써 해결하려는 시도이며, 이러한 수행을 피드백 결과로 삼는 것이기도 하다. 이때 페미니즘의 가치는 아이돌 그룹이 지속해서 표상하고 구사할 수 있는 것이라기보다는, 소비 상품에 표시된 함량 기준과 같은 것이 되어 상황마다 평가 기준으로만 활용되는 상황에 놓일 수 있다.

#여돌소비지양 해시태그 운동은 특정한 이미지를 일부분 구축해 활동하더라도 결국은 여성 아이돌 산업 자체가 마른 몸, 이성을 향한 성적 어필을 이미지화하는 존재이고, 이러한 산업의 소멸이 여성 인권과 관련한 것이라고 주장한다. 이러한 소비 지양 담론은 문제 제거를 문제 해결 방식이라고 보는 틀이다. 하지만 여성 아이돌을 산업에서 제거한다고 해서 성적 대상화 문제가 해결되지 않는다. 또한 이런 담론 실천은 몸의 미학과 성적 대상화의 관계, 대상화되지 않은 몸이나 다른 신체의 재현 방식이 가능한지에 대한 논의가 시작되기 전에 그 문제의식 자체를 페미니즘적이지 못하다고 막는 형식이다. 문제는 여성의 대상화된 이미지를 제공

하는 것이 여성 아이돌의 성공을 위한 '같은 것'으로 상정하는 팬덤과 기획사 간의 공모관계이다. 이 체계로부터 여성 아이돌을 벗어나게 하고 재구축하는 힘을 어떻게 구성할 것인가를 질문할 필요가 있다. 여성 아이돌 팬덤의 재구성은 이러한 의미일 것이기 때문이다.

또한 '여돌소비지양' 운동은 이 시도가 이루어지는 플랫폼, 특히 트위터와 같은 플랫폼의 구조에서 가능한 일이다. 소비를 중단하는 것은 산업의 맥락에서도 소비가 주는 것에 타격을 받는다는 점에서 일정 정도 효력이 있다. 그런데 트위터와 같은 플랫폼에서 여론이 사실상 자신의 타임라인을 통해 이루어지는 경향이 있다는 점을 미루어 볼 때, 동종 성향의 타임라인에서 '사라지는 것'이 곧 시각·인지적으로 문제의 해결로 여겨질 가능성이 커진다. 하지만 현실에서 문제가 사라지는 것은 아니며, 내 타임라인에서 사라지는 것과 현실에서 산업 구조나 착취 구조가 사라지는 것은 동치되기 어렵다. 이는 단순히 온라인 운동과 오프라인 운동이 구분되어야 한다는 의미가 아니다. 특정 상품을 개인이 멀리하는 것만으로는 그 상품의 제작 구조에서 발생하는 불합리함을 재구성할 수 없다. 불매 운동은 특정한 사회 담론 구조에 기대며 이에 따른 다종다기한 사회적 실천을 함께 요구한다. 그러므로 소비자-팬덤의 정체성이 '소비한다'와 '소비하지 않는다'의 단순한 이항 대립 속에서 팬덤의 권력을 실행하고자 한다면 한계를 보인다. '원하지 않는 것이니 사라져야 한다'는 방식으로 아이돌 산업을 대하는 것은 스타-인간을 대상으로 감정을 동원하는 산업의 특수성을 일반

상품 경제와 똑같이 다루는 것이기도 하다. 소비자 정체성을 가진 팬덤이 이를 선택과 교환가치의 차원에 두기 때문이다.

팬덤이 스타와 맺는 관계를 재구성하기 위하여

디지털 기술이 점차로 친밀성을 판매하는 형식이 되면서 팬덤은 아이돌 스타와 가상적 친밀감을 구축할 기회를 다양하게 구매한다. 브이 라이브와 같은 라이브 방송 서비스, 엔씨소프트의 유니버스에서 제공하는 유료 AI 메시지 서비스, SM엔터테인먼트의 유료 메시지 서비스인 리슨 버블 등은 친밀감 환상을 강화하며, 유료/무료를 적절히 결합해 팬덤이 열정적 소비를 통해 구매할 수 있는 친밀감의 범주를 구분한다. 일상과 무대 모두가 소비 상품이 될 때, 이 소비를 위한 기술 매개 의사 상호작용에서 내 구매에 대한 정당한 보상을 요구하는 인식이 아이돌 스타에 대한 대상화로 이어지는 경우가 발생할 수 있다. 팬덤이 특정한 관계를 스타와 형성하고 같은 것을 추구한다는 인식을 구성하는 것은 어떻게 보면 자연스럽다.

하지만 팬덤의 저항성이 발현될 수 있다면, 이 저항성은 팬덤이 원하는 에피소드를 방송국이 더 방송하거나 기획사가 아이돌의 콘셉트를 변화시키는 것 이상으로 구축될 수 있어야 한다. 특히 팬덤이 감정을 자원으로 하는 사랑의 정동 공동체라는 점을 주목할 필요가 있다. 윤리와 감정을 자원으로 삼는 여성 팬덤의 활동을 현재의 생산성 욕망 구조 외부로 윤리적으로 전환할 필요성이

이 지점에서 제기된다. 교환을 자본주의적 생산성 구조에 따른 교환가치로 제한하는 것이 산업 구조의 유지에 이바지할 뿐, 팬덤과 아이돌의 관계에서는 오히려 굴절을 가져오는 문제를 해결하기 위한 정치가 필요하다. 어쩌면 이러한 정치적 가능성은 여성주의 윤리, 즉 돌봄과 타자에 대한 인정에서부터 출발할 수 있다.

물론 이 지점은 또 다른 논의가 필요하다. 혹자는 팬덤과 아이돌의 문제를 관계적으로 상상해야 할 필요성 자체에 대해 질문할 수 있으며, 한편으로 이러한 관계 구성이 이성애주의에 기반한 가족주의 모델이라는 것을 지적할 수 있다. 남성 아이돌의 여성 팬덤, 여성 아이돌의 남성 팬덤을 정상성의 범주에 두고, 이를 어머니와 자녀, 조카와 삼촌 등 가족 관계 모델로 해석하면서 욕망의 범주를 제한하고 있다. 이 과정에서 퀴어 팬덤의 존재는 꾸준히 비가시화되는 문제가 발생한다. 이러한 팬덤의 정치 속에서 팬덤 내부-외부에서 타자의 존재를 상상하기는 어렵다.

이현재는 타자에 대한 인식, 너와 내가 같을 수 없다는 인식, 판단을 유보하면서 타자의 다름을 확인하려는 태도에서부터 여성주의적 윤리의 출발점을 잡는다.[13] 이러한 인식론을 통해 팬덤이 스타와 '같은 것'을 추구한다고 동일시하는 방식에 대해 문제 제기하는 것이 가능하다. 이러한 문제 제기는 팬덤의 동일시 방식이 팬덤 내부 역동을 제한하고 규율하는 억압적 기능을 한다는 점에서 더욱 중요하다. 팬덤의 무임 노동은 그 긍정적 양상들, 유희적 성격과 공동체적 즐거움을 고려하더라도 팬덤을 규율하고 산업의 생산성에 복무하는 양상을 무시할 수 없다. 따라서 억압적 생산성 욕망의 구조를 인식하고 이를 전복하는 방식을 상상하는 것은 팬덤-아이돌 관계의 재구성을 위해서 중요한 출발점이다.

팬덤이 아이돌 시스템의 중요한 행위자인 한, 스타의 의미는 수용자인 팬과 함께 구성된다. 여성 팬덤 활동이 긍정적인 사회적 활동으로 의미화되는 것은 그 자체로 팬덤뿐 아니라 젠더 정치 차원에서 긍정적인 효과를 가진다. 여성 팬덤의 활동이나 욕망이 사회적 맥락에서 구성된다는 것을 고려할 때, 이러한 긍정적인 차원을 살려가면서도 산업에 진정한 의미로 저항하는, 공모하지 않는 팬덤을 구성하려는 시도가 더욱 다양한 차원에서 실행될 필요가 있다. 이제는 악플을 쓰지 않고 누군가를 모함하지 않는 팬덤의 '자정' 노력을 넘어서야 한다. 산업이 주도하는 신자유주의적 성공을 위해 개인의 권리를 유예하는 것을 정당화하는 체계를 비판할 수 있는 담론적 구성과 나의 희생을 교환가치로 삼지 않는 팬덤의 소비 방식을 재구축하는 것, 페미니즘의 가치를 새로운 가치로 제시하되 이를 단순히 소비 평가 기준으로 삼지 않는 관계성을 구축하는 것에 대한 상상력이 필요하다.

9장
아이돌의 자필 사과문:
소비하는 팬덤, 소진되는 팬심

강은교

'이태원 아이돌'과 자필 사과문

　연예인이나 운동선수와 같은 스타가 이른바 '사회적 물의'를 일으켰을 때 자필 사과문을 써서 웹에 올리는 일은 어느새 한국 대중문화의 관례가 되었다. 스타의 자필 사과문을 그대로 인용해 보도하는 기사는 최근 몇 년 동안 포털 사이트 연예 면에 자주 등장하고 있다. 자필 사과문이 등장하는 사안은 음주 운전과 같은 형사처벌의 대상에서부터, 과거 학원 폭력 가담 경력처럼 형사처벌 대상은 아니나 사회적으로 지탄받을 만하다고 여겨지는 일까지 다양하다. 한편 팬데믹이 우리 삶의 조건을 전면적으로 재배치함에 따라 자필 사과문을 요구하는 사회적 물의의 목록이 업데이트되고 있다. 유명인이 사회적 거리두기 권고사항을 충실히 따르지 않은 것이 밝혀졌을 때 자필 사과문을 통해 사태를 진화하고자 한다.

'이태원 아이돌'* 논란은 팬데믹 시대 새로운 도덕률의 제정을 알릴 뿐만 아니라, 케이팝 아이돌 팬덤 문화의 독특한 특성을 보여준다. 2020년 4월 말 케이팝 남자 아이돌(BTS, NCT, 아스트로, 세븐틴)의 멤버 일부가 사회적 거리두기 권고사항을 따르지 않고 이태원 일대를 방문한 사실이 뒤늦게 밝혀졌다. 이 사실이 밝혀진 뒤 아이돌 그룹의 소속사들은 곧바로 사과문을 게재했고, 그중 2명은

---

* 애당초 '이태원 아이돌' 논란은, 4월 말 당시 진위가 확실치 않아 팬덤 안에서 소문으로 치부되었던 BTS 멤버에 대한 목격담이 5월 초 이태원 코로나19 집단 감염 사태로 다시 주목받으면서 수면 위로 떠올랐다. 이태원에 방문한 이들을 색출, 단죄하는 분위기가 형성되자, 트위터의 한 계정에서 목격담 등을 모아 BTS 정국이 4월 마지막 주말에 이태원을 방문했음을 주장했다. 이는 여러 커뮤니티로 빠르게 퍼져 익명으로 기사화되기까지 했다. 기사화된 익명의 이태원 아이돌이 누군지에 대중의 관심이 쏠리자, BTS 팬들은 해당 트위터 계정의 운영자에게 소문을 유포했다는 이유로 해당 트윗 삭제와 사과를 요구했다. 이는 트위터의 수많은 팬 계정이 해당 계정을 무차별적으로 공격하는 사이버 불링으로 번졌다. 결국 해당 계정 운영자는 기사화가 이루어진 지 하루 만에 "근거 없는 루머를 유포한 것에 대해 방탄소년단 멤버와 팬들에게 사과"한다는 내용의 자필 사과문을 작성해 올렸다(현재 이 계정은 삭제된 상태다). 이 사과문은 곧바로 BTS 멤버의 이태원 방문 의혹이 사실무근이라는 증거로 여겨지면서 팬들이 멤버를 방어하는 데 이용되었다. 그러나 며칠 뒤 BTS 멤버의 이태원 방문이 사실로 밝혀지면서 해프닝으로 끝났다. 이 해프닝은 케이팝 아이돌 팬덤 문화에서 팬덤 내 분란을 조장한 자를 단속하는 데에도 자필 사과문이 이용된다는 점에서 주목할 만하다. 게다가 자필 사과문이 그 내용의 검증 여부와 상관없이 사실의 증표로 사용된다는 점 또한 드러냈다. 해당 트위터 계정의 운영자가 목격담의 진위를 가릴 수 있는 인식적 위치에 있지 않음에도 불구하고, 자필 사과문이 마치 목격담의 직접적인 반증으로 여겨지고 인용되는 양상을 보였다.

사건이 기사화된 지 24시간이 채 지나지 않아 자필 사과문을 자신의 SNS 계정에 올렸다. 이 과정에서 아이돌의 팬덤이 주요 행위자로 등장했는데, 팬들은 해당 사실이 밝혀지자마자 문제가 된 아이돌 멤버에게 자필 사과문을 요구했다. 이는 아이돌 팬덤의 주요 담론장으로 기능하는 트위터에서 '#OOO_자필사과문_써와'와 같은 해시태그를 사용한 연결 행동으로 드러났다. 심지어 어떤 이들은 'OOO이 제일 먼저 자필 사과문 올리면 리트윗 추첨 한 분께 기프티콘 드립니다'와 같은 조건부 리트윗 이벤트를 진행하기도 했다. 아이돌 팬덤이 누구보다 적극적으로 나서 아이돌 멤버의 행실을 규율하고 단속하는 과정에서 자필 사과문이 필수 요소로 요구되고 있음이 이 논란을 통해 선명하게 드러났다.

아이돌 팬덤이 아이돌 스타에게 자필 사과문을 요구한 것은 이때가 처음이 아니다. 2018년 남자 아이돌 그룹 워너원이 생방송 준비 과정에서 실수로 대기실에서 욕설, 성적 발언 등을 하는 모습이 실시간으로 송출되었다. 그리고 해당 영상이 SNS와 유튜브 등에 급속도로 퍼지면서 논란이 일었다. 이를 수습하기 위해 워너원의 소속사는 팬 카페와 공식 홈페이지에 팬들에게 죄송하다는 내용의 사과문을 게시했다. 그런데도 워너원의 일부 팬덤은 '#워너원_해명해'라는 해시태그를 사용해, 영상 속에서 문제의 발언을 했다고 추정되는 멤버들에게 구체적인 해명과 자필 사과문을 요구했다.* 비록 방송 중은 아니었으나 스태프와 함께 있는 장소에

---

* 이 논란은 팬들이 직접 사설 연구소에 음성 분석을 의뢰해 문제가 될 만한 발언이 아니었음을 증명하면서 일단락되었다.

서 "생각 없는" 발언을 이어갔다는 이유였다.

팬(fan)의 어원인 fanatic(광신적인)에서 드러나듯, 팬덤은 스타의 어떠한 행동도 조건 없이 옹호하는 집단으로 여겨진다. 특히 남자 아이돌의 여성 팬에게 붙는 '빠순이'라는 경멸적인 호칭에는 '오빠'의 말이라면 무엇이든 따르고 믿는, 판단력이 흐리고 성숙하지 못한 어린 여성이라는 인식이 깔려 있다. 그런데 팬덤, 그중에서도 여성이 높은 비중을 차지하는 남자 아이돌의 팬덤이 누구보다 먼저 나서서 스타에게 자필 사과문을 요구하는 장면은 통념과는 정반대의 양상을 보여주는 듯하다. 왜 팬덤은 아이돌 스타에게 사과문을 요구하며, 그 형태가 자필이어야 할까?

한국 대중문화 장에서 자필 사과문

자필 사과문이 이미지 형태로 인터넷에 처음 등장한 때는 2010년쯤이다. 가수 백지영이 건강 문제로 공연을 취소한 데 대해 사과하는 자필 편지를 자신의 팬 카페에 올린 것이 기사화되었다. 이후 연예인의 자필 사과문이 하나둘 등장하기 시작했다. 한 신문 기사는 연예인들이 자필 사과문을 "줄줄이" 발표하는 경향에 관해 "물의를 빚은 연예인들이 앞으로 '자필 사과 요법'을 쓰기에는 이미 '약발'이 다 되어 보인다"고 평하기도 했다.[1] 그러나 아이러니하게도 연예인의 자필 사과문은 2010년 이후로 꾸준히 증가하는 추세다.

자필 사과문이 일반화된 데에는 두 사건이 기점이 되었다.

하나는 2012년 여자 아이돌 티아라의 왕따 논란이다. 당시 티아라의 소속사 대표이던 김광수가 먼저 자필 사과문을 올렸다. 그러나 이후에도 비난이 가라앉지 않자 티아라 멤버들이 직접 쓴 자필 사과문이 올라왔다. 다른 하나는 2016년 여자 아이돌 소녀시대 멤버 티파니의 욱일기 필터 셀카 논란이다. 논란이 된 사진을 SNS 계정에서 삭제한 이후에도 질타가 계속되자 티파니는 자필 사과문을 올렸다. 그런데도 비난은 수그러들지 않았고, 티파니는 자필 사과문을 한 차례 더 올렸다. 자필 사과문이 두 차례나 등장한 두 사건 모두 논란의 중심에 여자 아이돌, 즉 걸그룹이 존재한다는 점은 의미심장하다. 언론의 몰아가기와 대중의 비난이 특히나 극심했던 두 사건은 걸그룹이 한국의 남성중심적이고 민족주의적인 규범을 체화해 대표하는 존재이며,[2] 그 규범을 어겼을 때 비난과 처벌이 가중된다는 사실을 드러낸다.

    본래 자필 사과문은 형사 범죄로 기소된 피의자가 법정에서 선처를 호소할 때 주로 쓰던 방법이다. 양형 기준에 피의자가 "진지한 반성"을 했는지 하지 않았는지가 명기되어 있기 때문이다. 마찬가지로 유명인이 자필 사과문을 쓰는 까닭은 불특정 다수의 대중 앞에서 법정에 선 피의자와 같이 진지한 반성을 드러내기 위한 것이라 할 수 있다. 여기에는 경제적 평등을 염원하지만 실질적으로는 평등이 보장되지 않는 신자유주의 상황에서, 대중문화를 향유할 때 정서적으로나마 평등을 보장받기를 바라는 대중의 정서적 평등주의가 반영되어 있다.[3] 즉, 돈을 많이 버는 유명인이 특정 규범에 위반되는 행위를 했을 때 이를 단죄하는 것이 평등과 공정성이라는 명목으로 당연시되면서, 자필 사과문이 반성과 속죄의 수단으로 대중문화 장에 등장했다.

게다가 이러한 정서적 평등주의는 섹슈얼리티를 자원화함으로써 쉽게 성공했다는 식의 여성혐오적인 혐의를 받는 젊은 여자 연예인에게 특히 강도 높게 적용된다.[4] 이러한 인식은 걸그룹 멤버가 비난의 대상이 된 사건들에서 등장한 자필 사과문이 단죄의 증표이자 본보기로서 과잉 보도, 과대 재현되었던 일의 바탕을 이룬다. 그러므로 앞서 언급한 두 사건을 기점으로 자필 사과문을 써서 게시하는 행위가 점차 확대되고 일반화된 양상을 띤 것으로 추측할 수 있다.

한편 2010년대에 들어가면서 많아진 연예인의 자필 사과문에서 다소 이질적이고 독특한 경향을 찾아볼 수 있다. 케이팝 남자 아이돌이 열애설 혹은 결혼 발표에 이어 팬에게 사과하는 편지를 쓴 경우다. 이때 자필 사과문은 전반적인 대중을 향하기보다 구체적인 팬덤을 향하며, 아이돌 산업과 팬덤이 세대를 거치며 만들어온 친밀성 규범(아이돌은 연애해서는 안 되고, 소수의 팬과 특별한 친분을 쌓아서도 안 되며, 팬의 서비스 요구에 난색을 보여서는 안 된다)[*]을 따른다. 이렇듯 케이팝 아이돌의 자필 사과문에는 한국 대중문화 전반의 정서적 평등주의뿐 아니라, 아이돌 팬덤 문화의 독특한 친밀성 규범이 반영되어 있다.

2010년을 전후로 자필 사과문이 대중문화 장에서 범위와

---

[*] 3세대 아이돌 팬덤의 친밀성 규범에 대한 자세한 내용은 이 책의 장지현 글 참조.

빈도가 늘어난 양상이 2009년 한국에서 스마트폰이 본격적으로 보급되면서 SNS 이용률이 급격하게 증가한 양상과 일치하는 것은 우연이 아니다. 이는 스마트폰을 이용해 직접 사진을 찍고 온라인에 업로드하는 것이 이전보다 훨씬 쉬워졌기 때문이다. 미디어 환경의 변화가 자필 사과문이라는 문화 현상을 구성한 핵심 조건임을 알 수 있다. 사실상 자필 사과문을 완성하는 것은 종이나 펜이 아니라 스마트폰의 카메라다. 자필 사과문과 자필이 아닌 사과문이 구분되기 위해서는 종이 위에 펜으로 쓴 텍스트가 이미지의 형태로 제시됨으로써 활자화된 텍스트와 대비되어야 한다. 즉 자필 사과문을 변별하고 의미화한 것은 고화질의 사진을 찍어 바로 인터넷에 업로드하고, 이를 고해상도의 화면으로 볼 수 있게끔 하는 스마트폰 및 무선 인터넷의 광범위한 보급이라 할 수 있다.

더불어 SNS의 대중화로 대부분의 대중적인(mass) 미디어 이용이 대인적인(inter-personal) 형태로 이루어지게 된 점도 빼놓을 수 없다.[5] SNS가 개인 단위로 네트워크를 조직해 즉각적인 쌍방향 소통을 가능케 하면서 공적 소통과 사적 소통의 경계가 흐려졌다. 그리고 많은 팔로워를 보유한 유명인의 SNS 계정은 공적 발화가 직접적으로 이루어지는 장으로 기능했다. 이러한 뉴미디어의 소통 방식은 유명인과 대중 사이의 심리적 거리를 좁혔을 뿐만 아니라, 일반인도 자신의 개성을 공유함으로써 유명인의 반열에 오를 수 있도록 하는 조건이 되었다. 최근 자필 사과문 현상은 연예인이나 스포츠 스타와 같은 대중매체의 셀러브리티뿐 아니라 SNS의 인플루언서에게까지 점차 확장되고 있다. 이 역시 미디어 이용 양태의 변화에 따른 것이라 할 수 있다. 팔로워의 수가 곧 영향력의 척도이자 경제적 자산인 뉴미디어 시대, 한국 대중문화의 정서적 평등주의가 자필 사과문의 형식을 띠고 하나의 문화 현상으로서 보편화되고 있으며, 이 흐름 속에 케이팝 아이돌의 자필 사과문이 팬덤 문화와 역동하면서 생겨나고 있다.

뉴미디어 시대 손글씨의 진정성

손으로 쓴 글을 스마트폰으로 찍어 SNS 계정에 업로드하는 이 모든 과정은 손글씨가 뉴미디어 시대 진정성(authenticity)의 표상이 된 현상과 밀접한 관련을 맺는다. 미디어 학자 요세 판 데이크와 소냐 니프는 손글씨의 진정성을 구성하는 조건 세 가지를 분석한다. 첫째는 특이성으로, 완벽하게 똑같은 손글씨란 존재하지 않으며 각각은 저마다 독특하다. 둘째는 개인성으로, 손글씨는 대체 불가능한 개인을 표지할 수 있다고 여겨진다. 셋째는 물질성으로, 손글씨를 쓰는 자의 주체성은 글씨를 쓰는 행위에 물질적으로 새겨져 있다.[6] 원본과 가상의 구분이 사라진 시뮬라크르의 시대에 손글씨가 진정성의 표상으로서 문화적인 중요성을 획득하게 된 이유는, 이처럼 손글씨가 주체의 아우라를 나타낸다고 여겨지기 때문이다.

진정성 개념의 역사를 정리한 철학자 찰스 귀논은 현대 사회에서 진정성의 이상이란 진정한 개인으로 존재하라는 명령이자 "이미 있는 우리의 모습, 우리 안에 이미 존재하고 있는 독특하고 결정적인 특성들을 깨닫고 그처럼 존재하라"는 지시라고 말한다.[7] 이와 같은 진정성의 이상은 18세기 낭만주의 시대에 이르러 형태를 갖추었다. 근대 계몽주의가 합리성을 우위에 두면서 사실과 가치 사이에 절연이 일어나고 공적 공간과 사적 공간이 단절되자, 잃어버린 삶의 의미와 참된 자아를 회복하고자 하는 흐름이 생겨났다. 진정한 진리가 "합리적 사고와 과학적 방법에 의해서가 아니라 가장 깊고 강렬한 스스로의 감정 속으로 침잠해 들어감으로써 발견될 수 있다"[8]는 낭만주의적 자아관은 객관적 사실의 발견보다 주관적 감정과 신념에 주목하게 만들었다는 점에서 진정한 자아 찾기에 전환점을 제공했다. 이러한 도덕적 차원에서의 진정성 개념은 미적 차원에서의 진정성 개념에서 나온 것으로, 본래 예술 작품의 진위를 가리는 데 이용되었다. 말하자면 진정한 자아를 표현하는 삶이란 남들과 비슷하게 사는 복제된 삶이 아니라, 스스로가 저자성을 갖는 유일무이한 삶이다.

  손글씨의 진정성은 현대 사회에 널리 퍼져 있는 진정성의 이상과 깊은 연관을 맺는다. 우선 손글씨는 유일하고 독창적이라는 점에서 미적 차원의 진정성을 갖는다. 그런데 필체가 내면을 표현한다거나 필사하며 마음의 위안을 얻는다는 등 손글씨에 부착된 노스탤지어적 정서는 예술 작품 너머에 존재하면서 자신을 진실하게 표현하는 예술가-주체 상을 창조한 낭만주의적 자아관을 반영한다.[9] 즉, 현대 사회에서 손글씨는 미적 차원의 진정성과 도덕적 차원의 진정성을 모두 가지고 있다. 이는 미디어 기술이 활자화된 글을 쉽게 수정, 복제, 배포할 수 있도록 하면서 손으로 직접 글을 쓰는 육체적 행위가 갖는 기예적 특성이 두드러졌기 때문일 뿐더러, 포스트모던적 조건이 '진정한 자아'와 같은 개념 및 이를 지탱하는 공과 사, 외부와 내부의 구분을 해체하면서 반대급부로 진정성을 향한 욕망이 커졌기 때문이다.[10] 게다가 자본주의는 '너 자신이 되어라'라는 진정성의 이상이 상품을 구매함으로써 달성될 수 있다고 끊임없이 이야기하면서 이와 같은 욕망을 부추긴다. 손글씨는 개개인의 개성을 표현한다는 점에서 진정성의 이상을 획득할 수 있는 표상으로 적극적으로 의미화되고 있으며, 그로 인해 상품으로서의 가치를 획득하고 있다.

예를 들어보자. 한국 사회에서 손글씨의 진정성이 갖는 상품성을 보여주는 대표적인 사례는 배달 음식에 붙어 오는 손글씨 쪽지다. 손글씨 쪽지는 스티커 형태로 제작 판매되고 있을 만큼 배달 음식이라는 상품을 구성하는 주요 서비스다. 이때 손글씨의 진정성은 두 방향에서 작용한다. 한편에 손글씨 쪽지라는 대상 자체가 갖는 미적 차원의 진정성이 있는가 하면, 다른 한편에는 손글씨 쪽지를 받는 사람의 정체성을 구성하는 도덕적 차원의 진정성이 있다. 사회학자 에바 일루즈에 따르면, 어떤 상품이 진정성 있게 느껴지는 이유는 상품이 소비자의 감정을 촉발하기 때문이다.[11] 즉 소비자의 정체성을 구성하는 '자기다움'을 건드리기 때문이다. 배달 음식의 손글씨 쪽지는 소비자에게 어떤 감정, 이를테면 반가움, 만족감을 불러일으킨다는 점에서 '진정성 있다'고 할 수 있다. 그리고 이와 같은 진정성 마케팅이 효과적일 수 있는 이유는 생산자와 소비자가 특정한 가치 체계, 예컨대 손님에게 친절하고 겸손한 태도를 유지해야 한다는 한국 사회의 독특한 규범을 공유하며, 이러한 규범이 손글씨 쪽지를 읽는 소비자의 정체성을 일부 구성하기 때문이다.

케이팝 아이돌의 성실성

대중음악 연구자 이규탁은 "대중음악에서의 진정성 담론은 대체로 authenticity, 즉 무엇이 진정한(혹은 진짜) 음악인가를 둘러싸고 이루어지는 논의"를 일컬으나, 케이팝에서의 진정성이란 "'진심 어린', 혹은 '성실하고 진실됨'을 뜻"하는 "sincerity에 가깝다"고 이야기한다.[12] 케이팝 아이돌은 언제 어디서나 마음을 다해 열심히 하는 모습을 보여주며, 그렇게 하리라 기대된다. 아이돌의 이와 같은 성실함은 케이팝의 독특한 한국적 특성이라 할 수 있는 집단적 도덕주의의 한 측면으로, 한국의 유교주의가 강조하는 근면의 가치 및 개인의 노력을 통해 성공할 수 있다는 신자유주의적 노동윤리가 한국 사회 전반에서 기획사의 트레이닝 시스템을 통해 훈육되어 내면화된 결과다.[13]

진정성과 성실성(sincerity)은 종종 혼용되는데, 문학비평가 라이오넬 트릴링은 그 의미를 이렇게 구별한다. 진정성이 자기 자신의 내면에 존재하는 진실한 목소리를 들으라는 근대의 개인주의적 미덕이라면, 성실성은 다른 사람들에게 진실하기 위해 자기 자신에게 진실하라는 전근대의 공동체적 미덕이다.[14] 진정성이 존재론적이고 개인적인 차원을 나타낸다면, 성실성은 의사소통적이고 사회적인 차원을 나타내는 개념이다.

케이팝 아이돌의 자필 사과문은 진정성과 성실성을 모두 담고 있다. 먼저, 케이팝의 집단적 도덕주의 에토스는 아이돌 스타에게 성실성을 요구한다. 아이돌의 성실성은 모든 일에 근면한 자세로 임하며, 품행을 단정히 유지하고, 팬을 향해 다정하고 친밀한 애정을 보임으로써 증명된다. 아이돌이 지녀야 하는 성실성의 가치는 아이돌 스타가 사회적으로 통용되는 규범 혹은 아이돌 팬덤 문화가 세대를 거치며 축적해 온 친밀성 규범을 어기거나 깨뜨렸을 때 상실된다. 성실성에 흠집이 난다는 것은 곧 아이돌의 상품성이 떨어진다는 뜻이다. 그러므로 아이돌 스타와 기획사는 이를 회복하기 위해 대중 혹은 팬덤과 의사소통을 시도한다. 즉, 진심 어린(sincere) 사과를 표하고자 한다.

이때 사과문은 스타가 직접 손으로 쓴 것이어야 한다. 이는 한 명의 아이돌 스타와 불특정 다수의 대중 혹은 팬덤 사이에 이루어지는 의사소통에서 성실성—얼마나 진심 어린지—을 증명하는 방법이 진정성—사과문이 진짜인지, 원본인지—을 보이는 것으로 여겨지기 때문이다. 이러한 인식은 앞서 이야기한 손글씨의 개인성과 물질성에서 기인한다. 손글씨로 쓴 종이의 이미지를 볼 때 대중 혹은 팬덤은 그것을 쓰는 주체의 존재를 추론하고 상상한다. 또한 손글씨가 더 이상 정보 보존 및 전달 기능을 하지 않는 시대에 손으로 직접 글을 쓰는 행위는 사실상 무용한 행위를 육체적으로 반복해야 한다는 점에서 처벌의 의미를 갖기도 한다. 즉, 손글씨가 실용적이지도 효율적이지도 않으므로 '진지한 반성'을 나타내기 위한 사과문은 손글씨로 쓰여야만 한다.

이러한 손글씨의 진정성은 아이돌 팬덤의 친밀성 구조에서 특히나 중요하다. 아이돌은 다른 어떤 연예인 직군보다 연예인으로서의 캐릭터적 면모와 평범한 사람으로서의 인간적 면모를 가르는 경계가 흐릿하다. 팬덤은 아이돌의 '연예인으로서의 자아'와 '평범한 사람으로서의 자아' 사이를 왔다 갔다 하면서 둘을 잇는 서사와 캐해석을 만들어내며, 이를 통해 깊은 애착을 갖는다. 이렇게 아이돌 팬덤의 친밀성은 아이돌의 앞면과 뒷면을 이으며 구축된다. 앞면과 뒷면을 모두 '안다'는 감각은 팬과 팬 아닌 이를 가르는 중요한 변별 지점이다.[15]

게다가 팬덤이 구축하고 애착을 가지는 구체적인 서사와 캐릭터는 기획사와 아이돌 본인의 모니터링을 거쳐 케이팝 콘텐츠 전반 및 아이돌의 팬 서비스에 적극적으로 반영된다. 아이돌 스타의 여러 행동에 대한 팬덤의 캐해석이 다시금 아이돌 스타의 행동에 영향을 미치면서 팬덤의 친밀한 감각을 증대시키는 일종의 피드백 루프가 작동하는 것이다. 이렇게 아이돌과 팬덤이 하나의 피드백 루프로 순환하면서 구축해 놓은 일관된 서사와 캐릭터, 친밀성은 아이돌과 팬덤만이 공유하는 하나의 가상적 실재(virtual reality)로 기능한다.

그런데 아이돌 스타가 특정 규범을 어겼을 때 아이돌과 팬덤 사이에서 작동하는 준안정화된 피드백 루프는 어긋난다. 이는 공유된 실재에 금이 갔음을 뜻하며, 아이돌 스타에게는 이를 봉합하기 위한 자필 사과문이 요구된다. 활자화된 사과문이 아닌 자필 사과문이어야 하는 이유는 해당 사과문이 기획사에서 대신 써준 것이 아니라 아이돌 스타가 직접 쓴 것임을 팬덤이 확인할 수 있어야 하기 때문이다. 다시 말해, 아이돌과 팬덤이 공유한다고 상상되는 하나의 실재를 유지하기 위해서는 아이돌 스타의 개인성과 주체성을 식별할 수 있는 손글씨가 꼭 필요하다.

소비자 행동으로서의 자필 사과문 요구

1·2세대와 비교해 3세대 팬덤이 갖는 특징이 있다면, 3세대 아이돌 팬덤은 뚜렷한 소비자 정체성을 갖는다는 것이다. 대표적으로 팬 사인회는 친밀성을 거래하는 장으로서 3세대 팬덤 문화의 핵심이라 할 수 있다. 팬덤은 팬 사인회에 당첨되기 위해 많은 돈을 지급하므로 그에 상응하는 서비스를 받는 것이 중요하다고, 심지어는 당연하다고 여기면서 서비스 제공자/서비스 구매자의 구도를 적극적으로 승인한다.[16] 또한 3세대 팬덤은 아이돌의 일거수일투족을 다양한 미디어를 통해 공유하고 아카이빙하는 실천에 힘입어 아이돌 스타의 언어, 표정, 행동 하나하나를 감시하고 규율하기도 한다. 때때로 스타의 사생활을 침범하는 팬덤의 감시 및 규율 행위는 팬덤이 적극적인 소비를 통해 스타를 '먹여 살리'고 있기에 스타에게는 언제나 최선을 다해 팬들을 만족시킬 의무가 있다는 이유에서 정당화된다.

이렇듯 3세대 아이돌 팬덤의 친밀성은 상당 부분 소비를 매개로 조건화되어 있다. 아이돌 스타가 아이돌에게 요구되는 행동

규범을 잘 지켰을 때 팬덤은 스타에게 친밀감과 애정을 느끼며, 적극적인 소비로 애정을 증명해 보인다. 반대로 스타가 규범을 어겼을 때 팬덤은 이를 일종의 불공정행위로 판단해 스타를 비난하고 처벌하고자 한다.

  김수아는 소비자로서의 팬덤이 재화 자체가 아니라 "아이돌 그룹이 팬과 같은 생각을 하고 있다는 믿음"을 구매하며, 여기에서 "같은 생각"이란 능력과 경쟁에 기반을 둔 신자유주의적 성공에 대한 지향이라는 점을 짚어낸다.[17] 아이돌과 팬덤이 공유한다고 상상되는 실재는 아이돌의 성공을 제1의 목표로 두는 전제 위에 세워진 것이며, 이 실재가 팬덤의 열정적인 소비를 통해 지탱되고 있다는 인식이 소비자로서의 팬덤 정체성을 형성한다는 것이다. 그렇기에 팬덤은 아이돌 스타에 의해 실재에 금이 갔을 때 구매한 상품의 가치가 공정하게 교환되지 않았다고 판단해 그에 대한 보상과 처벌로서 자필 사과문을 요구한다.

  2015년을 전후로 한 페미니즘 대중화 이후 케이팝을 비롯한 대중문화 영역 전반에서 문화 콘텐츠에 대한 페미니즘적 비평이 여성들의 '피드백 운동'으로 나타나고 있는 현상을 분석한 이민주는 기존의 소비자 운동과 피드백 운동이 변별되는 지점을 짚어낸다. 기존의 소비자 운동은 주로 불매 운동의 형태로 이루어지는데, 불매 운동에서 소비자는 해당 기업의 상품을 소비하지 않으면서 종국에는 기업과의 관계를 중단한다. 반면 피드백 운동에서 소비자는 기업에 변화를 촉구하면서 기업과의 관계를 유지하고자 한다.[18] 즉, 소비자는 피드백의 성실도에 따라 피드백 과정 이후에도 계속해서 상품을 구매할 것을 전제한다.

아이돌 팬덤의 자필 사과문 요구 역시 소비자 정체성을 가진 여성 팬덤이 구매한 상품의 가치에 이의를 제기하면서 아이돌 스타가 변화할 것을 요구한다는 점에서 일종의 소비자 피드백 행동이라 할 수 있다. 중요한 것은 이러한 자필 사과문 요구가 언제나 스타와의 관계 유지 및 소비 지속을 전제하며, 여성 팬덤에 특유하다는 점이다. 남성 팬은 대체로 스타와의 의사소통을 통해 금이 간 실재를 봉합하려 하기보다는 스타에 대한 분노와 실망을 일방적으로 표출한 뒤 탈덕한다. 여자 아이돌 그룹 레드벨벳의 한 멤버가 소설 『82년생 김지영』에 대한 감상을 이야기하자 일부 남성 팬이 앨범을 부수고 사진을 태우는 퍼포먼스를 한 것에서도 알 수 있듯이 말이다. 반면 여성 팬은 대체로 의사소통을 통해 스타와의 관계를 계속해서 유지하고자 한다. 설사 탈덕한다 하더라도 의사소통을 시도한 뒤 탈덕하는 경우가 대부분이다.

2016년 5월 '방탄소년단 여성혐오 공론화'가 이루어진 이후, 케이팝 아이돌의 여성 팬덤은 여성혐오적 내용을 담은 노래 가사나 아이돌 멤버의 여성혐오적 발언에 대해 피드백 혹은 사과를 요구해 왔다. 그러면서 여러 사안에 대해서도 해시태그 연결 행동을 실행하면서, 기획사와 스타로부터 답변을 일부 받아내기도 했다. 아이돌 그룹의 성공을 위해 기획사와 함께 협력하는 관리자이자, 아이돌 스타의 처우에 관해 기획사나 방송사에 항의하고 개선을 요구하는 보호자, 동시에 아이돌이라는 상품을 적극적으로 구매하는 충성도 높은 소비자로서 스타에 대한 애정을 동력으로 삼는 팬덤의 행위성이 피드백 요구라는 형태로 구체화, 조직화되었다.

이렇게 기획사와 스타로부터 피드백을 받아낸 경험이 축적되어 만들어진 '해봤다'는 감각은 팬에게 기획사와 스타에게 원하는 것을 더욱 적극적으로 요구할 수 있게끔 했다.* 즉, 아이돌 팬덤의 자필 사과문 요구는 피드백 요구의 성공 사례가 늘어나면서 팬덤의 행위성과 권능감이 증대된 데 영향을 받았다고 할 수 있다.

그런데 이러한 피드백 성공의 경험은 팬덤의 행위성을 증대시키는 동시에 소비자 정체성을 강화하는 것이기도 했다. 피드백을 요구하기 위한 자격은 해당 상품을 소비했을 때만 주어지기 때문이다.[19] 게다가 기획사는 팬덤의 피드백 요구에 응답하는 것이 상품으로서 아이돌의 이미지를 관리하는 것이자 고객으로서 팬덤을 관리하는 것이기에, 피드백 요구에 어느 정도 응답함으로써 소비자/생산자 구도를 적극적으로 승인했다. 앞서 이야기했듯, 팬덤이 아이돌 스타에게 자필 사과문을 요구하는 이유는 스타의 불성실한 행동, 친밀성 규범에 어긋난 행동으로 인해 팬덤이 구매한 것에 흠집이 났기 때문이다. 그리고 이러한 소비주의 논리가 전제되는 한, 자필 사과문은 명시적으로는 아닐지라도 팬덤을 소비자로 호명하면서 팬덤의 소비자 정체성을 인정하고 강화하는 효과를 낳는다.

---

* 이러한 감각이 보편화한 데에는 팬이 '국민 프로듀서'가 되어 아이돌 그룹의 멤버를 직접 선택하는 형식의 프로그램 「프로듀스 101」 시리즈의 영향이 컸다. 이에 대해서는 신윤희, 「아이돌 팬덤 3.0. 연구」, 서강대학교 석사학위논문, 2018, 39~54쪽 참조.

결국 팬덤이 자필 사과문을 적극적으로 요구하고 받아냄으로써 행위성을 키워갈수록, 역설적으로 팬덤의 역량은 축소된다. 산업이 구축한 소비자/생산자라는 제한적인 구도에 갇히면서 팬덤이 취할 수 있는 선택지가 소비한다/소비하지 않는다 두 가지로 제한되기 때문이다.

친밀성의 피드백 루프와 팬심의 안정화

그렇다면 애당초 아이돌 스타와 팬덤이 공유하는 실재는 왜 깨지지 않은 채 유지되어야 할까? 이에 답하기 위해서는 먼저 아이돌과 팬덤 사이의 친밀성이 소비를 매개로 조건화된다는 점이 암묵적으로만 통용되지, 결코 명시적으로 표현되지 않는다는 사실에 주목해야 한다. 이는 2017년 남자 아이돌 세븐틴의 한 멤버가 팬 사인회에서 "너한테 나는 어떤 존재?"라는 팬의 물음에 "밥줄"이라고 답하자, 세븐틴의 팬덤에서뿐만 아니라 아이돌 팬덤이 높은 비율을 차지하는 몇몇 온라인 커뮤니티와 트위터에서 큰 논란이 되었던 것에서 잘 드러난다. 그 멤버는 아이돌과 팬덤 사이에 존재하는 암묵적인 합의를 깬 셈이다.

이러한 암묵적인 합의가 존재하는 이유는, 아이돌과 팬덤의 관계가 애정을 기반으로 한 호혜적인 관계라는 정의가 아이돌과 팬덤이 공유하는 가상적 실재를 내적으로 규정하기 때문이다. 여기에는 대량 생산되고 특색 없는 '가짜'가 아닌 인간적이고 꾸밈 없는 '진짜'에 더 높은 가치를 부여하는, 현대 사회의 진정성 담론이 반영되어 있다. 다시 말해, 아이돌 스타와 팬덤은 친밀성이 거래되고 있음을 서로 인지한다. 하지만 아이돌과 팬덤만이 공유하는 실재를 진정한 것으로 유지하기 위해서, 즉 팬덤이 아이돌에게 느끼는 애정과 애착이 그저 금전을 매개로 한 가짜가 아닌 인간 대 인간으로 느끼는 진짜임을 보장하기 위해서 이를 '티 내지' 않는다. 따라서 아이돌 스타는 스스로 팬심을 헤아림으로써 암묵적인 규범을 따르고, 팬덤이 스타에게 기대하는 것을 '알아서' 실행해야 한다.

아이돌이 암묵적인 규범을 충실히 따를 때 팬덤은 아이돌의 말과 행동이 진정성 있다고 여긴다. 평소 아이돌과 팬덤이 공유하는 가상적 실재는 아이돌과 팬덤의 관계가 애정을 기반으로 한 호혜적 관계이자 아이돌의 성공이라는 목표를 향해 달려가는 공동체적 관계라는 합의하에 유지된다. 팬덤은 아이돌 스타의 근면 성실한 태도와 애정 어린 행동이 그저 보여주기 위한 것이 아니라 스스로에게도 진실한 것이리라 생각한다.

그러나 스타가 특정 규범을 어겼을 때, 즉 아이돌의 앞면과 뒷면이 팬들이 알던 혹은 기대한 것과 달랐을 때 팬덤은 이를 일종의 기만이자 배신이라 여긴다. 지금까지 팬덤을 향한 스타의 모든 말과 행동이 성실한 것이었을지언정 진정한 것은 아니었음을, 다시 말해 아이돌과 팬덤의 관계가 애정에 기반한 호혜적 관계가 아닌 그저 금전을 매개로 한 조건적 관계에 불과했음을 드러냈다고 생각하는 것이다. 팬덤에게 스타의 규범에 어긋난 행동은 성실성의 상실인 동시에 진정성의 상실이다. 그렇기에 팬덤은 스타에게 공유된 실재의 진정성, 팬이 스타에게 느끼는 친밀한 감각의 진정성이 상실된 것에 대한 책임을 물으면서 자필 사과문을 요구한다.

이렇게 팬덤이 자필 사과문을 요구할 때 최대한 빠르게 올릴 것을 강조한다는 점은 특기할 만하다. 이태원 아이돌 사건에서도 자필 사과문의 내용에 관한 평가보다 누가 가장 먼저 자필 사과문을 올렸는지에 관한 비교가 각 아이돌 그룹의 팬덤을 아우르는 주된 담론이었다. 이는 이민주가 피드백 운동에 관해서 지적했듯, 사과문을 요구하는 여성들에게 주체로서 지위의 인정과 동등한 소통에 대한 욕망이 있다는 점을 방증한다.[20] 그리고 이러한 인정과 소통을 향한 욕망은 아이돌 스타에게 자필 사과문을 요구하는 이들이 대부분 남자 아이돌의 여성 팬덤이며 아이돌과 팬덤이 공유하는 실재가 깨졌을 때 여성 팬과 남성 팬의 반응이 확연한 차이를 보인다는 점에서도 드러나듯 젠더화되어 있다.

케이팝 아이돌 팬덤 문화에서 인정과 소통을 향한 욕망이 젠더화된 이유는 친밀성의 거래가 비대칭적인 젠더 구조에서 이루어지기 때문이다. 남성이 여성의 친밀성을 구매하는 것은 가부장적 질서를 따르는 행위지만, 여성이 남성의 친밀성을 구매하는 것은 이를 거스르는 행위다. 그러므로 이성애적 욕망을 중심으로 이원화되어 있는 한국의 아이돌 시스템에서 팬덤의 소비자 정체성은 젠더에 따라 상이하게 구조화되는 양상을 띤다. 남자 아이돌의 여성 팬은 구조적으로 남성의 친밀성 서비스를 구매하는 적법한 소비자로 위치 지어질 수 없기에, 소비자로서의 팬덤 정체성을 형성하는 데 서비스 제공자(아이돌 스타)의 인정을 필요로 한다. 즉,

여성 팬의 팬 정체성은 아이돌과 팬덤의 상호 인정에 의해 작동하는 친밀성의 피드백 루프에 더욱 밀접하게 연동되어 있다. 결국 여성 팬이 스타와의 의사소통에 자신을 적극적으로 투여하는 이유는, 이로써 아이돌과 팬덤이 공유하는 가상적 실재가 봉합될 뿐만 아니라 팬으로서 자신의 정체성이 안정화되기 때문이다.

일루즈는 현대 자본주의 사회에서 '소통'이 자기관리 기술이자 기업 경영 기술로서 중시되고 있으며, 여기에서 소통이란 "감정적, 언어적 자기관리를 통해 사회적 인정의 패턴을 추구"하는 것이라고 분석한다.[21] 이러한 자본주의 소통 모델에서 소통하는 자의 욕망과 감정은 평등하고 공정한 교환을 창출하기 위해 지식화된다.[22] 마찬가지로 아이돌과 팬덤이 공유하는 실재의 진정성이 상실되었을 때 이를 일종의 불공정한 교환이라고 판단하는 여성 팬은 자신의 감정을 관리하고 지식화하면서 스타와의 의사소통에 뛰어든다.

여기에서 여성 팬의 감정은 판단의 기준이 된다. 스타가 신속한 대응을 보임으로써 여성 팬을 적법한 대화 상대로서 인정하고 이들의 감정에 적절하게 대응할 때 이는 성실한 의사소통으로 평가받는다. 비록 아이돌과 팬덤이 공유하는 실재의 진정성이 상실되었으나, 스타가 팬덤의 애정과 헌신이야말로 아이돌 그룹을 존재하게 한다는 점을 강조하면서 아이돌과 팬덤의 유대 관계를 회복하고자 하기 때문이다. 이와 같은 의사소통 기술은 아이돌 스타와의 관계를 지속하고 팬으로서의 인정을 구함으로써 자신의 정체성을 안정화하고자 하는 여성 팬의 욕망과 조응하면서, 아이돌과 팬덤 사이에서 어긋났던 피드백 루프를 다시 작동시킨다.

이렇게 재안정화된 피드백 루프는 팬덤과 아이돌의 관계를 호혜적이고 공동체적인 것으로 정의하는 내적 규범을 재도입한다. 이는 여성 팬의 팬심을 안정화함으로써 이들의 팬덤 이탈을 막고, 이들이 소비를 지속하도록 하는 데 핵심적인 역할을 한다. 문제는 이러한 회귀로 인해 아이돌이 수행하는 친밀한 팬 서비스가 일종의 노동이라는 점이 적극적으로 비가시화된다는 점이다. 친밀성의 가상적 실재를 유지하기 위해 투자되는 아이돌의 일상적인 감정 노동은, 이 실재를 지탱하는 것이 다른 무엇도 아닌 팬덤의 열정적인 소비라는 전제에 의해 당연히 감내해야 하는 것으로 자연화된다. 더구나 이 실재가 아이돌 스타의 불성실한 행동으로 인해 깨졌다고 여겨질 때 스타는 팬덤의 계속된 소비에 보답하기 위해서라도 이전보다 더욱 성실한 태도를 보일 것이 요구된다. 결국 아이돌이 감당해야 하는 감정 노동의 무게는 아이돌의 극단적인 노동 조건을 조성해 온 산업, 그리고 친밀성에 대한 욕망을 충족시키는 과정에서 이를 당연시해 온 팬덤에 의해 갈수록 무거워지는 중이다.

자필 사과문을 쓰고 나면?

케이팝이 초국적인 인기를 얻으며 전례 없는 산업적 성공을 누리는 현재, 케이팝의 생산자들은 한국적인 규준뿐 아니라 세계적인 규준에도 부합해야 하는 이중의 과제를 안는다. 한국에서 아이돌은 그 어떤 정치적인 발언도 허용되지 않는 탈정치화된 존재로 위치 지어진다. 그러나 글로벌 팬덤의 문제 제기에 대해서는 세계 시장에서 스타가 표상하는 가치를 보존하기 위해서라도 대응할 필요가 있다고 간주된다.[23] 일례로 2020년 9월에는 신인 남자 아이돌 그룹 피원하모니의 한 멤버가 데뷔 전 친구들과 함께 운영하던 트위터 계정에서 몇몇 아이돌 멤버에 대한 인종차별적 내용을 게시한 것이 논란이 되면서, 그에 대한 해명이 담긴 자필 사과문을 한글과 영문 두 가지로 업로드했다. 자필 사과문의 독자가 이제 한국의 대중 및 팬덤뿐 아니라 케이팝의 글로벌 팬덤으로까지 확장되고 있다.

이렇듯 케이팝 아이돌이 표상하는 가치가 확장될수록 아이돌 스타가 따라야 하는 규범은 세분화하고 증가한다. 따라서 아이돌 스타가 자필 사과문을 씀으로써 성실성과 진정성을 증명해 보여야 할 사안의 목록은 앞으로 늘어날 것만 같다. 이는 아이돌 스타가 감당해야 할 감정 노동의 양이 늘어난다는 뜻이기도 하다. 더군다나 자필 사과문을 요구하고 받아내는 과정에서 투여되는 여성 팬들의 감정은 공정한 교환을 위해 지식화된다고 하더라도 언제나 잉여가 있기 마련이다. 아이돌에 대한 팬덤의 애정이 양화될 수 없는 진정하고 순수한 것이어서가 아니라, 소비자/생산자라는 제한적인 구도에서는 교환하기에 적절한 감정만이 지식화될 수 있기 때문이다. 즉, 여성 팬들이 사과문을 기다리면서 감정을 관리할 때 대부분은 지식화되지 않은 채로 소진된다. 그리고 지식화되지도 교환되지도 못한 감정 및 욕망은 계속해서 잠재해 있으면서 아이돌과 팬덤 사이의 친밀성 피드백 루프를 작동시킨다. 이는 다시 아이돌 스타의 일상적인 감정 노동으로 귀결된다. 결국 팬덤이 산업과 연동하면서 형성해 온 친밀성 구조는 팬덤이 아이돌에게 느끼는 친밀감과 팬으로서 느끼는 권능감을 증대시켰다. 하지만 그만큼 아이돌의 노동 강도를 강화했으며, 팬덤의 행위 역량을 소비 차원에 제한함으로써 팬들의 감정을 소진시키기도 했다.

게다가 최근 일부 팬덤은 '성공한' 의사소통의 예를 들며 자신의 스타에게 최소한 이에 따르는 태도를 보일 것을 다그치는 모습을 보인다. 예컨대 동방신기의 최강창민이 결혼을 발표하며 쓴 자필 편지와 엑소의 첸이 결혼을 발표하며 쓴 자필 편지를 비교하면서 전자를 성공한 예, 후자를 실패한 예로 드는 식이다. 이러한 비교에서 관건이 되는 것은 자필 사과문 혹은 자필 편지의 내용과 형식이 아니라 그 스타가 아이돌로서 팬에게 지금까지 얼마나 성실한 태도를 보여왔는지다.

팬덤이 이렇게 '성공한' 선례를 들면서 아이돌 스타의 행실을 단속하려는 이유는, 아이돌을 팬덤이 향유하기에 최대한 안전한 대상으로 만듦으로써 나중에 발생할지 모르는 실재의 균열을 미리 방지하기 위함일 테다. 그러나 '성공한' 자필 사과문과 '실패한' 자필 사과문의 예시가 늘어나고 이를 통해 사과의 성공 전략을 파악한다고 해서, 아이돌에게 언제나 근면 성실을 요구하고 아이돌의 연애와 결혼을 상징적인 차원에서 금지하는, 아이돌 산업을 지탱하는 근본 전제가 달라질까? 다시 말해, 팬덤이 아이돌을 '좋아하기에 안전한' 대상으로 만들기 위해 스타의 행실을 단속하는 고삐를 조이고 스타에게 자필 사과문을 강력하게 요구하고 받아 냄으로써 주체로서의 인정과 감정적인 보상을 얻어낸다 해서, 아이돌과 팬덤 모두를 소진시키는 케이팝의 친밀성 구조가 변화할까? 나의 대답은 부정적인 쪽으로 기운다.

4부
여덕, 팬덤 그리고 코로나19

10장
다시 만나는 여덕, 소녀시대 GL 팬픽*

고윤경

여덕 트친소의 시대

'여덕'은 여성과 오타쿠의 한국식 표현인 '덕후'의 합성어로 드라마, 만화, 영화, 게임, 스포츠 등 다양한 장르의 여성 팬을 통칭하는 용어다. 다만 아이돌 팬덤에서는 주로 여성 아이돌의 여성 팬(이하 여돌여팬)을 가리킨다. 남성 아이돌(남돌)의 팬이 여성이니

* 이 글은 『여성문학연구』 50호에 실린 논문 「여성 아이돌을 향한 여성 팬 응시의 역동: 소녀시대 여성 동성성애 팬픽을 중심으로」를 수정, 보완한 것이다.

여성 아이돌의 팬은 남성일까? 한국의 경우 아이돌 스타의 성별과 관계없이 어느 쪽이든 팬덤의 주축은 여성이다. 1990년대 아이돌의 태동기를 이끌었던 10대 소녀들은 남돌의 팬이었을 뿐 아니라 여돌의 팬이기도 했다. 한때 삼촌팬이 여돌 팬덤을 과잉 대표하며 스포트라이트를 독차지하기도 했지만, 20여 년이 넘는 여돌의 역사를 통틀어 여돌 팬덤의 핵심을 구성하고 독특한 문화를 만들어 온 것은 여덕이었다.

　그러나 여성 아이돌에 대한 여덕의 애호는 오랫동안 터부시되며 가시화되지 못했다. 2010년대 초반까지만 해도 여덕에게 '일코(일반인 코스프레)'란 아이돌의 팬이라는 사실 뿐 아니라 여성 아이돌의 팬이라는 사실을 숨기는 것을 뜻했다. 여돌여팬은 여성 아이돌 팬 커뮤니티에 마련된 여팬친목방, 여팬수다방 등의 폐쇄적이고 한정된 공간에서 서로의 존재를 확인했으며, 여덕으로 정체화하는 데 있어서의 어려움을 조심스럽게 공유했다. 남성이 아닌 여성 스타를 향하는 여덕의 팬심은 좀처럼 이해받을 수 없는 것이면서, 그 자체로 레즈비언 혐의를 받는 것이었다.

　최근 몇 년 사이 이러한 상황은 전환을 맞았다. 트위터는 이를 가장 극적으로 확인할 수 있는 공간이다. 2010년대 이후 온라인 활동의 주 거점이 기존의 인터넷 커뮤니티에서 SNS로 이동했다. 아이돌 팬덤의 주요 플랫폼 역시 팬카페에서 SNS로, 그 가운데서도 익명성이 강하며 여러 개의 계정을 분리 운영할 수 있는 트위터로 변화, 확장했다.[1] 이와 함께 팬 활동은 폐쇄적인 온라인 커뮤니티 안에서 소속감을 확인하며 공동체 의식과 하위문화를 만들어가던 것에서, 이질적이고 다양한 이들이 접근할 수 있는 익명의 공간에서 취향을 드러내고 정보를 빠르게 공유하면서 개인이 팬 네트워크를 선택적으로 구축해 가는 방식으로 변모했다.

트친소(트위터 친구 소개)는 자신의 취향을 소개하면서 상호 팔로우할 트위터 친구를 모집하는 것으로, 트위터 공간에서 네트워킹하는 주요 양식이다. 재미있는 것은 여덕임을 전면에 내세우면서 또 다른 여덕을 찾는 '여덕 트친소'를 심심찮게 찾아볼 수 있다는 점이다. 이 트친 모집은 여돌을 좋아하는 여성 팬으로서 자신을 공개적으로 드러낸다. 특히 같은 여돌의 팬일지라도 남덕은 배제하고 여덕만을 가려 받는 배타성을 특징으로 하면서 여덕끼리의 정체성과 네트워크를 강하게 지향한다. 익명성과 개방성이 강조되는 SNS 공간을 통해 종전에는 터부시되고 제한되던 여성 아이돌을 향한 여덕들의 애호가 적극적이면서도 집합적으로 드러나고 있는 셈이다.

걸 크러시만으로 충분한가

과거에 비해 여성들이 여성 아이돌 스타를 향한 팬심과 여덕으로서의 정체성을 드러내는 데 적극적인 배경에는 2010년대 하반기에 재부상한 페미니즘의 영향이 자리한다. 2015년 메갈리아를 기점으로 여성혐오에 도전하며 응수하는 여성들의 대항 발화가 터져 나왔고, '나는 페미니스트다'라는 선언과 함께 다양한 영역에서 성차별과 성폭력을 고발, 폭로하는 공론화의 물결이 이어졌다. 여성들이 여성으로서의 경험을 공개적으로 발화하며 자신을 가시화하고, 다른 여성에 대한 공감과 지지를 표명하며 결집하는 일이 온라인 공간을 중심으로 활발하게 펼쳐졌다.

이 시기 '걸 크러시'가 대중문화 영역에서 주요 트렌드로 떠오른 것은 우연이 아니다. 한국의 젠더 규범과 여성혐오, 남성호모소셜의 헤게모니 등을 비판하고 나선 여성들은 자신을 대변할 수 있는 여성 모델에 호응하기 시작했다. 대중문화에서 성역할을 뛰어넘거나 기존의 여성 이미지로부터 탈피하는 여성 스타들에게 응원과 지지를 보냈다. 여성 아이돌 가운데 마마무가 걸 크러시로 거론된 시초격이라고 할 수 있다. 2014년 데뷔한 마마무는 2015년 「음오아예」 뮤직비디오에서 다른 걸그룹들과 자신을 차별화하는 이미지로 남장 콘셉트를 시도했고, 여성들의 열광적 반응을 얻어 스타덤에 올랐다. 걸 크러시의 부상 속에서 여돌을 비롯한 동시대 여성 스타들에 대한 관심과 지지는 반드시 여덕의 팬심이 아니더라도 여성 연대의 하나로 해석될 수 있는 여지를 얻었다. 그뿐만 아니라 그간 여돌여팬들이 토로한 불만들, 가령 당연시되는 여돌에 대한 외모 평가나 비하, 연예산업 내 차별적인 대우나 주변화된 지위와 같은 문제들이 여성의 현실로 조명되면서 공론화되었다.

이러한 같은 여성으로서의 여돌에 대한 관심이 늘어나면서 여성이 여성 스타에게 느끼는 호감이나 애정은 더 이상 위험하거나 이상한 것이라기보다 대중적으로 수용될 수 있는 감정이 되었다. 여덕에 대한 연구나 저술이 희귀한 가운데 2018년 논문에서 정소연은 이제 여돌여팬이 "레즈비언 의혹으로부터 면피하려고

하지 않을 뿐만 아니라 적극적으로 수용하기까지 한다"면서 이를 변화한 3세대 여덕의 특징으로 제시했다.[2] 하지만 걸 크러시로 표현되는 여돌을 향한 호감은 여성 동일시와 임파워먼트적 측면을 부각하면서 여덕의 팬심에서 성애적 차원이 본격화하는 것을 억압하는 효과를 낳기도 한다.

가령 앞서 언급한 마마무의 남장은 「음오아예」의 이야기로 보자면, 명백히 다른 여성에게 성적인 관심과 반응을 일으켜서 접근하게 만드는 성적 매력 장치이다. 그러나 그것이 걸 크러시 담론 속에서 읽힐 때 레즈비어니즘에 대한 함의는 지워지고, 대신 여성 아이돌 스타가 기존의 여성성을 깨고 새로운 이미지에 도전한다는 측면만이 강조된다. 여심을 저격하는 바람에 일련의 성적인 혼란과 소동을 일으키는 여돌의 '잘생쁨'은 여성 간의 섹슈얼한 관계라는 맥락이 아니라, 다른 여성에 대한 여성의 선망이나 동경, 대리만족이라는 비교적 안전한 차원에서 해석된다. 걸 크러시는 여덕이 자신의 취향을 드러내는 데 어느 정도 편한 환경을 제공했다. 하지만 여덕의 애호에서 성애적 관심이나 욕망의 차원을 비가시화하면서 이들의 취향이 가지는 위험한 측면을 탈색한다.

과거 여덕이 레즈비언 의혹에 관해 회피적인 태도를 보인 것은 분명하다. 그렇다고 자신의 여돌 취향과 애호가 내포하는 레즈비어니즘적 함의를 부정했다고 보기는 힘들다. 도리어 여덕은 표면적으로는 레즈비언 의혹에 대해 애매하고 모호한 태도를 보이는 한편 GL 팬픽이라는 고유한 하위문화를 형성하면서 레즈비어니즘에 대한 위험한 판타지와 욕망을 노골적으로 전개했다. 자신을 향하는 레즈비언 의혹을 충분히 의식하고 있었으면서도 여덕은 왜 동성애를 전적으로 부인하기보다 오히려 여성 간 동성애에 대한 판타지를 쓰고 읽으며 탐닉했을까? 레즈비어니즘에 대한 환상을 통해 여덕이 밀고 나간 쾌락과 욕망은 무엇이었을까?

GL 팬픽

남돌 사이의 동성애를 묘사하는 BL 팬픽은 팬덤 하위문화의 차원에서 쓰고 읽혀 왔지만, 그러한 문화가 있다는 것 정도는 대중에게도 비교적 알려져 있었다. 실제 남성 아이돌 그룹의 열성 팬이자 동성팬픽을 쓰는 여고생 캐릭터가 「응답하라 1997」과 같은 인기 드라마의 주인공으로 등장하기도 했다. 이에 비해 여돌 GL 팬픽은 '여성 아이돌 팬픽도 있느냐'는 질문을 받을 정도로 그 존재 자체가 비가시화되어 왔다. 이러한 사정은 지금도 마찬가지다.

이 같은 경향은 아이돌 팬픽을 긍정적으로 평가해 온 기존의 팬덤 및 팬픽 연구에서도 확인된다. 지금까지 주로 언론학과 여성학 분야에서 이뤄져 온 국내 팬덤 연구는, 여성이 주류를 이루는 대중문화 팬덤이 단순히 산업에 가망 없이 포섭된 맹목적이고 미성숙한 추종자라는 가정에 반대하면서 능동적 문화 주체란 사실을 조명했다.[3] 특히 아이돌 팬픽은 주어진 콘텐츠를 적극적으로 전유해 새로운 의미와 즐거움을 만들어내는 팬덤의 생산성을 보여주는 대표적 사례다. 팬픽은 기본적으로 스타를 매개로 주로 여성 팬들에 의해 생산되는 2차 창작물인 데다가, 노골적인 성애 묘사를 포함하는 동성애 서사가 주류를 이룬다. 팬픽은 단지 '변태적 망상'에 불과한 것이라기보다, 이성애에 기초한 지배적이고 위계적인 성적 질서의 압력 속에 놓인 여성이 현실에서 금기시되는 성애에 대한 욕망을 적극적으로 표출하고 성 정체성을 실험적, 유동적으로 재구성하는 장으로 기능해 왔다.[4]

그런데 여성 팬의 능동적 문화 능력과 기존 성 정치학에 대한 전복적 함의를 높이 산 기존의 팬픽 연구들은 남돌 BL 팬픽 분석에 치우쳐 있으며, 여돌 GL 팬픽에 관한 연구는 전무하다시피 하다. 그러나 남돌 팬덤뿐 아니라 여돌 팬덤 안에서도 동성애 팬픽은 왕성하게 창작, 향유됐으며, 그러한 레즈비언 판타지를 생산하고 즐긴 주체 역시 여성 아이돌의 여성 팬들이었다. 다수의 GL 팬픽이 여돌 멤버 간의 성애 표현을 포함하고 있었으며, '수위 팬픽'이라 불리는 노골적이고 강도 높은 섹스 장면을 묘사하는 일군의 소설들, 특히 성관계 묘사가 전부이면서 목적이 되는 소위 '떡픽'도 존재한다. '여돌을 좋아하는 나는 레즈비언인가'라는 추궁에 관해서는 명시적으로 답변하기를 꺼리면서도, 하위문화의 차원에 굳이 레스비어니즘에 대한 호기심과 판타지를 선명하게 기입하고 즐겨온 이 여덕들의 모순적 행위성을 어떻게 이해해야 할까? GL 팬픽을 읽고 쓰기에 몰두한 여돌여팬이란 대체 어떤 존재들이고, 이들은 이러한 이야기를 읽고 쓰면서 무엇을 하려 했을까?

오, 빠/순이를 사랑해

이제 20년을 넘어가는 여덕의 역사, 그리고 그것과 함께해 온 여돌 GL 팬픽의 역사에서 레전드로 남아 있는 것이 소녀시대 팬픽이다. 소녀시대에게는 상당 규모의 여덕이 있었고, 이 여성 팬덤은 방대한 양의 팬픽을 생산했다. 2010년대 중반 이후 멤버의 탈퇴와 소속사 이적으로 사실상 완전체 그룹 활동이 어려워지면서 현재는 많은 팬픽 카페와 사이트 운영이 중단된 상태다. 하지만 소녀시대 팬픽은 아직도 여돌 팬픽계에서 타의 추종을 불허하는 양과 스펙트럼을 보여준다.

"그런데 왜 소녀시대야?" 사실 소녀시대 여덕이라면 이런 질문이 낯설지 않을 것이다. 우선 이 질문은 두 가지 의미일 수 있다. 왜 덕질의 대상이 남돌이 아닌 여돌인지, 여돌 중에서도 하필 왜 소녀시대인지 하는 것이다. 이는 여러 여성 아이돌 가운데서도 소녀시대가 정확히 남성을 겨냥한 이미지 전략을 구사하면서 전성기를 구가한 걸그룹이었기 때문이다. 실제 소녀시대는 노골적이고 반복적으로 '오빠'를 호명했다.

한국에서 여돌여팬은 항상 존재했다. 하지만 이들은 오랫동안 연예산업의 명시적 타깃이 되지 못했다. 소녀시대의 여덕은 기획사의 전략에서 특히 배제되고 주변화되었던 여성 팬덤이다. 2007년 데뷔한 소녀시대는 소위 '아이돌 2세대'의 선두주자로, 순수한 요정 이미지를 강조했던 1세대 소녀 아이돌과 달리 적극적으로 성애적 이미지를 사용하는 전략을 구사했다.[5] 소녀시대는 원더걸스와 함께 이러한 전략 변화를 통해 '걸그룹 전성시대'를 열었다. 소녀시대 앨범의 콘셉트, 의상, 안무, 뮤직비디오는 볼거리로 소녀 신체를 강조했다. 성애적 이미지를 전면에 내세우더라도 여성을 향해 '멋진 언니' 이미지로 주목받은 브라운아이드걸스와 달리 소녀시대는 남성에게 소구하는 전략을 일관되게 사용했다. 이를 통해 성인 남성을 대거 팬덤으로 포섭하는 데 성공함으로써 삼촌팬 현상을 불러일으켰다.

소녀시대 여덕에게는 "오빠만 챙기는" 기획사의 전략과 자신의 주변화된 위치에 대한 오랜 불만이 존재한다.[6] 팬덤 내 여덕의 비중이 작지 않음에도 삼촌팬이 소녀시대 팬덤을 대표했으며, 기획사의 전략 역시 남성 판타지를 자극하는 방향에 집중되었다. 소녀시대 여덕들은 노골적으로 무시되는 여성 팬의 응시를 써넣는 고유한 방식들을 고안하고 이를 자신의 놀이로 향유했다. 가령 「소원을 말해봐(Genie)」의 "I'm Genie for you, boy!"란 가사를 "I'm Genie for you, girl!"로 고쳐 부른다거나, 「Oh!」의 "오빠를 사랑해"를 "오, 빠순이를 사랑해"로 늘려 부르는 식이었다. 소녀시대를 향한 여덕의 응시는 스타 시스템의 의도 바깥에 있거나 그를 초과했다. 오빠들을 향해 사랑 노래를 부르는 여돌에 대한 능동적인 해석과 전유 실천으로서 이들의 덕질은 동성애적 여성 응시와 판타지의 공간을 창출해 냈다.

여덕의 동성애적 응시와 레즈비언 판타지는 소녀시대를 향한 지배적 응시에 대한 비판적 성격을 갖는 것이기도 했다. 소녀시대 여덕은 멤버들이 남성 커뮤니티에서 외모를 평가당하거나 '야짤' 등으로 대상화되어 소비되는 방식에 분노했다. 또한 남성 연습생/아이돌과의 소문으로 성적으로 문란하다는 비난을 일방적으로 받으면서 아이돌 팬덤 내 다른 여성들에게 공공의 적으로 적대시되는 것에도 적잖은 스트레스를 받았다. 한국 아이돌 산업의 성애화 전략과 남성 중심적 성질서가 교차하는 가운데서 남성들에게 대상화된 채 소비됨과 동시에 '여성의 적'이었던 소녀시대를 레즈비언으로 상상한다는 것은 여덕에게 일종의 출구였다.

자신이 애호하는 여성 아이돌 스타가 남성들 사이에서 폭력적으로 소비되고 부당하게 취급받는 문제와 관련해 소녀시대의 성인 남성 팬덤은 자신의 성애적 응시나 환상을 부정, 회피하고 삼촌팬이라는 유사 가족 담론을 만들어 소녀 응시에 대한 도덕적 알리바이를 구축하려 했다.* 반면 소녀시대의 여덕은 자신이 레즈비언 혐의로 추궁당하는 것을 두려워하면서도 소녀시대를 향한 지배적/남성적 응시와는 다른 동성애적 여성 응시와 레즈비언 판타지의 공간을 만들었다. 실제로 무척 방대한 여성 동성애 팬픽 서사를 생산하고 누렸다.

---

* 삼촌팬 담론은 여성 아이돌의 성인 남성 팬덤이 주로 남성 커뮤니티를 중심으로 진행된 롤리타 콤플렉스 논쟁에 대응하는 과정에서 만들어졌다. 이들은 자신의 팬 소비를 소녀들에 대한 불순한 성애적 관심이나 성적 대상화와 다른 것으로 구분 짓고, 건강하게 성장하는 소녀들을 돌보고 후원하며 걱정하는 가족임을 자처하며 자신을 삼촌팬으로 정체화했다. 삼촌팬 담론이 형성되고 그것이 성인 남성 팬덤의 정체성으로 자리 잡는 과정에 관해서는 김수아, 「소녀 이미지의 볼거리화와 소비 방식의 구성: 소녀 그룹의 삼촌팬 담론 구성」, 『미디어, 젠더 & 문화』 제15호, 한국여성커뮤니케이션학회, 2010, 95~112쪽 참조.

레즈비언 응시

로라 멀비는 1975년의 기념비적 논문 「시각적 쾌락과 내러티브 영화」에서 여성을 볼거리로 대상화하는 할리우드 영화 관습에 관해 비판하면서, 이것이 응시 주체로서 남성의 지위를 영속화하는 방식일 수 있음을 지적했다.[7] 이는 단순히 이미지 자체만이 아니라 이미지가 구성, 향유되는 과정에 성적 불균형이 내재하고, 이것이 구조적으로 재생산될 수 있다는 문제를 짚었다는 점에서 획기적이었다. 하지만 재현 구조 내 불평등을 강조하는 차원에서, 주류 영화를 보는 즐거움은 근본적으로 남성적이고 여성 응시는 불가능하다고 본 멀비의 논의에는 지나치게 결정론적이고 비관적인 면이 있었다.

이후 문화 수용의 차원에서 여성의 응시가 있으며, 반드시 남성과 동일시하지 않으면서도 여성의 쾌락이 가능하다는 사실을 보여주는 여러 증거가 제출되었다. '레즈비언 응시'는 도발적이고도 강력한 여성 응시의 대표적 사례다. 안드레아 와이스는 1930년대 할리우드 여성 스타를 바라보는 레즈비언 응시를 연구하면서 레즈비언 관객이 마를레네 디트리히, 그레타 가르보, 베티 데이비스, 캐서린 헵번 등에게 가졌던 특별한 매력과 호소력을 탐구한다. 당시 레즈비언 관객은 영화 속 이미지(카바레에서 여성 간 키스 장면, 남성적 또는 양성적 복장)와 여성 스타들을 둘러싼 레즈비어니즘에 대한 소문을 이용해서 여성 스타들을 레즈비언 욕망을 이끌어낼 수 있는 모델로 전유했으며, 자신들의 레즈비언 정체화 자원으로 활용했다.[8]

여성 아이돌 간 동성애를 상상하고 이를 팬픽으로 서사화해 공유하는 여덕 역시 스타의 이미지를 이용하고 전유해 자신의 욕망과 즐거움을 만들어내는 레즈비언 응시를 수행한다. 이들의 응시는 애초 남성적 응시의 대상으로 제작된 여성 스타의 성적 이미지를 레즈비언 관계에 대한 환상 속에 놓으면서 지배적 응시와의 차이를 생산한다. 1930년대 할리우드 영화가 풍긴 레즈비언 암시는 사실 바이스의 지적대로 "레즈비언 수용자들을 겨냥한 것이라기보다는 여성 동성애에 대한 남성들의 관음증적 흥미를 끌려는 것"[9]이었다. 즉 레즈비언 응시는 영화 산업에 의해 의도된 것이 아니라, 그 의도의 가장자리에 있던 레즈비언 관객들이 자신의 환상을 개입시켜 응시의 대상 자체를 창조해 내는 적극적 수행이었다. 소녀시대 팬픽 역시 이러한 레즈비언 응시이다. 팬픽의 작가이자 독자인 여덕은 여성 스타에 대한 동성애적 환상을 의도적으로 만들어내고 증폭시키면서 여덕의 응시 대상과 응시 자체를 구성해 내려 한다.

소시 팬픽이 공급인 이유

남돌 팬픽과 마찬가지로 여돌 팬픽 역시 성애를 포함하는 연애 서사가 대부분이고, 그 가운데서도 여성 멤버 간 동성애를 다루는 GL 팬픽이 특히 압도적이다. 여돌 팬덤 안에서도 팬픽은 여덕이 주로 생산, 향유한 문화였기 때문에 팬픽의 레즈비어니즘은 기본적으로 '여성향' 성 판타지라 할 수 있다. 그리고 이 팬픽들은

'남성향' 레즈비언 재현이나 포르노와 자신을 구분 지으려는 자의식과 전략을 가져왔다.

소녀시대 GL 팬픽, 특히 어느 정도 이상의 노골적인 성 표현을 포함하는 '수위 팬픽'들은 대다수가 '공금'으로 생산, 향유되었다. 공금이란 해당 팬픽이 게시된 공간 이외의 불특정 다수에게 공유되는 것을 금지한다는 뜻이다. 이러한 팬픽은 보통 팬 커뮤니티나 팬픽 카페, 팬픽 작가가 자체적으로 개설한 사이트나 블로그 등에 올라왔다. 이 공간은 일정한 회원가입 절차를 거쳐야 하거나 등급 설정을 통해 접근권이 제한되는 곳들로, 팬픽에 등장하는 여성 아이돌에 대한 애정과 팬픽 문화에 대한 이해와 존중이 전제, 약속된다.

이는 우선 팬픽 자체가 팬덤 내에서 음지 문화가 되어간 흐름과 무관하지 않다. 한국 아이돌 팬덤 실천의 지배적 양상은 2000년대 이후 소위 2세대로 접어들면서, 스타에 대한 열광과 모방에서 스타의 커리어 형성과 이미지 관리에 참여하는 일종의 매니지먼트 수행으로 바뀌었다.[10] 이와 함께 팬픽을 포함한 RPS(Real Person Slash)는 스타에 미칠 영향을 고려해 어디까지나 비공식적으로 생산되고 공유되어야 한다는 것이 팬덤의 내부 규범으로 자리 잡았다. 특히 2000년대 초반 팬픽의 수위 높은 (동)성애 장면 묘사와 그것이 청소년에게 미치는 영향이 언론 등을 통해 사회적 문제로 떠오른 이래 온라인상에서 팬픽의 무분별한 검색과 공유를 경계하는 팬덤의 인식과 규율의 분위기가 만들어졌다. 그리고 팬픽 '판'을 보호하기 위해서라도 다수의 수위 팬픽이 공금으로 생산되었다.

　그런데 남돌 BL 팬픽에 비해 여돌 GL 팬픽에서 일찍 일반화되었으며 월등히 그 수가 많았던 공금 팬픽에는 이러한 방어적 의미 이외에도 적극적 향유의 맥락이 존재한다. 외부/일반의 시선에 팬픽이 노출되는 것을 막는 공금의 규칙은 다른 한편 팬픽이 여성 팬의 응시라는 맥락 속에서 읽히고 향유될 수 있도록 하는 장치로서의 성격 또한 지닌다. 여돌 공금 팬픽은 무작위 (남성) 대중을 향해 배포돼 여성(동성애)에 대한 남성의 관음증에 사용될 가능성을 경계한다. 그러면서 여성이 성적 즐거움에 대해 발화하고 향유하기 위한 일정한 공간과 맥락이 필요하다는 현실을 적극적으로 고려한다. 실질적으로 여성의 향유를 보장하는 셈이다. 단지 여덕이 성적으로 방어적이라거나 과민하다는 것을 보여준다기보다, 자신의 성적 응시와 욕망을 적극적으로 표출하고 공유할 공간을 확보하려는 열망과 의지를 표현한다.

　여덕들 사이에서 수위 팬픽이 공유, 소개될 때 '수위씬'의 포함 여부 이외에도 소설이 묘사하는 폭력과 강제성의 강도, 공 캐릭터를 남성화해 묘사하는 정도나 여성 비하적 욕설을 사용하는 경우 등에 관한 각종 표기가 단서 조항처럼 붙는다. 이는 여성 독자들이 현실적으로 가질 수 있는 트라우마의 가능성을 의식하면서도 성적인 탐색이나 모험 자체를 포기하지 말 것을 권유하는 것이다.

여성 불감증의 주체성

소녀시대 팬픽이 한창 활발하게 생산되고 향유되던 2000년대 후반에서 2010년대 초반은 한국에서 「섹스 앤 더 시티」류의 여성 성 담론이 어느 정도 일반화되고, 여성의 성욕이나 결혼에 얽매이지 않는 성에 대해 발화하는 것 자체가 더 이상 금기시되지 않는 시기였다. 하지만 결혼으로부터 자유로운 섹스가 여성에게 성적 쾌락을 약속하지는 못했다. 근본적으로 이성애 관계에서 성별 위계가 당연시되는 한, 여성이 남성과의 성관계에서 쾌락을 추구하거나 만족을 느끼는 것이 어려울 수 있다는 문제는 좀처럼 대중 담론의 수면 위로 떠오르지 못했다. 발기부전이나 지루 등 남성의 성기능 장애에 비해 성관계에서 여성이 쾌락을 느끼지 못하거나 오르가슴에 도달하지 못하는 불감증은 문제조차 되기 어려웠다.

이러한 가운데 소녀시대 팬픽에서 여성 불감증의 문제가 언급되고 있었다는 사실은 의미심장하다. 불감증은 BL 팬픽에는 거의 사용되지 않는 소재다. 그런데 고수위의 노골적인 레즈비어니즘 묘사가 본격화되었다고 평가받는 소녀시대 팬픽에서 불감증은 꽤 빈번하게 등장한다. 소녀시대 팬픽에서 불감증은 남성의 욕구가 우선시되고 여성의 오르가슴을 보장하지 않는 이성애 섹스를 폭로하는 기능을 한다. 여덕들은 불감증을 통해 "일방적으로 자기만 느끼고 사정하면 그만이라고 생각하는 남자들과의 섹스"를 고발했다. 2015년 메갈리아를 통해 여성들 사이에서 폭발적인 공감을 얻으며 일종의 놀이문화로 퍼져나간 (초라한 남근을 가지고 자신의 성욕을 일방적으로 관철하려 들면서 상대인 여성을 만족시키지 못하는) '한남'의 성적 무능에 대한 비판은 이미 여성 아이돌 팬픽에서 이뤄지고 있었다.

팬픽에 등장하는 소녀시대 멤버들은 성적인 매력과 자질이 충분함에도 이성애 관계에서 쾌락을 느끼는 데 실패하거나 몰입하지 못한다. 남성들과 자유분방한 성관계를 가지는 인물로 등장할 때도 성관계에서 충족과 사랑을 열망하는 것은 그녀 자신에 의해 의식적으로 철저하게 경계된다. 섹스는 어디까지나 욕구를 해소하거나 자신의 매력을 증명하기 위한 도구적 행위에 불과하다. 이는 이성애 관계에서 일방적으로 이용당하지 않겠다는, 여성이 도구화되는 섹스를 그녀 자신이 도구화함으로써 응수하려는 태도다. 물론 남성과의 스킨십에서 무엇도 느끼지 못하거나 심각한 신체적 거부반응을 나타내면서 남성의 접근 자체를 강경하게 거부하는 예도 있다.

남성과 성적 접촉을 거부하는 이러한 행위는 성적으로 소극적이고 보수적으로 보일 수 있다. 그러나 GL 팬픽에서 이는 남성들과 자유분방하게 관계를 맺으며 자신의 욕구를 해소하는 것만큼이나 자의식을 가진 여성이라는 표시다. 단순히 성관계를 거부하는 것이 아니라 남성 욕망의 대상이기를 거부하는 것이고, 이성애 관계에서 도구화되며 자아를 손상당하거나 포기하지 않겠다는 의지의 표현이다. 소녀시대 팬픽에는 여성 주인공의 거듭되는 거부를 성적 소극성의 증표로 보거나, 자신은 쉬운 여자가 아니라는 제스처로 오해하고 접근을 멈추지 않는 '민폐남' 유형이 있다. 하지만 여성 주인공의 섹스에 대한 거부는 남성 욕망의 대상이 되지 않겠다는 자기 의사의 표현이므로, 남성이 이끌면 결국에 여성은 따라올 것으로 생각하는 그와 주인공은 절대 이어질 수 없다. 그러나 상대 남성은 이 사실을 좀처럼 알아채지 못한다. 남성의 계속되는 구애에 마음을 졸이거나 답답해하는 것은 여성 주인공의 여성 연인과 독자인 여성 팬이다. 그러한 남성의 구애는 결국 너무나 자연스럽게 폭력과 강간으로 이어지는데, 소녀시대 팬픽들은 이것까지 적나라하게 묘사한다.

GL의 해피엔딩, 오르가슴

GL 팬픽이 그리는 남성과 섹스에 대한 여성의 거부와 저항은 이성애 로맨스의 여성 주인공에게서 나타나는 "남자 주인공의 성적 욕망의 대상이 되면서도 '창녀'가 되지 않는 것을 추구"하는 몸짓과 다르다. 이성애 로맨스 서사는 기본적으로 "남녀 불평등의 구조 속에서 여성성의 온전한 승리와 보상을 꿈꾸기 때문에" 단순히 성적인 쾌락의 대상으로 소비되는 여성과 결혼 상대가 될 여성 주인공의 구분을 중요한 이슈로 삼는다.[11] 그러나 GL 팬픽에서 창녀/아내의 이분법은 의미가 없다. 여성이 성적 대상이 되는 이성애 관계 자체가 문제시되기 때문에 어떤 남자의 아내가 되는 것은 이 장르의 해피엔딩이 아니다. GL 팬픽에서 해피엔딩이란 결혼이 아닌, 여성 주인공이 여성과 성적인 관계를 통해 불감증에서 벗어나 오르가슴을 누리는 것이다. 여성 주인공의 이기적이고 독선적인 욕망일지라도, 도착적이고 비윤리적인 욕망일지라도 끝까지 자기 욕망을 포기하지 않고 오르가슴을 누리려는 여성 캐릭터에 대한 리스펙트, 그리고 그러한 여성을 처벌하기보다 오히려 카리스마를 부여하려는 노력이 이 장르에 있다.

소녀시대 팬픽은 여성을 대상화하는 남성중심적 이성애 질서에 자의식을 갖는 인물로 여성 스타들을 등장시킨다. 그리고 이들에게 레즈비어니즘을 통한 성적 쾌락과 오르가슴을 예비한다. 남성의 성적 대상 되기에 대한 거부는 팬픽에서 자기 욕망을 추구하고 성적 쾌락을 누리려는 여성의 열정으로 바뀐다. 자크 라캉은 여성적 주이상스(Jouissance)에 관해 논하면서 여성 불감증이 여성 주체의 방어이자 욕망의 표현이라고 말했다. 그런데 라캉은 남성과의 관계를 거부하는 여성의 저항을 여성이 남성 욕망의 대상(남근) 되기를 지나치게 추구하는 바람에 일어나는 자기 소외로 해석한다. 즉, 남근적 향락에 참여하는 것을 거부하는 여성이 실은 가장 열정적으로 남성 욕망의 대상이 되기를 바라는 여성이라는 것이다.[12]

그러나 불감증이란 형태로 나타나는 여성 욕망에서 굳이 여성이 결여한 남근 추구를 읽어내는 이러한 해석의 근거와 효과는 무엇인가? 이 대목에서 라캉은 여성의 욕망을 탐구하는 듯하지만, 결국 여성은 그 자체로는 부재일 수밖에 없으며 남성 욕망의 대상과 동일시를 원한다는 정신분석의 심리학적 기본 가정을 재확인할 뿐이다. 더군다나 라캉은 여성이 불감증에서 벗어나는 길은 자신이 진정으로 원하는 것(남근 되기)이 불가능함을 인정하는 것이라고 본다. 불감증을 통해 드러나는 여성 욕망을 남근이 되는 것으로 정의하기 때문에, 여성의 성적 향유 역시 결국에는 여성의 욕망을 포기하고 억압하는 것으로만 가능하다.

소녀시대 GL 팬픽은 여성 불감증에 대한 다른 이야기를 들려준다. 여성이 여성 불감증에 관해 들려주는 자기 해석으로서 GL 팬픽은 남성 욕망의 대상이 되는 것과 동시에 남근으로의 동일시 역시 거부한다. 나아가 이러한 자의식을 가진 여성의 레즈비어니즘을 전면화함으로써 욕망을 포기나 억압과 연관 짓지 않으면서 다른 성적인 관계를 통한 쾌락의 가능성을 탐색한다.

역시 여성이 생산하고 향유하는 판타지이되 남성 동성애를 다루는 BL에는 읽고 쓰는 여성의 존재가 의도적으로 소거되어 있다. 이는 여성의 자기혐오라기보다는 여성이 자신의 성적 환상과 욕망을 거침없이 표출하기 위한 전략이다.[13] BL 팬픽에서 여성은 지나치게 쉽게 발기하는 과잉 성애화된 남자를 응시하고 이들을 매개로 성적인 쾌락을 누리는 주체다. 반면 GL 팬픽은 구태여 불감증의 여성 신체를 써넣는다. 이는 성적 무능의 표시가 아니다. 다만 페니스의 발기가 여성의 쾌락과 오르가슴을 약속하지 않음을 고발하고, 성적 향유를 포기치 않으려는 여성의 욕망을 표현하는 것이다. 여성 동성애 판타지는 바로 이러한 맥락에서 도입된다.

여성 전천후

여돌 GL 팬픽은 남성중심적 이성애 성 질서에 대한 여성의 저항과 다른 여성과의 동성애 관계에 대한 환상을 그린다. 하지만 그렇다고 해서 팬픽 내 레즈비어니즘이 기존 이성애 구도나 남성성의 함의로부터 '클린'한 것은 아니며, 여성 간 관계를 억압이나 폭력이 없는 이상적 관계로 제시하지도 않는다. GL 팬픽의 초점은 여성적 이상의 제시에 있지 않다. 관건은 어디까지나 어떻게 하면 여성이 오르가슴을 향유하는 성적 주체가 될 수 있는가이다.

  GL 팬픽 역시 묘사하는 여성 간 섹스의 대다수가 삽입섹스이고, 성관계에서 수행하는 삽입/흡입 역할로 공/수를 구분한다. 소녀시대 팬픽에 등장하는 여성 주인공들 간에도 상호적 성관계만이 아닌 강제적 성행위가 빈번하게 일어난다. 폭력을 행하고 당하며 쾌락을 느끼는 여성들, '수'에게 오빠나 아저씨라고 불리면서 흥분하는 '공'들도 적지 않다. GL 팬픽 서사는 평등한 관계로서 여성 동성애를 제시하는 대신 기존 이성애 구도의 '빨은' 설정과 관계 구도에서 벗어나지 않은, 그것으로 '오염된' 여성 간 성관계를 그린다. 다만 둘 간의 관계성이 이성애 관계와 달리 근본적으로 언제나 역전과 교환이 가능하므로 종전에는 여성 자신에 의해 거부되었던 성적 향유의 가능성이 생겨난다.

  팬픽의 공/수 관계는 단순히 이성애 구도의 답습이 아닌 패러디다. 젠더적 함의가 다분한 공/수 구도가 교대나 변경이 가능한 설정이란 점이 팬픽 속 동성애 관계가 여성들에게 매력적일 수 있는 이유다. 특히 BL 팬픽은 공과 수 사이의 낙차를 의도적으로 설정하는 경향이 있다. 여기에서 독자는 공과 수 어느 한쪽에 이입하든 심지어 둘 모두에 교차적으로 동일시하든, 다양한 위치를 선택해 성애적 쾌락을 상상할 수 있다.[14] 무엇보다 그 낙차는 얼마든지 역전 가능한 것으로 전제된다. GL 팬픽을 읽고 쓰는 놀이의 핵심 역시 공/수 구도의 유동성에 있다. 다만 BL 서사가 주로 남성이 체현하는 공/수의 격차를 극적으로 설정하고 그로 인해 발생하는 관계 내 차이로 인한 긴장을 즐기도록 한다면, GL 서사는 여성이 동성애 관계에서 공/수 어느 쪽도 될 수 있다는 유동성을 두드러지게 나타내는 경향을 보인다.

실제 GL 팬픽의 독자들은 공/수 리버스(reverse)에 상대적으로 관대한 편이다. 팬픽의 제목 앞에는 누가 공이고 누가 수인지를 반드시 표시해야 하는데, 이 커플링 조합이 팬픽을 선택하는 첫 번째 기준이 된다. 리버스란 하나의 이야기 안에서 공/수의 역전이 있다는 의미로, 흡입 역할의 수가 공에게 삽입하는 장면을 말한다. 보통 BL 팬픽 독자들에게는 특정 커플링뿐 아니라 고정된 공/수 구도에 관한 선호가 강하게 나타나며, 리버스에 저항을 보이는 경우가 많다. 공/수의 역전은 불가능하다고 생각해서가 아니라, 오히려 얼마든지 유동적이고 가변적이라고 인식하기 때문이다. 그러므로 자신이 보고 싶은 공/수 구도에 대한 선호를 강하게 주장한다. 이는 앞서 지적한 공/수 간 낙차를 유희의 대상으로 삼는 BL 서사의 특성과도 관련 있다. BL 팬픽에서 관계의 주도권을 둘러싼 싸움은 긴장감 있게 진행되되, 대체로 삽입/흡입 역할을 하는 사람은 끝까지 일관되게 어느 한쪽이다. 따라서 리버스 장면을 포함하려면 '리버스 있음'이라고 표기해야 한다.

GL 팬픽 역시 제목 앞에 커플링을 표기하지만, 그 표시 자체가 이중인 경우가 많으며(가령 소녀시대의 경우 '율식/식율', '태니/티탱',

'윤현/현윤' 등) 특별한 표기 없이도 리버스를 포함하는 팬픽들이 많다. 이는 기본적으로 GL 팬픽 향유자가 애호하는 특정 커플링의 공/수 구도에 대해 배타적 선호를 주장할 정도로 남돌 BL 팬픽에 비해 그 규모가 크지 않기 때문이다. 어찌 됐든 중요한 것은 GL 팬픽이 여성 공/수의 차이를 극적인 격차로 강조하기보다 여성들이 서로 간의 관계성, 실제 누군가의 상대로 역할하는 가운데서 공/수 모두가 될 수 있다는 유동성을 그리는 데 더욱 개방적, 적극적이라는 사실이다. GL 팬픽의 여성 주인공들은 다른 여성과의 성적 관계를 통해 어떤 역할도 수행할 수 있도록 계발될 여지가 있는 잠재적 여성 전천후다.

여성이 공이 된다는 것

소녀시대 팬픽에서 여성이 '공'이 된다는 것은 단순히 남성이 된다기보다, 오히려 남성의 역할을 수행하면서 남성과의 차이를 보여준다는 뜻이다. 여성 공의 임무는 여성 수를 성적으로 만족시키는 것이다. 자신이 페니스를 가진 남자라는 것만 믿고 실제로는 여성을 만족시키지 못하는 남성과 달리, 여성 공은 수에게 오르가슴을 선사하기 위해 최선을 다한다. 여성 공의 삽입은 대체로 그 자신의 쾌락이 아닌 전적으로 여성 수의 만족을 위한 행위로 그려진다. 실제 팬픽에서 여성 공의 오르가슴은 아예 그려지지 않거나, 수에게 삽입함과 동시에 자위하거나, 삽입이 아닌 다른 방식으로 섹스하거나(오럴섹스나 트리바디즘), 역할을 바꾸어 자신이 수가 되는 리버스를 통해 가능한 것으로 그려진다. 즉, 소녀시대 팬픽에서 공이 된다는 것은 여성과 성관계에서 남성적 권력 획득이 아니라 다른 여성에 대한 성적 봉사에 가깝다. 여성 수에게는 남성 수가 넘어야 하는 관문—성관계에서 아래(bottom)가 되는 것을 받아들여야 한다는 심리적 난관—이 없다. 오히려 수 역할에 관한 적극적 선호를 나타내는 경우가 많으며, '받는다'가 관계에서의 우위를 나타내는 것으로 여겨지기도 한다. 공이 "나도 받고 싶다"고 투덜댄다거나 "만족이 어렵지 않냐"며 수가 공을 염려하는 GL 팬픽의 장면은 BL에서 불가능하다.

    팬픽의 여성 주인공들은 자신과 상대의 쾌락을 위해 공/수 역할을 수행함으로써 서로의 공/수가 된다. 주로 수였고 성관계에서 받는 쪽을 선호하는 여성일지라도 수 자리를 원하는 여성을 사랑하게 되면 그녀의 공이 된다. 하지만 공이 되더라도 '받지' 못하는 것은 아니다. 즉, GL 팬픽에서 공/수는 여성이 기존의 남성/여성과 동일시를 통해 탄생하지 않는다. 여성과 여성 간의 강렬하고 역동적인 성적 '케미' 속에서 유동적으로 만들어지는 여성들 사이의 성적 차이라고 할 수 있다. 이 차이로서의 공/수를 발굴하고 생산하는 놀이에서 여성 스타는 어느 쪽도 될 수 있는 행위자로 상상된다.

    소녀시대 팬픽을 통해 여덕은 보통 '헤녀(헤테로여성)'로 패싱되는 소녀시대 멤버들을 여성 공/수로 만든다. 이들의 공/수로서의 자질은 이성애 관계 내 남성/여성의 자질로 딱 떨어지거나 평가되지 않는 것들이고, 팬픽의 작가와 독자는 소녀시대 멤버들 사이의 그러한 성적 차이를 발굴하고 만들어내는 커플링 놀이에 몰두한다. 9명의 소녀들은 엎치락뒤치락하는 동성애 관계 속에서 OO공/OO수가 된다. 공/수 앞에 붙는 수식어는 정해져 있지 않고 이야기를 통해 개발, 분화, 확장되며, 공의 특질과 수의 특질이 서로 공유되거나 상호 침투하기도 한다. '늑대공'이 있는가 하면 '여우공'이 있고, 누군가에게는 여우공으로 보이는 여성 멤버의 특성이 어떤 이에게는 영락없는 '계략수'로 보인다. '비굴공'이나 '여왕수'와 같은 유형은 통상적 공/수 관계에 관한 우위 설정을 뒤집어 버리기도 한다. 공/수 구별은 고정된 이분 구도가 아니라 유연하고 역동적인 서사 놀이의 계기이자 산물로서 넓고 유연한 스펙트럼이 된다. 그 결과 낯설면서도 매력적인 여성 인물형이 만들어진다.

여성 공/수의 스펙트럼은 종종 여성다움에서 미끄러지는 9명의 여성 멤버들의 면모를 매력으로 발견하고 재해석할 수 있는 토대와 자원을 제공하기도 했다. 소녀시대 멤버의 식스팩 복근 사진이 청순 이미지를 깨는 "언밸런스"로 보도된 그 시각, 여덕들은 숨겨온 늑대공의 증거라며 '랜선 파티'를 벌였다. 방송 진행자나 출연자의 농담에도 쉽게 웃지 않는다거나 마이페이스로 일관해 '방송 태도 논란'으로 구설수에 오른 여성 멤버에게 여덕들은 여왕수라는 캐릭터를 부여했다. 무대 위에서는 완벽한 소녀 이미지를 구현하면서도 멤버들 사이에서는 허점을 드러내는 모습은 빙구공이나 아방수의 자질로 재발견된다. 여성의 성적 모험과 욕망을 전면화하는 GL 팬픽의 레즈비언 판타지를 통해 여덕들은 젠더 유동성이나 교란을 위험이나 불안이 아니라 즐거움이자 가능성으로 해석하고 수용할 수 있었다.

성적 차이를 발굴하고 생산하는 서사 놀이

팬픽은 불특정 다수가 아니라 팬심을 공유하는 이들을 향해 쓰는 일종의 초대장이다. 그 자체로 완결된 텍스트라기보다 팬 해석이 필요한 고맥락의 서사이며 독자의 반응과 참여를 적극적으로 유도한다. GL 팬픽을 읽는 경험은 팬픽 속 여성 주인공 사이의 가상 관계에 몰입하면서 강렬한 성애적 감정을 체험하는 것이다. 성감대를 찾고 오르가슴을 향유하고야 말겠다는 팬픽 속 여성 인물의 임무를 독자 역시 수행한다.

여성 팬/독자를 성적으로 자극하는 것을 목적으로 하는 팬픽의 섹스 묘사는 사실적이거나 치밀하다기보다 감각적이고 리드미컬하다. '몰카'의 관음증적 포르노가 재현을 넘어 '진정한 리얼'로서의 위상을 주장하면서 시각의 압도적 지배력을 확인하려 드는 것이라면, 팬픽은 독자가 다양한 신체적 감각을 사용해서 여성 오르가슴을 입체적으로 상상해 낼 수 있도록 하는 전략을 사용한다. 실제 팬픽은 시각화하기 어려운 여성 오르가슴을 표현하기 위해 청각, 촉각, 후각, 미각 등 다양한 감각적 표현을 사용한다.[*] 섹

---

[*] 특히 청각적 표현으로서 신음의 리드미컬한 사용이 두드러진다. 관련해서 또 다른 여성향 장르인 고수위 이성애 로맨스 서사에서 신음이 사용되는 양상과 효과를 논한 연구로 정다연, 「신음 소리에 담긴 한국 여성의 욕망」, 텍스트릿 편, 『비주류 선언』, 요다, 2019, 132~133쪽 참조.

스 장면은 문장은 물론 문장이 되지 못한 표현, 공백 및 줄임표와 같은 문장부호를 따라 일일이 커서를 이동시키면서 머릿속으로 장면을 상상하고 자신의 신체적 감각으로 재생해 내는 독자의 독서 행위를 통해 완성된다. 작가의 능력이란 그러한 독자의 상상과 신체적 공명을 독려하는 장치들을 텍스트 안에 얼마나 솜씨 있게 배치하는가에 달려 있다.

읽는 자가 자기 감각과 상상력을 사용해 텍스트 안의 섹스 장면을 재생해 내고 절정의 순간을 공유하는 체험으로서 팬픽 독서는 그 자체로 성적인 수행이다. 일본의 BL 연구자 미조구치 아키코는 BL 장르의 작가와 독자 사이의 관계가 근본적으로 성적인 관계임을 지적했다. BL 장르의 애호가는 단순히 혼자만의 성적 망상을 즐긴다기보다 성적 판타지를 교환하고 서로의 관계를 통해서 성적 쾌락을 향유한다. 미조구치 아키코는 이러한 판타지의 교환이 섹스를 '공유 체험'하는 것이라는 점에서 성적 교합(sex)이라 볼 수 있으며, 따라서 BL 애호가는 '버추얼 레즈비언(virtual lesbian)'이라고 주장한다.[15]

팬픽 읽기가 단순히 텍스트에 대한 감상이 아니라 그 자체로 성적인 수행이자 경험이라면, 그러한 서사 놀이의 효과로부터 독자는 중립적이지 않다. 팬픽을 통해 여성 스타의 새로운 모습을 상상하고 판타지를 통해 창출해 내는 여덕들이 자신의 위치 역시 새롭게 상상하고 써내고 싶다고 욕망할 것이라는 가정은 그리 이상해 보이지 않는다. 실제 이런 욕망은 팬픽 텍스트에서 발견할 수 있다. 팬픽 속 레즈비언들은 종종 어린 시절 왕자와 공주가 결혼하며 끝나는 이성애 동화에 불만을 품고 비틀어 읽기/쓰기를 시도한 경험이 있는 인물로 그려진다. 주어진 각본에 불만을 품고 엉뚱하게 해석하면서 다른 이야기를 써낼 수 있는 여성의 서사적 능력이 레즈비언 정체화의 역량이 된다. 팬픽 속 여성 주인공이 아예 팬픽을 읽는 인물로 등장할 때도 있는데, 팬픽의 관계성과 캐릭터를 현실에서 재현하려는 엉뚱한 시도로 인해서 이들의 일상과 관계에 지각변동이 일어난다. 팬픽을 읽는 즐거움에 몰입하고 아이돌의 스타일을 수행하면서 자신을 일반/이성애자가 아닌 이반(異般)으로 정체화했던 '팬픽이반'이 떠오른다.

      팬픽이반은 1990년대 말에서 2000년대 초까지 10대 여성들 사이에서 광범하게 나타났던 문화 현상이다. 이들은 팬픽 경험을 토대로 이성애 성 규범에서 이탈해 자신의 젠더와 섹슈얼리티를 적극적으로 재구축하려 시도했다. 당시 팬픽이반은 아이돌 팬덤 문화가 청소년의 성 가치관에 미치는 악영향의 대표적 증거로 거론되었다. 다른 한편으로 이들의 수행은 '순수이반'과는 다른, 진정성이 없는 연예인의 모방으로 폄하되기도 했다. 하지만 실제 팬픽은 10대 퀴어가 처음 이반 문화를 접하고 자신의 성 정체성을 다시 생각하는 중요한 계기였다.[16] 팬픽을 읽고 쓰는 경험을 통해 자신을 다시 읽고 쓰는 데로 나아갔던 팬픽이반은 팬픽의 서사적 효과를 강력히 증명했던 존재다.[17]

      지금도 팬픽은 아이돌 팬덤 안에서 활발하게 쓰이고 읽힌다. 하지만 팬픽적 환상을 통해 빚어낸 형상과 자기 자신을 동일시한다거나 서사 속 관계성을 현실에서 구현해 보려는 욕망을 공공연하게 표현하는 것은 현재 국내 팬덤에서, 무엇보다 팬픽 향유자들 사이에서 금기시된다. 팬픽을 통한 상상과 경험은 어디까지나 팬픽의 서사 안에서 향유되어야지 현실의 나를 재구성하는 계기나 자원으로 의미화는 위험하다는 것이 '팬픽러'들 사이의 암묵적 상식이다. 이는 실존 인물을 대상으로 하는 팬픽이 마땅히 지켜야 하는 도덕률을 위반하고, 팬픽이 안정적으로 생산, 향유될 수 있는 하위문화 판을 위태롭게 할 수 있다는 점에서 터부시된다. 팬픽은 팬픽일 뿐이라는, 팬픽의 쾌락을 보존하고자 하는 논리가 팬픽을 통한 변경의 놀이에 관한 해석과 사유가 멈춰서는 지점이 되고 있다.

RPS의 윤리

2021년 1월, 남성 아이돌 RPS 향유자들을 강력하게 처벌하라는 국민청원이 청와대 게시판에 올라왔다. 아이돌 RPS를 "N번방과 같은" 실존하는 남성 연예인 대상의 성범죄로 규정한 이 청원은 남초 커뮤니티를 중심으로 적극 참여가 독려되었으며, 빠른 속도로 20만 명 이상의 동의를 얻었다.[18] 20년 전 아이돌 팬픽이 처음 한국 사회에 문제가 되었을 때 청소년 일탈 문화로 거론됐다면, 이번에는 남성을 대상으로 하는 성폭력 문화이자 여성이 가해자인 성 착취 범죄로 지목되었다.

그런데 이 청원은 RPS의 성애적 표현이 실존 인물에 대해 갖는 폭력성이나 착취적 성격을 규명하거나 제시하지 않는다. 정확히 말하자면 그런 문제에는 별로 관심이 없어 보인다. 남초 커뮤니티를 중심으로 전개된 공론화 과정에서도 아이돌 산업 내 스타들의 성과 친밀성이 상품화되는 구조나 이것과 팬덤, 그리고 RPS 문화가 맺는 관계 문제는 정작 논의의 초점이 되지 못했다. 대신 RPS를 향유하는 여성들의 음란성, 이들이 자기의 성적 욕망을 위해 남성 스타를 노골적으로 성애화하고 동성애자로 묘사한다는 사실이 문제로 두드러졌다. 여돌 RPS는 언급조차 하지 않은 채 진행된 RPS 비판은 연예인을 둘러싼 성 착취나 성폭력 문화에 대한 문제 제기가 아니었다. 그보다 실존하는 남성들을 성욕의 대상으로 삼고 남성들 사이에 금기시된 동성애를 불러내 이를 매개로 쾌락을 향유하는 여성들, 심지어 그것을 지적했을 때 수치를 모르는 태도로 그것이 자신의 문화임을 주장한 여성들에 대한 도덕적 비난의 성격을 띠었다.

  RPS는 실존 인물을 대상으로 삼되 그 대상이 전적으로 '리얼'이라기보다 재해석과 2차적 전유가 가능한 '이미지'로서의 속성을 함께 가진다는 점을 적극적으로 이용한다. 실제 해외에서 RPS는 주로 영화 혹은 드라마 속 캐릭터나 그를 연기하는 배우를 대상으로 하는 경우가 대부분이다. 국내에서 유독 아이돌 RPS가 활발하고 방대하게 생산되는 까닭은, 아이돌 산업이 출발에서부터 팬이 자신의 환상을 투사하고 동일시할 수 있는 이미지로서 스타를 만들어왔기 때문이다. 아이돌 RPS는 이미지에 대한 환상적 조작을 통한 2차 생산의 장이다. 실제로 RPS는 현실의 문화적 규범 속에서 금기시되는 여성의 성적 욕망이 탐색, 표출됨으로써 다양한 성적 행위성과 욕망의 주체로서 여성의 자리가 모색되는 공간으로 기능한다. 이러한 여성의 성적 탐구에 동성애 판타지가 핵심적으로 이바지했다. 팬픽의 동성애 환상은 여성이 젠더 정체성을 성 위계로부터 탈구시켜 유동적인 것으로 상상할 수 있도록 하는 서사적 실험을 허용한다.

한편 아이돌 RPS 하위문화의 장에서 생산되는 성적 환상과 이를 통한 쾌락의 경험을, 현실에서 어떠한 실질적인 의미나 효과를 가질 수 없는 것으로 일축하는 태도가 RPS를 향유하는 여성들에게서도 폭넓게 나타난다. 가령 해당 아이돌이나 기획사가 스타의 이름을 인터넷에서 검색했을 때 RPS가 노출되지 않도록 하려는 목적에서 등장인물의 이름을 미묘하게 바꾸어 표기하는 이른바 '써방(서치방지)'은 기획사 차원에서 행해질지 모르는 검열을 피하고, 동/성애를 묘사하는 RPS로 인해 받을지 모르는 심리적 충격과 수치심으로부터 당사자를 보호한다는 이유로 정당화된다. 그런데 이는 정작 아이돌 스타가 동성애자일 가능성이나 스타의 성적 주체성을 배제하며, RPS의 윤리적 생산과 소비의 문제를 단순히 당사자가 알지 못하게 하는 기술의 차원에 한정시킨다.

종종 온라인에서 '그 시절 팬픽'이 소환되곤 하는데, 이는 단지 시기적으로 많이 떨어진 1·2세대 아이돌 팬픽을 지칭하지 않는다. 현재 팬덤의 감성이나 도덕률로는 도무지 허용되기 어려운 팬픽 서사나 문화를 가리킨다. 그 시절 팬픽의 요소로 주로 꼽히는 것은 성범죄나 성매매를 팬픽 소재나 설정으로 사용하는 데 주저함이 없었다는 점이다. 또한 애호하는 팬픽을 아이돌에게 직접 선물하거나 그 캐릭터의 대사나 관계성을 재현해 볼 것을 요청하는 등 팬픽과 현실 사이의 경계를 과격하게 넘나들었다는 점이다. 이는 RPS 생산자/향유자가 지켜야 할 도덕을 벗어나는 것으로, 분별 있는 소비를 강조하는 현재 팬덤 문화에서 금기시되는 흑역사다.

그러나 단지 성애 묘사의 수위를 조절한다거나, 문제나 논란의 소지가 될 것 같은 소재를 사용하지 않는 것으로 충분할까? 단순히 망상일 뿐이지 현실에는 어떠한 효력도 가질 수 없다고 강조하면서 당사자에게 보이지 않도록 하는 '음지화'의 규칙을 준수하도록 하는 것으로 과연 충분할까? 아이돌 스타의 성과 친밀성을 상품화하는 산업의 구조가 존재하며 팬덤은 이를 소비한다. 이러한 가운데 RPS는 윤리적 소비의 구도에서 문제가 되고 있다. 하지만 애초에 'RPS가 소비인가'라는 근본적인 질문부터 되물어야 한다. RPS는 스타와 팬을 둘러싼 지배적 각본으로 환원되지 않는 새로운 성적 행위성과 욕망의 자리를 탐색, 재구성하는 하위문화적 수행으로서의 성격을 띠었다. 이것이 RPS가 제공하는 쾌락의 핵심이었다. 어쩌면 팬덤의 윤리는 RPS가 현재 아이돌 산업과 팬덤의 문화정치 안에서 차지하는 지위를 점검하는 것에서부터 출발해야 할지 모른다. 무엇보다 RPS의 환상과 쾌락을 주조하는 데 빚지고 있는 동성애 판타지에 대해 진지하게 생각해야 한다. 여성이 퀴어적 환상과 맺는 관계의 '생산성'을 인정하고 이를 적극적 탐구 대상으로 삼는 것이 소비주의의 도덕률을 넘어서서 RPS의 윤리를 생각해 보게 하는 방법이 아닐까? 이제 이런 질문들을 던지고 답할 때이다.

11장
미스/터트롯과
여성/중년 팬덤의 탄생

장민지

미디어 환경 변화와 수용자 세분화

    1990년대까지만 해도 우리는 보고 싶은 방송 프로그램이 있을 땐 그 프로그램이 편성된 시간대에 TV라는 특정 플랫폼을 통해 시청해야 했다. 다시 말해, 정박한 장소에서 정해진 시간이 아니면 그 프로그램이 재방송으로 편성되지 않는 이상 TV 이외의 미디어를 이용해 다시 보기가 불가능했다. 당시에는 시청률이 프로그램의 대중적 인기를 평가하는 척도였다. 프로그램을 보기 위해 해당 시간에 다른 것을 소비하지 않고 오로지 그것에만 집중해야 했기 때문이다.

그러나 디지털 콘텐츠 시대가 도래하면서 우리가 선택할 수 있는 미디어 플랫폼이 TV 수상기에만 국한되지 않게 되었다. 우리에게 주어진 24시간은 여전했지만, 소비할 수 있는 콘텐츠와 미디어 플랫폼이 무수히 많아졌다. 그 결과 플랫폼 이용에서 세대 분할이 일어났다. 기존의 이용자는 관습적으로 이용하던 플랫폼을 포기하지 않았고, 새로운 세대는 새로운 미디어를 활용해 그들만의 이용자 관습을 만들어나갔다. 이렇게 레거시 미디어는 점차 이용자 세분화를 겪는다. 이제는 특정 층이 집중적으로 TV 편성 프로그램을 이용하는, 그야말로 좁은 콘텐츠 시장(니치마켓)이 활성화되기 시작했다.

급변하는 미디어 환경에서 중요한 것은 이용자 세분화에 대한 이해다. 필립 M. 나폴리가 『수용자 진화』에서 지적했듯, 새로운 전달 플랫폼이 다양해짐에 따라 미디어 간 세분화(media fragmentation) 현상이 일어나기 시작했고, 그로 인해 현재의 콘텐츠 산업은 '롱테일 현상(long tail)'이 두드러졌다.[1] 롱테일 현상이란 미디어 세분화의 영향으로 콘텐츠를 유통, 배급하는 플랫폼이 다양해지면서 수용자들의 다양하고 좁은 취향을 만족시킬 수 있는 틈새시장이 더욱 중요해지는 현상을 말한다. 다시 말해, 비대중적인 것이 충분히 히트할 수 있는 뉴미디어 환경의 조성을 의미한다. 지금의 미디어 이용자는 단순한 소비자를 넘어서 생산자의 위치까지 점유하고 있다. 이는 누구든지 접근 가능하며, 디지털 미디어를 통해 자신의 콘텐츠를 제작하기 쉬워진 미디어 환경의 변화로 생겨난 수용자 진화의 일부라 할 수 있다. 특히 콘텐츠 유통 구조의 대중화와 비용 감소로 이용자는 소수의 히트작뿐만 아니라 다양한 콘텐츠를 접할 기회가 많아졌다.

그렇다면 레거시 미디어의 이용과 이용자 세분화의 상관관계는 어떨까? 2018년 기준 스마트폰 보유율은 89.4%(만 13살 이상)였으며, 영상 콘텐츠를 선호하는 젊은 층과 다르게 고연령층은 TV 이용률이 훨씬 높았다. 특히 가구당 보유율이 96.5%로 보편적인 미디어에 해당하는 TV의 하루 평균 시청 시간은 2013년에 비해 연령별로는 10~30대에서 큰 감소율을 보였다. TV를 이용하는 시간이 상대적으로 높은 집단은 40대 이후의 특정 연령층이었다. 이는 중년층의 TV 시청 민감도가 다른 시청자층에 비해 높다는 뜻이다.

최경준은 「트로트 소재 오디션 프로그램의 설계를 위한 기획 요소 분석 연구」에서 TV조선이 저조한 시청률을 보이다 「내일은 미스트롯(이후 미스트롯)」에서 시청률 반등에 성공할 수 있었던 원인 중 하나로 "45~65세 시청자를 주요 공략 대상으로 하여 편성을 기획한 점"을 들었다.[2] 프로그램의 기획과 시청자의 세분화 전략이 깊은 연관관계가 있음을 지적한 것이다.[*] 이처럼 미디어 환경

---

[*] 『미디어오늘』에서 「미스터트롯」 1~5회 시청자 구성비를 분석한 결과 60세 이상 시청자가 평균 43%, 50~59세 시청자가 27.8%로 나타났다. 정철운, 「TV조선 '미스터트롯' 종편 시청률 신기록, 의미는」, 『미디어오늘』, 2020. 2. 4.

의 변화와 더불어 레거시 미디어 수용자층의 변화는 이전까지 대중음악의 주요 소비자로 여겨진 10~20대의 취향과는 전혀 다른 장르인 트로트 관련 음악 프로그램의 기획을 가능하게 했다.

트로트의 특성 및 시대적 변화

레거시 미디어에서 특정 연령층의 이용률이 두드러지고 제공하는 특정 콘텐츠가 존재하는 까닭은 이 콘텐츠가 특정 연령층에게 소구하는 요소가 분명하기 때문이다. 『표준국어대사전』(국립국어원)은 트로트를 "우리나라 대중가요의 하나이며 정형화된 리듬에 일본 '엔카'에서 들어온 음계를 사용하여 구성지고 애상적인 느낌을 준다"고 정의한다. 장유정과 서병기는 『한국 대중음악사 개론』에서 트로트를 "일제강점기에 일본 대중음악의 영향을 받아 형성된 '유행가'라고 불리던 대중음악의 갈래"로 설명한다.[3]

반면 김희연은 대중가요가 트로트와 민요에서 시작했다면서 전쟁과 분단 이후 미국의 팝송 수입으로 대중음악 시장의 판도가 변했다고 말한다.[4] 그는 현재의 트로트는 역사적으로 많은 변화를 겪었으나 기본적으로 한국적 한과 흥의 정서를 기반으로 하고 있다고 주장한다. 이러한 의견은 양우석의 「한국 트로트 음악의 수용과 형성 과정」에서도 드러난다.[5] 양우석에 따르면, 트로트 음악이 1970~1980년대 포크, 1990년대 전자 사운드의 댄스음악 사이에서 꾸준히 살아남을 수 있었던 까닭은 "대중과 밀착된 내용"의 "한국적 정서" 때문이다. 이전의 트로트와 현재의 트로트에 음악적 변화는 있을지언정 기본 서사에는 변함이 없었다.

트로트는 단순한 리듬과 음계 덕분에 듣는 이가 따라 부르기 쉽다. 또한 창법에서 특유의 꺾기와 바이브레이션이 존재하지만 다른 장르와 융합에도 유연하게 대응하는 특성이 있다. 다양한 장르의 가수들이 트로트로 전향하고 있다는 점이 이를 증명한다. 「미스트롯」 우승자인 송가인은 국악을 전공했고 「미스터트롯」에서 Top7에 들었던 김호중은 클래식 성악가였다.

트로트는 텍스트 측면에서 세대를 관통하는 다양한 스토리텔링이 가능하다. 가요는 보통 멜로디와 가사가 결합하면서 스토리텔링의 요소를 갖는다. 트로트는 희로애락의 정서를 직접적으로 담아내면서 단순히 남/녀 간의 사랑이 아닌 삶을 관통하는 메시지를 전달하는 경우가 많다. 최경준은 한국의 "가장 오래된" 대중가요로서 트로트는 민족의 감정을 주로 이야기하며, 특히 한국전쟁으로 인한 고난을 이겨내는 역할을 해왔다고 강조한다. 「미스트롯」에서 송가인이 불러 화제가 되었던 「단장의 미아리고개」(1956)는 전쟁 포로로 끌려가는 남편을 그리워하는 이야기 구조로 되어 있는데, "전쟁의 슬픔과 가족과의 이별과도 같은 민중의 고통"을 그려낸다.[6] 최고시청률 29%를 기록한 나훈아의 「대한민국 어게인 나훈아」도 떠나온 고향에 대한 그리움을 다룬 「고향으로 가는 배」로 공연의 포문을 열었다.

그렇다고 해서 트로트가 현대의 감성과 단절된 이야기만을 노래하는 것은 아니다. 앞서 밝혔듯, 트로트는 적극적으로 다른 장르와 결합하면서 살아남았다. 김연자의 「아모르파티」(2013)가 대표적이다. 「아모르파티」는 EDM 장르를 융합시켜 중년층뿐만 아니라 젊은 세대 사이에서 크게 반응을 끌어냈다. 김연자는 「열린 음악회」에서 엑소 다음 순서로 이 곡을 불렀고 젊은 관객 중심으로 입소문이 퍼졌다. 결국 「아모르파티」는 2017년 음원 차트 트로트 부문에서 1위를 차지했다. 이듬해에는 아이돌 가수의 전유물로 여겨졌던 「KBS 가요대축제」의 엔딩을 맡으면서 절정의 인기를 누렸다.

앨범 발표 뒤 방송 활동보다는 행사로 수요자를 공략하는 특성상 트로트는 대중매체를 이용하는 다른 음악 장르에 비해 많은 수요자에게 다가가기 어렵다. 그러나 '세미 트로트'라 할 수 있는 장윤정의 「어머나」(2004)가 대중적인 인기를 끌면서 미디어에서 트로트를 노출하는 방식이 이전과 달라졌다. 이후 박현빈, 홍진영 같은 가수가 잇달아 등장하면서 트로트에 대한 인식이 변화했다. 곧, 이전까지 특정 연령층(중년)을 기반으로 생산되던 트로트가 장윤정의 등장을 기점으로 생산과 소비 모두에서 수용자층이 확대되었다.

「미스/터트롯」의 등장

2021년 1월 현재, 지상파 및 종합편성 채널에서 화요일과 일요일을 제외한 모든 요일에 트로트 관련 음악 프로그램이 편성되어 있다. 이들 프로그램 외에도 「불후의 명곡」(KBS2), 「아침마당」(KBS1), 「전국노래자랑」(KBS1)과 같은 프로그램에서도 비정기적으로 트로트 관련 소재를 다룬다. 방송 프로그램을 통해 접할 수 있는 트로트 공연은 훨씬 더 많을 것으로 예상된다.

트로트 프로그램 시청률을 보면 이러한 변화를 실감할 수 있다. 2021년 1월 둘째 주 주간 시청률 순위를 살펴보면, 지상파에서는 「트롯 전국체전」(KBS2)이 「놀면 뭐하니?」(MBC), 「1박 2일」(KBS2)보다 높은 5위를 차지했으며, 종합편성에서는 「미스트롯2」, 「뽕숭아학당」, 「사랑의 콜센타」(모두 TV조선)가 상위 5위권을 차지했다.

트로트가 대중적으로 확산한 분기점으로 많은 전문가는 TV조선의 「미스/터트롯」 시리즈를 꼽는다.* 실제로 TV조선이 편성한 「미스트롯」 이후 트로트 관련 프로그램이 급격히 늘어났다. 「미스터트롯」은 11회 결승전에서 시청률 35.7%를 기록하는데, 이는 1995년 유료 플랫폼 시청률 집계 이후 예능 프로그램으로는 두 번째로 높은 수치였다.** 이러한 시청률의 증가는 광고 수익과 직결되므로 산업적 측면에서 다른 방송국의 예능 프로그램 편성에도 영향을 미쳤다.

「미스/터트롯」은 서바이벌 오디션 프로그램의 형식을 따르고 있다. 리얼리티 방송의 하위 범주인 오디션 프로그램은 경쟁이

---

* 「미스트롯」 시즌 1 이후 KBS1에서는 「트로트가 좋아」를 편성했고, MBC 또한 「놀면 뭐하니?」에서 뽕포유를 통해 유재석이 트로트 가수로 데뷔하는 과정을 기획했다. 이후 TV조선에서 「미스트롯」의 후속작인 「내일은 미스터트롯」을 편성하자 MBC every1에서 「나는 트로트 가수다」, MBN에서 「트로트 퀸」, SBS에서 「트롯신이 떴다」를 제작했다.

** 현재까지 가장 높은 예능 시청률은 2010년 3월 7일 KBS2의 「1박 2일」로 43.3%를 기록했다.

라는 게임 요소를 통해 시청자의 몰입도를 높이고 즐거움을 유발한다. 오디션 방식의 음악 프로그램은 2000년대 말부터 지금까지 꾸준히 인기를 얻고 있다. 케이블 채널에서 「슈퍼스타 K」(Mnet) 시리즈와 「프로듀스 101」(Mnet)이 인기를 끌면서 지상파에서도 「위대한 탄생」(MBC), 「TOP 밴드」(KBS), 「K팝스타」(SBS) 같은 음악 오디션 서바이벌 프로그램이 만들어졌다.

사실 트로트 관련 경연 프로그램은 「미스/터트롯」이 최초는 아니다. 2014년 3~6월에 Mnet에서 제작한 「트로트엑스」는 오디션 프로그램으로는 처음으로 트로트를 전면에 내세웠다. 그러나 저조한 시청률(평균 3.2%)로 10화 만에 조기종영했다.

「트로트엑스」와 「미스/터트롯」의 엇갈린 성과는 포맷과 기획, 편성 시기 등 다양한 요인이 영향력을 미친 것으로 보인다. 그중에서도 타깃층, 다시 말해 채널 브랜드의 주요 시청자층 공략에서 비롯한 차이가 가장 커 보인다. Mnet은 고정 시청자가 10~30대까지 젊은 층이며, 기존의 음악 오디션 프로그램은 이들을 공략하는 방식(팝, 아이돌, 힙합 등)이었다. 한편 TV조선은 고정 시청자가 40~60대, 더 나아가 70대 이상인 중·노년층이다.[7]

특정 시청자층에서 전 세대로 확장되고 있는 「미스/터트롯」의 인기와 미디어에서 조명하는 여성/중년 팬덤, 특히 '어머님'이라 불리는 팬의 적극적 팬 수행성은 깊은 연관을 맺고 있다.

어머님, 여성/중년 그리고 팬덤

중년은 사전적으로 마흔 살 안팎의 연령층을 가리킨다. 하지만 "평균 수명이 늘고 고령화 사회가 진전되면서 현실적인 지칭 대상인 60세 안팎까지 포함하는 의미로 확대되었다고 보는 것이" 합리적이다.[8] 생애주기에서 중년층은 여성과 남성에게 젠더적으로 다른 사회적 위치, 역할과 의미를 부여하는 것처럼 보인다. 남성은 퇴직에 가까워지면서 존중의 대상으로 상정되지만, 여성은 "'아줌마'라는 사회적 기호로 편견과 차별의 대상이 되고" 있다.[9]

그중에서도 여성/중년을 높여 부르는 말인 어머님은 사회적 여성의 역할을 가정 안으로 한정한다. 결혼 여부와 상관없이 불리는 어머님은 아줌마에 비해 긍정적인 느낌으로 쓰인다. 「미스터 트롯」에 출연하기 전에 「아침마당」과 「불후의 명곡」 등에서 얼굴을 알린 장민호는 트로트 팬덤의 핵심인 여성/중년, 곧 어머님들의 BTS로 불렸다. 이러한 사례로 미루어 볼 때, 여성/중년은 개별적 가족뿐 아니라 사회적 가족의 생애주기에서 어머니 역할(모성)을 해야 하는 연령대로 인식된다. 여성/중년은 자신의 생애주기를 개별적으로 인식하는 것이 아니라 사회적으로 부여받는다.

『표준국어대사전』은 어머니를 "사랑으로써 뒷바라지하여 주고 걱정하여 주는 존재를 비유적으로 이르는 말"로, 아버지를 "어떤 일을 처음 이루거나 완성한 사람을 이르는 말"로 정의한다. 이는 어머니/아버지의 사회적 역할과 의무의 차이에서 비롯한 정의다. 이처럼 여성은 오래전부터 집안의 노동을 도맡아왔다. (기혼 특히 자녀가 있는) 여성에게는 "자녀 중심의 핵가족 내에서 정서적인 면뿐 아니라 아이의 교육과 진로에 대한 모든 선택과 결정을 전담"하는 어머니의 역할을 사회적으로 부여했다. 많은 여성/중년 관련 연구가 여성의 우울증이나 불안정한 사회적 위치를 다루고 있는 까닭은 대개 가사노동의 반복이나 일상적 의무에 비해 받는 보상이 명확하지 않은 데서 오는 스트레스 때문으로 나타났다.[10]

여성 중에서도 중년/여성은 노동의 주체, 나아가 문화 향유의 주체에서 비가시화되는 경향이 있다. 여성/청년이 적극적인 문화 향유 주체, 노동과 소비 주체로 꾸준히 가시화되는 경향과 정반대다. 이는 앞서 밝혔듯, 동일 젠더라도 생애주기에 따라 주어지는 사회적 역할과 의무에 차이가 있기 때문이다.

이 시기의 여성에게 주어지는 가족과 모성의 강조는 독립적인 경제·문화·소비 주체인 비혼 여성/중년을 비가시화한다. 비혼 여성/중년을 기혼 여성/중년과 분리해 이야기한 까닭은 한국 사회가 여성/중년에게 가족이나 모성을 결혼 여부와 상관없이 강조하는 경향이 있다는 사실을 말하기 위해서다. 비혼 여성/중년만이 독립적 경제·문화·소비 주체가 될 수 있다는 뜻은 아니다. 가정주부로 상정되는 기혼의 여성/중년에게 놀이문화로서 여가 활동은 부정적으로 그려지기 쉽다. 생산노동을 하지 않는 그들에게 여가는 주어질 수 없는 것이며, 여성/중년은 가사 활동을 최우선시하는 사회적 역할을 부여받는다. 이처럼 가정이나 가사의 주체로 사회가 여성을 호명하는 방식은 여전히 고질적이다. 이는 사회 활동, 즉 생산노동을 하는 기혼 여성/중년에게도 똑같이 적용된다. 이성애 가족에서 남녀 모두 경제활동을 하더라도 가사노동, 자녀 교육,

가족원의 육체·정신적 돌봄 역할은 여전히 어머니에게 고정된다.

어머니로 호명되는 여성/중년의 의무인 가사노동과 여가의 범주는 그 경계가 모호하다. 그리핀은 여성이 쉬는 시간에 관해 명확한 개념을 갖고 있지 않다고 주장한다. 가정을 관리하고 자녀를 돌보는 여성의 가사노동 공간이 경제적 노동을 마치고 돌아와서 쉬는 휴식 공간인 집과 겹치기 때문이다.[11] 젠더적으로 남성, 세대적으로 자녀에게 집은 온전히 여가의 공간이자 노동을 재개하기 위한 신체·정신적 휴식터다. 하지만 여성, 그중에서도 아내와 어머니에게 집은 (다수) 노동의 현장이다.

이처럼 여성/중년, 특히 사회적으로 어머니의 의무 때문에 외부 활동이 자유롭지 않은 기혼 여성에게 TV 시청은 가장 접근성이 좋은 여가 활동 중 하나다. 집에서 쉬다가 언제든 가사노동으로 전환할 수 있는 미디어 중 하나가 TV다. TV 프로그램 가운데 여성들이 선호하는 것은 드라마와 같이 서사 형태를 가진 장르다. 문제는 여성/중년 시청자가 TV 프로그램의 수용자로 꾸준히 주목받아 왔지만, 적극적 행위자인 '팬덤 주체'로는 비가시화되었다는 데 있다. 이는 드라마 팬덤의 특수성에서 비롯한 것이기도 하지만, 팬 활동이 가정이 아닌 사회적 활동의 일부로 여겨지기 때문이다. 행사나 공연을 통해 팬들과 소통하는 대중음악 팬덤은 외부 활동이 다른 장르의 팬덤보다 많은 편이다.

미디어의 개인화와 여성/중년 팬덤의 형성

'오빠부대', '빠순이' 같은 말이 주로 쓰였던 1990년대는 초기 팬덤이 가지고 있었던 사회적 정체성을 바로 보여준다. 첫째, 팬덤은 사회적으로 성숙하지 못한 것으로 상정되는 10대의 전유물로 이해되었다. 1990년대 서태지와 아이들 데뷔 이후 소녀팬을 비하하는 말이 두드러진 까닭은 팬덤을 '미성숙한' 혹은 '주류 외의 저항적인' 행위로 보았기 때문이다. 둘째, 한국에서 팬덤의 조망은 젠더적으로 여성 중심적인 경향을 보인다. 다수의 팬덤 연구가 여성에게 초점이 맞춰져 있는 것은 산업적으로 잠재적인 여성 팬(소비자, 이용자)을 타깃으로 하는 국내 기획사들의 전략과 연관 있다. 특히 팬덤 활동이 적극적으로 드러나는 아이돌 그룹은 멤버들의 젠더와 관계없이 여성 팬덤의 활동이 활발하다. 남성 팬을 독특하게 다루거나 특별하게 보는 태도는 여기에서 비롯한다.

그렇다면 왜 요즘 같은 초연결 시대에 팬덤 연구는 여전히 젠더 편향적이며 특정 세대를 대상으로 이루어질까? 여기에는 두 가지 사회적 요인이 있다. 하나는 디지털 미디어 리터러시를 습득하는 데 있어서 세대 편향적이고, 다른 하나는 팬덤 활동이 여전히 (여성) 하위문화의 하나로 일상화되기 힘든 특별한 경험으로 서사화되기 때문이다.

디지털 미디어의 개인화는 이 지점에서 매우 중요한 분기점이다. 스마트폰의 등장은 개인이 자신만의 공간에서 자신이 원하는 정보를 언제든 습득할 수 있을 뿐만 아니라, 인터넷을 통해 공적 공간에 접속할 수 있게 만들었다. 일상적으로 사적 공간에서 공적 공간에 접촉할 수 있게 된 것이다. 이제 물리적인 대면접촉 없이도 공동체적 행위를 수행할 수 있다. 이전까지의 팬덤 활동이 대면접촉 뒤 인터넷 공간을 통해 집단화하는 경향을 보였다면, 이제는 디지털 미디어에서 먼저 사회적 관계성을 만든 다음 대면(오프라인)으로 만나는 방식으로 바뀌었다. 필요하지 않다면 굳이 대면으로 팬 활동을 할 필요가 없으므로 집에서 개인 미디어를 사용해 팬 활동을 할 수 있다.

이러한 미디어의 개인화는 이전까지 디지털 미디어 이용에서 소외되었던 중년 세대에게 중요한 기회를 제공한다. 미디어 사용에 있어서 중년 세대는 청장년 세대와 비교해 상대적으로 디지털 리터러시의 수준이 낮은 것으로 평가한다. 그러나 2018년부터 고연령층에서 스마트폰 보유율이 급격하게 높아지면서(50대의 스마트폰 보유율은 2013년 51.3%에서 2018년 95.5%, 60대는 19.0%에서 80.3%, 60대 이상도 3.6%에서 37.8%로 증가)[12] 미디어의 개인화가 최근 중년층 이상에서 급격하게 이루어졌다. 그뿐만 아니라 디지털 미디어에 투여된 정보기술이 대중적으로 보급되고 인터페이스 또한 조작이 쉬워지면서 미디어의 접근과 이용에 있어서 연령차가 줄어들고 있다. 이는 여성/중년이 디지털 미디어를 이용해 집 밖에서 자신이 원하는 네트워크와 커뮤니티를 형성할 수 있는 가능성을 높인다. 특히 집 밖 활동에 제약이 많은 기혼 여성은 집 안에서 디지털 접속을 통해 외부 활동을 할 수 있다는 점에서 굉장한 기회이다.

여성/중년에게 집이라는 공간은 매우 중요하다. 직업의 유무와 상관없이 기혼 "중년 여성의 일상은 가족 공동체의 관심과 밀접하게 연관되어"[13] 있다. 기혼 여성/중년에게 집은 놀이와 가사노동의 전환이 최적화된 공간, 다시 말해 여가를 즐기다가도 다시 가사노동으로 전환하기 쉬운 곳이다. 또한 각종 미디어를 이용할 수 있는 주요 공간이다.

「미스/터트롯」과 같은 오디션 서바이벌 프로그램은 TV 이외에도 스마트폰과 같은 개인 디지털 미디어를 통해 시청할 수 있다. 또한 TV에서 방송한 메인 콘텐츠 이외에도 출연자에 관한 데이터 등 서브 콘텐츠를 포털이나 SNS에서 찾아볼 수 있다. 하나의 프로그램에 수많은 파생 콘텐츠가 연결된 셈이다. 이처럼 디지털 미디어를 통한 큐레이팅 방식의 채널 운용은 팬이 굳이 공연장에 가지 않더라도 팬덤 활동을 지속할 수 있게 만들었다. 팬은 일상생활에서 꾸준히 팬 활동을 수행할 수 있을 만큼의 정보와 콘텐츠를 언제든 획득할 수 있다.

디지털 미디어의 개인화는 팬 활동에서 나이와 젠더 체계를 없애버렸다. 그 결과 이전까지 팬덤 내부에서 드러나지 않았던 여성/중년 팬덤이 떠올랐다. 「미스/터트롯」과 같은 서바이벌 오디션 프로그램은 시청자, 곧 팬의 참여를 기반으로 만들어지고 바이럴이 생산되는 특성을 갖는다. 이제 미디어의 개인화를 통해 팬덤 형성이 가능해진 여성/중년은 「미스/터트롯」에 참여문화의 형태로 팬 수행성을 강화한다.

서바이벌 오디션 프로그램으로서 「미스/터트롯」

2018년 11월 30일까지 참가 가수를 신청받은 「미스트롯」은 2019년 2월 28일 첫 방송을 내보냈다. 총 10부작이었다. 트로트 가수, 작곡가 등 다양한 장르의 연예인이 심사위원으로 출연했다. 예선과 본선, 준결승전, 결승전을 통해 '미스트롯 진'을 뽑는다. 종영 이후 「미스트롯」은 2019년 5~7월에 전국 투어 공연을 열었다. TV조선뿐만 아니라 TV조선 유튜브 공식 채널을 통해 공연을 실황 중계했다.

「미스트롯」의 후속 시즌이자 남성 트로트 가수를 선발하는 「미스터트롯」은 2020년 1월 방송을 시작해 3월 종영했다. 1995년 유료 플랫폼 시청률 집계를 시작한 이래 「미스터트롯」 결승전은 가장 높은 수치를 기록했다. 심지어 문자 투표가 집중돼 서버가 마비되면서 이틀 뒤 긴급 편성한 생방송에서 최종 우승자를 발표하기도 했다.

「미스/터트롯」은 「프로듀스 101」의 진행 방식을 빌려 시청자를 방송에 몰입하게 만들었다. 특히 시청자가 투표를 통해 프로그램에 적극적으로 참여할 수 있게 했다. 「프로듀스 101」은 시청자들의 지속적인 투표 결과가 서사를 끌어내는데 「미스/터트롯」도 마찬가지다. 방송에서 진행자인 김성주는 "당신의 트롯걸/맨에게 투표하세요"를 반복한다. 이를 통해 시청자를 단순히 시청자로 위치 짓지 않고 프로그램을 함께 진행하는 참여자로 호명한다. 단순히 수용의 한 형태였던 TV 시청은 프로그램 내/외부에서 미디어 수행을 지속하게 만드는 기제가 된다.

「미스/터트롯」은 매회 참여자들의 새로운 경연으로 이루어진다. 시청자가 참여할 수 있는 온라인 대국민 투표는 1화부터 매주 진행된다. 「프로듀스 101」처럼 일주일 동안의 투표 수를 합산해 순위를 발표한다. 다만 시청자 투표 결과는 준결승전부터 반영된다. 자신이 지지하는 경연자가 준결승전에 진출했을 때 매주 투표했던 누적 득표수가 우승 가능성에 영향을 미친다. 이러한 시청자 참여 혹은 적극적인 미디어 수행을 지속하게 만드는 방송 포맷의 특성으로 인해 시청자는 적극적으로 팬 활동을 이어간다. 이는 기존에 팬덤 활동을 경험한 팬에게는 매우 일상적인 행위다. 그러나 「미스/터트롯」 프로그램을 시청하는 중년층, 즉 팬덤 활동 경험이 처음일 가능성이 큰 시청자에게는 비일상적이며 특별한 경험이다.

「미스터트롯」 우승자 임영웅은 한 음악 방송 프로그램에서 신곡을 발표했다. 10~20대 팬을 겨냥해 기존 아이돌 그룹이 주로 출연했던 것에 비하면 매우 이례적이었다. 심지어 팬덤의 연령층을 고려해 가사 자막을 크게 키웠다. 팬덤의 적극적인 미디어 수행이 뒷받침되었기에 가능한 일이었다.

여성/중년의 팬덤과 트로트 아이돌

아이돌이란 '우상'을 뜻한다. 우상을 가질 수 있는 주체는 보통 연령 제한이 있는 것으로 여겨진다. 신체적, 정신적 성장 가능성이 큰 10대는 우상을 가질 수 있지만 성인은 나이에 어울리지 않는 일로 여겨진다. 이러한 인식은 특정 연령대의 팬덤 활동을 막는 심리적 장벽이 된다.

팬덤 내부에서 세대는 하나의 위계로 작동한다. 팬덤은 사실 다양한 연령대로 구성되어 있다. 그러나 겉으로 드러나는 팬덤은 10~30대다. 여성/중년은 결혼 유무와 상관없이 '어머니 되기'의 의무를 갖고 집이라는 사적 공간에 매여 있는 존재로 상정된다. 따라서 공적 활동 중 하나인 팬덤 활동과는 거리가 있다고 취급한다. 이들이 조용필, 나훈아, 남진과 같은 우상을 경험한 세대인데도 말이다. 실제로 고연령대는 팬덤 내부에서 '줌마팬', '시조새' 등으로 불리며 조롱의 대상이 되기도 한다.

이전까지 사회는 자녀 양육을 마친 기혼 여성/중년의 정체성을 '빈둥지증후군'과 같이 주체성을 상실한, 혹은 모성의 역할을 다하고 정신적, 육체적으로 소외된 존재로 상정해 왔다. 이는 우울증과 같은 갱년기 증상과 맞물려 병적인 존재로 환원되곤 했다. 그러나 후기 모성기로 불리는 이 연령대는 성인 자식을 독립시키고, 자신이 독립적인 삶을 꾸릴 수 있는 시간적, 경제적 여유가 생기는 시기이기도 하다. 이런 상황에서 트로트는 여성/중년 팬덤에게 '연령 혹은 세대-동질성'을 제공한다. 성인가요 혹은 중/장년층의 음악으로 불리는 트로트는 이전까지 팬 활동에서 차별당하거나 소수자 취급받던 여성/중년에게 적극적인 발화와 팬 활동 기회를 제공했다.

「미스/터트롯」의 팬덤은 세대·젠더별로 다양한 주체를 포괄하고 있다. 이 글은 여러 주체 가운데 여성/중년 팬덤에 주목한다. 이들이 세대적 혹은 젠더적으로 여전히 가족에 강력하게 매여 있는 모성적 존재로 상정되면서도, '어머님 팬덤'과 같은 트로트의 적극적인 팬 주체로 호명되기 때문이다. 이처럼 여성/중년을 바라보는 사회적 시선은 중층적이다. 사회는 여성/중년이 어머니로서 사적 공간인 집에 머무르길 바라는 동시에, 콘텐츠 이용과 소비의 주체(심지어 트로트 가수의 '모성적 팬 주체')가 되길 요구한다. 미디어의 개인화는 여성/중년의 이러한 중층적인 위치를 가능하게 만들었다. 온/오프라인의 경계를 무너뜨리면서 사적 공간에서 공적 활동이 가능하게 된 것이다.

12장
코로나19 이후의 팬덤

신윤희

기획하는 팬덤, 그 후

Mnet「프로듀스 101」시리즈로 대표되는 육성형 아이돌 오디션 프로그램은 여러 방면에서 한국 아이돌 팬덤 지형에 영향을 미쳤다. 그중 주목할 만한 것은 아이돌 제작 시스템의 패러다임 변화이다. 전적으로 엔터테인먼트 산업의 영역이었던 아이돌 제작 시스템의 일부 역할을 이제는 방송 산업과 팬덤에 나눈다. 일종의 사전 주문 제작 시스템으로 안정성을 도모하는 방식인데, 자본은 미디어 산업에, 기획력은 텍스트를 직접 소비할 주체인 수용자(대중)에게 빌리는 구조다. 이러한 구조에서 수용자는 아이돌 제작(생산)의 기획 단계에 직접 참여하게 되었고, 그 과정에서 아이돌 그룹이 만들어지는 동시에 팬덤이 형성되는 이른바 '3세대' 팬덤 문화가 탄생했다.[1] 이러한 프로젝트형 아이돌 그룹이 만들어지는 시스템에서는 수용자의 적극적인 참여가 필수 조건이다. 아직 '제작되지 않은' 아이돌 그룹, 즉 비어 있는 텍스트를 팬덤이 직접 기획하고 양육하며 채워나가야 하기 때문이다. 팬은 이를 수행하기 위해 자신을 기획자로서 위치 지었고, 이에 따라 새로운 소비 방식과 이를 반영한 집단적인 팬 문화가 만들어졌다.

　　　방송은 필수 조건이 된 팬의 적극적인 참여를 독려하기 위해 수용자의 참여 기반을 만들었다. 그리고 그 호명에 응답한 기획자 팬들이 직접 스타를 만들고 키워내는 과정에서 보여준 능동적인 참여문화는 다시 산업에 영향을 끼쳤다. 다시 말해, 기획 능력을 갖춘 팬들이 프로젝트 그룹의 폭발적인 팬덤을 형성했고, 이에 영향을 받아 산업의 지형이 다시 바뀌었다. 3세대 팬덤은 이러한 흐름 속에서 만들어졌다. 아이돌 스타를 둘러싼 팬덤, 방송사(미디어), 엔터테인먼트사라는 세 권력이 서로 의존하며 얽히는 위와 같은 과정은 새롭게 탄생한 팬덤의 영향력을 보여준다. 그동안 방송사와 엔터테인먼트 산업에 비해 큰 힘을 행사하지 못했던 팬덤이 아이돌이라는 텍스트를 둘러싼 하나의 권력 축으로 인식될 만큼 영향력을 보였다는 의미이다. 그렇게 복합적인 이해관계 속에서 팬덤은 아이돌 산업을 굴리는 동력이자 하나의 (핵심) 부품으로 자리 잡았다. 팬들의 참여로 만들어진 아이돌 그룹이 신드롬으로 불릴 만큼 성공적으로 데뷔하자, 이후에도 프로젝트 그룹은 꾸준히 제작되며 아이돌 산업에서 하나의 흐름을 만들어냈다. 그러다 「프로듀스 101」 시리즈의 투표 순위가 조작되었다는 사실이 밝혀지면서 아이돌 프로젝트 그룹의 제작은 일단락되는 것처럼 보였다.

참여의 시작이 투표였음에도 불구하고 팬들의 투표가 제대로 반영되지 않았다는 점은 심각한 문제다. 하지만 프로그램과 관계없이, 프로젝트 그룹이 활동하는 동안 팬들이 보여왔던 활동 방식은 여전히 팬들에게 강렬한 경험으로 남아 하나의 문화를 형성했다. 투표 결과의 공정성에 처음으로 의혹을 제기한 이들이 바로 팬들이었다는 점과 이후 피해를 본 아이돌의 음악 활동에 대한 보장과 지원을 요구했던 팬덤의 소비자 행동주의, 프로젝트 그룹의 활동이 끝난 뒤에도 여전히 팬덤의 이름을 지키려는 포스트 팬덤 활동 등에서 오히려 다양한 역할이 팬덤에게 주어지는 구조와 이를 수행해내려는 팬덤의 경향성은 달라지지 않았음을 알 수 있다. 결국 빈 공간을 채워 넣으려는 기획자 팬들의 참여 욕구(의도)는 여전하며, 그들의 의도와 능력이 어디까지냐에 따라 팬덤의 활동 범위에 무한한 가능성이 존재한다고 할 수 있다. 중요한 것은 적극적으로 목소리를 내는 팬들의 활동 방식 덕분에 산업이 팬덤을 주목하게 되었다는 점이다. 기획하고 양육하는 팬덤을 활용함으로써 아이돌 산업의 주축들이 완성되어 가는 상호 의존 방식은 유지, 변형되면서 공진화하고 있다.

팬데믹과 팬덤 영토의 변화

3세대 팬덤이 만들어지는 과정이 한국 아이돌 산업에 하나의 경향성으로 자리 잡음과 동시에 케이팝은 세계로 무대를 넓혀 나가며 문화적 위상 등에서 여러 가지 변화를 겪었다. 현재 활발하게 활동 중인 수많은 케이팝 아티스트의 팬덤은 팬 대상과 그를 둘러싼 맥락에 따라 저마다의 고유한 특성을 보인다. 그러나 주목할 만한 하나의 공통적인 흐름은 있다. 바로 수동적인 수용자 위치에서 벗어난 팬덤의 영향력이다. 팬덤이 능동적인 팬 실천을 보일수록 산업은 팬덤의 영향력에 주목하면서 팬에게 역할을 부여하거나, 그 역할을 효과적으로 해낼 수 있도록 팬 커뮤니티를 관리하는 등 팬덤을 모을 수 있는 방식을 고민해 왔다. 그러다가 2019년에 산업은 자체적인 팬 커뮤니티 플랫폼 리슨(Lysn)*이나 위버스(Weverse)**와 같은 애플리케이션을 고안했고, 팬덤 문화는 또다시 변화의 조건들을 갖추었다.

팬덤을 기술과 사회의 변화에 따라 특정하게 구성되는 문화 구성체(cultural formation)로 바라볼 때 역사적 맥락 속에서 팬덤 현상을 이해할 수 있다. 팬덤은 구성 주체, 팬과 스타의 관계, 팬 소

---

* 리슨은 SM엔터테인먼트의 자회사 디어유(DearU)에서 제공하는 관심사 기반의 팬 커뮤니티 플랫폼이다. 메신저, 오픈 채팅 기능을 통해 취향을 중심으로 글로벌 커뮤니티 형성을 지향한다. 특히 디어유에서 제공하는 소통 서비스 버블(bubble)은 실제 아티스트와 팬이 1:1로 대화하는 것처럼 사적 메시지를 주고받을 수 있다.

** 위버스는 하이브의 자회사 비엔엑스(beNX)에서 개발한 팬 커뮤니티 플랫폼이다. '아티스트와 팬이 함께하는 글로벌 공식 팬 커뮤니티'라는 슬로건 아래 아티스트의 공식 콘텐츠부터 단독 콘텐츠, 멤버십 전용 콘텐츠 등을 볼 수 있고, 팬과 아티스트가 소통할 수 있다. 위버스숍을 통해 커머스 서비스까지 한꺼번에 아우르는 플랫폼을 지향한다.

비 방식, 집단적인 팬 실천 등의 내재적 요소와 디지털 미디어, 아이돌을 둘러싼 산업과 같은 외재적 요소로 구성된다. 그리고 문화 구성체로서 팬덤은 이러한 내적 요인과 외적 요인의 상호작용 속에서 변화한다.[2] 2020년은 사회의 많은 부분이 그렇듯 팬 문화에 외부적인 사건이 크게 영향을 끼친 때였다. 신종 코로나바이러스 감염증(코로나19) 팬데믹이 초래한 비상사태로 세계 곳곳에서 이루어진 사회적 거리두기는 팬덤 지형에 변화를 불러왔다. 팬과 스타가 대면할 수 없게 되자 둘 사이의 교류 방식이 달라졌다. 팬미팅, 콘서트, 월드 투어 등의 오프라인 대면 행사는 취소되거나 온라인 방식으로 바뀌었고[3] 아티스트의 소통 방식 또한 모두 온라인화되었다.[4] 팬 활동 역시 비대면을 뜻하는 언택트 방식으로 바뀌었다. 외적 요인의 변화, 즉 재난 상황에 따라 팬덤이 활동하는 영토에 변화가 생겼다.

물론, 재난 이전에도 팬들의 온라인 활동은 활발했다. "대안적 사회공동체"로서 팬덤[5]이 기능할 때, 그리고 팬 개개인의 소비 방식에서도 팬들이 활동하는 주된 영토는 또래 집단과 지역 중심의 공동체에서 온라인 중심의 느슨한 공동체로 점차 변화했다. 미디어 학자 헨리 젠킨스가 이야기한 참여문화 역시 인터넷 기술이 발달함에 따라 가능해졌다. 오늘날 팬덤이 점점 큰 문화적 영향력을 행사하게 된 배경에는 디지털 기술의 발달과 함께 만들어진 온라인 중심의 커뮤니티 문화가 있었다. 그러나 사람과 사람 사이의 대면 만남 역시 여전히 중요한 팬 활동의 요소다. 이를테면 케이팝 팬은 디지털 미디어를 통해 음악을 듣고 뮤직비디오를 보지만, 동시에 콘서트와 같은 오프라인 공연에 참여하거나 뮤직비디오 촬영 장소에 직접 찾아가 추억을 쌓는 이른바 '덕질투어'를 떠나기도 한다. 글과 영상 등 다양한 2차 생산물을 만들어 인터넷에 업로드함으로써 수많은 팬과 온라인으로 소통하면서도, 오프라인 사진전과 같은 비공식적인 팬 행사, 사적인 모임 등 비교적 가까운 면대면 소통을 이어간다. 또 인터넷 게시판을 통해 의견을 표현하거나 웹을 활용해 자선 모금에 참여하지만, 집단행동을 위해 오프라인 공간에 직접 모여 팬 집회를 열기도 한다.

  이처럼 지금까지의 팬 활동은 온라인과 오프라인 두 가지 영토를 기반으로 다양하게 이루어졌다. 하지만 재난 상황에서는 활발하게 이뤄져 온 모든 방식의 팬 실천이 비대면 방식으로 바뀌어야 했다. 변화의 길목에서, 앞서 개발한 팬 커뮤니티 플랫폼이 적극적으로 활용될 발판이 마련되었다. 비대면으로의 전환에 적응하기 위해 엔터테인먼트 산업은 IT 기술과 결합해 온라인에서의 만남을 뜻하는 온택트(On-Contact) 서비스를 제공하기 시작했다. 그러다 2021년 1월 엔씨소프트가 출시한 팬 커뮤니티 플랫폼 유니버스(UNIVERSE)[*]가 이 흐름에 합류하면서 "K팝 플랫폼의 삼국지"[6]를 형성한 뒤로는, 팬덤 플랫폼이 팬에게는 '덕질 필수템'이자 기획사에게는 수익 모델로 주목받았다.[7] 따라서 위버스(위버스컴퍼니), 리슨(디어유), 유니버스(엔씨소프트)와 같은 팬덤 플랫폼의 탄생과

---

[*] 'For Fans, With Artists'라는 슬로건 아래 아티스트의 예능, 화보, 라디오 등의 오리지널 콘텐츠를 제공한다. 특히 '프라이빗 메시지·콜'을 통해 아티스트와 팬이 1:1 메시지를 주고받을 수 있고, Fan Network Service(FNS)를 통해 게시물을 올릴 수 있다. 온라인 공연, 온라인 팬미팅(Fan Party) 등을 제공한다.

발전은 팬덤 문화구성체의 외재적 조건인 디지털 미디어 기술의 변화에서 더 나아가 팬 활동의 기반이 되는 문화적 영토의 변화라는 관점으로 해석할 수 있다. 그리고 그에 따라 달라지는 팬덤 내부의 변화에도 주목할 수 있다. 디지털 기술의 발달과 함께 온라인 활동이 증가했다는 점을 고려하더라도, 오프라인 만남이 가능하며 이를 상상할 수 있는 '온라인 중심의 (사회)공동체'와 대면 만남이 차단된 채 모든 소통 방식이 디지털화된 '온라인 (사회)공동체'는 다른 감각을 만들어낼 수밖에 없다.

디지털 팬 공간과 플랫폼의 확장

그렇다면 팬데믹 이후에 팬덤 내부 요소에는 어떠한 변화가 있었을까? 재난 상황에서도 팬덤은 여전히 살아 있을까? 변화한 영토에서 팬들이 어떻게 활동하는지를 살펴봄으로써 답을 어느 정도 얻을 수 있다. 이를 위해 온라인 팬미팅, 온라인 콘서트, 온라인 GV, 온라인 팬 사인회(영상통화), 온라인 (구독) 소통 서비스, 온라인 팬 커뮤니티 플랫폼과 같은 비대면 팬 활동을 활발하게 경험한 팬 5명(A~E)을 심층 인터뷰했다.* 또한 팬데믹 이후 스타의 온택트 서비스가 거의 제공되지 않아 비대면 팬 활동을 비교적 경험해 보

---

* 2020년 12월부터 2021년 6월까지 약 7개월간 진행했다. 인터뷰 참여자는 20~30대 총 10명으로, 남성 팬이 1명 포함되어 있다. 코로나19 이전부터 팬 활동을 활발하게 이어왔던 팬과 온택트를 통해 새롭게 팬 경험을 시작한 이들을 모두 만나 보았다. 팬 계정 운영자, 비공식 굿즈 제작자, 생일 카페 이벤트를 주최한 경험이 있는 팬 등 다양한 경력을 가진 이들이 두루 포함되었다.

지 못한 팬 5명(F~J)을 심층 인터뷰했다. 이를 바탕으로 코로나19 이후의 팬 문화 형태, 팬덤의 내부 요소를 살펴볼 수 있었다.

팬덤의 내부 요소는 팬 공동체를 이루는 '구성 주체'의 변화에 따라 영향 받는다. 케이팝이 아시아, 북미 등에 진출하면서 해외 팬덤이 커지는 구성 주체의 양적 확장은 꾸준했다. 이에 따라 해외에 거주하는 팬을 만나기 위한 아이돌 스타의 월드 투어와 같은 해외 활동도 활발했는데, 팬데믹 사태로 이와 같은 오프라인 공연이 불가능해졌다. 이러한 상황을 해소하기 위해 엔터테인먼트 산업은 공연을 온라인으로 전환하고 이를 플랫폼을 통해 제공하기 시작했다. 이는 팬덤의 활동 영역을 글로벌 공간으로 더욱 확장시켜 줄 수 있다. 온라인 소통 방식은 시간과 공간의 제약을 덜 받는다는 점에서 해외 팬의 접근을 편리하게 해주는 측면이 있다. 그러한 특성이 해외 팬덤이 확장될 가능성을 제공한다.

> 온라인으로 팬 사인회가 진행되면서, (팬 사인회 당첨) 컷 수가 훨씬 높아졌거든요? 왜냐하면 내 시간과 장소에 구애받지 않고 제약이 없어지니까. 외국 팬들도 참여율이 훨씬 높아지고……. 실제로 그런 영상통화 팬 사인회를 자주 녹화해서 올리는 트위터리안 이름을 보니까 외국인이에요(A, 20대 후반, 온라인 '영상통화와 팬 사인회' 등 온택트 팬 경험 다수).

해외에 거주하는 팬이 한국 아이돌 스타를 만나는 대표적인 방법은 직접 한국에 방문해 스타의 오프라인 공연·행사에 참여하거나 스타가 현지에 투어를 올 때다. 모두 물리적인 위치에 따라 팬 활동에 제한이 있을 수 있다. 이러한 대면 만남이 온라인 방식으로 바뀌면 물리적인 이동 없이도 스타를 만날 수 있다. 특히 팬 사인회나 팬미팅과 같이 주로 오프라인에서 대면 방식으로 이루어지던 팬 활동에 공간적 제약이 사라지는 것은 물리적으로 더 넓은 범위의 팬들을 수용할 수 있는 특성이 된다. 이 지점에서 글로벌 팬덤이 양적으로 확장할 뿐만 아니라 팬들의 활동 영역 또한 (디지털/플랫폼 공간 안에서) 재구성된다.

코로나19 때문에 콘서트도 다 (온라인으로) 해주고……. 제가 7월쯤에 입덕했는데요. 그때 팬미팅을 온라인으로 진행해서 팬클럽이 아닌 사람들까지 다 받아서 한 게 8월이었어요. 팬클럽만 보던 팬미팅도 그냥 다 유료로 (팬클럽이 아닌 사람에게도) 공개해 주고, 해외 팬미팅도 심지어 돈 주고 사서 볼 수 있고. 보통 해외 팬미팅은 직캠 뜨는 것을 기다렸다가 보든지 해야 하는데, 온라인이어서 다 (볼 수 있도록) 열어줬더라고요. 그래서 얼마 전에 제가 일본 팬미팅을 (한국에 있는 집에서) 봤거든요? 그게 저는 너무 좋아요. 집에서 VOD 사듯이 구매하고, 그냥 편하게 보는 그런 콘셉트가 너무 좋아요. 물론 오프라인 콘서트에 언젠가 꼭 가보고 싶다는 생각은 있지만요(B, 30대 초반, 온택트 서비스를 통한 입덕 경험).

이처럼 온라인 소통에 공간의 제약이 없다는 점은 국내에 거주하는 팬에게도 긍정적인 측면으로 인식된다. 특정 공간에서 수용 가능한 인원만 볼 수 있던 오프라인 공연이 여러 국가에서 인원 제약 없이 실시간으로 볼 수 있는 온라인 방식으로 전환되는 것은 해외 팬뿐만 아니라 국내 팬에게도 확장성을 준다. 케이팝 아티스트들의 해외 공연이 활발히 이루어지면서 국내 팬 역시 스타의 해외 공연을 보기 위해서는 장소의 이동이 필요한데, 온라인을 통해 물리적 이동 없이 실시간으로 공연을 볼 수 있다는 점이 편리함으로 인식되는 것이다. 이처럼 온택트 팬 경험은 팬 활동을 위해서 '어딘가에 가야 한다'는 인식을 '집에서도 편안하게 언제든지 연결될 수 있다'는 것으로 바꾸었다. 이렇게 로컬 개념이 사라짐으로써 팬 개인의 활동 영역 또한 디지털 속의 '글로벌'로 인식되며 확장하고 있다.

한편 수용 인원에 대한 제약이 사라진 덕인지 몇몇 온라인 팬미팅은 팬클럽에 가입하지 않은 사람에게도 관람이 허용됐다. 이것이 인상적인 이유는 그동안 팬미팅은 전형적인 팬들을 위한 콘텐츠이자 일종의 혜택이었기 때문이다. 팬 콘텐츠가 이러한 방식으로 더 넓은 수용자층에게 공개되는 것은 온라인 공연의 특성을 반영한 방식이라고 볼 수 있다. 텍스트의 확장 측면에서 온라인 공연은 더 많은 수용자층에게 흘러갈 수 있으며, 온택트 방식은 그를 적극적으로 활용한다. 더 중요한 점은 (위의 인터뷰 사례처럼) 언택트 경험을 통해 디지털 공간에서도 새롭게 팬이 되거나 적극적인 팬 활동이 유지될 수 있다는 것이다. 일부 팬은 장소의 구분이 중요하지 않은 '디지털 팬'이 될 수 있으며, 이에 따라 온택트 팬 활동은 앞으로도 일정 부분 유지될 가능성이 있다.

스타의 소통 방식에도 변화가 일어났다. 특히 팬과 스타 사이에 이루어지던 소통의 주된 창구가 팬덤 플랫폼으로 바뀌면서 팬은 스타와의 소통이 더 자주, 더 쉽게 이루어진다고 느꼈다.

(기존에 주로 사용하던) 공식 팬 카페 같은 경우에는 멤버들이 이렇게까지 자주 오지는 않았어요. 그런데 이게(플랫폼) 내 손안에 들어오다 보니까. (팬덤 플랫폼은) 앱이잖아요. 편하니까. 물론 기존 카페도 앱으로 쓸 수 있지만, 여기는 훨씬 편하게 (게시물을) 올릴 수 있고. SNS 스토리 올리듯이. 멤버들이 되게 편하게 많이 와요. 그래서 사실 저는 친구들 연락보다 위버스 알림이 더 많이 오거든요. 팬들이 쓰는 피드에 멤버들이 댓글을 달아주기도 하고, 그런 면에서 소통이 훨씬 쉬워진 부분이 있죠(A).

팬 커뮤니티 플랫폼은 아티스트의 일상을 궁금해하고 자주 소통하고 싶어 하는 팬들의 욕구를 반영한 소통 애플리케이션이다. 팬데믹과 함께 오프라인 소통 창구가 사라지면서 자연스럽게 온라인 소통 창구는 쉽고 편리한 방식의 애플리케이션으로 집중되었다. 애플리케이션을 통해 상시 알림을 받아보는 팬들은 스타와 더 자주 연결되어 있다고 느낀다. 이처럼 플랫폼은 팬의 일상에 녹아들어 스타와의 소통을 위한 필수 앱으로 자리 잡아가고 있다. 이러한 인식의 변화는 기존 팬들이 새롭게 팬이 된 이들에게 팬 활동에 도움이 되는 이른바 '가이드'를 제시할 때 "가장 먼저 팬덤 플랫폼부터 가입하세요"라고 이야기하는 것을 통해서도 알 수 있다.

> '나 입덕한 거 같은데……'라고 누가 (커뮤니티에) 글을 쓰잖아요? "우리가 알아서 얘기해 줄게"라고 (그 팬을) 부르고, "일단 위버스 깔고, 뭐 (경제적) 여유가 되면 위버스 (유료) 멤버십도 가입하고~ 멤버들이 자주 오니까 위버스부터 가입하고, 유튜브 구독하고, 뭐부터, 뭐부터 봐라" 이거를 해줘요. 라인업을 짜줘요(B).

온라인으로의 전환에 적극적으로 활용된 통신 기술 인프라는 팬덤 영토 변화의 기반이 되었다. 대안으로 제공되던 온라인 소통 방식은 편리함과 확장성으로 인해 팬과 스타, 그리고 산업 모두에게 앞으로도 적극적으로 활용될 가능성이 크다. 특히 엔터테인먼트 산업이 팬데믹 상황에서 수익 창구를 온라인으로 전환하면서[8] 이러한 변화는 두드러졌다. 재난 상황에 따른 산업의 생존 전략과 아티스트와 언제나 함께 연결되어 있고 싶은 팬의 욕구가 맞물리면서 온라인 플랫폼으로의 변화가 가속화되었다. 이러한 변화는 앞으로도 팬들의 인식과 활동 방식 등 여러 가지 측면을 재구성할 여지가 있다.

온택트와 물질성

온라인 소통은 시청각의 제한된 감각을 통해 이루어지는 인터넷 매개 커뮤니케이션이다. 디지털 화면이 제공하는 이러한 감각의 한계는 팬과 스타의 거리감에 영향을 미친다.

> (온라인 콘서트가) 재미있었는데, 재미없어졌어요. 일단 온라인으로라도 무대를 볼 수 있어서 좋고, 스타를 보는 건 재미있었는데 (스타와 팬 사이에) 티키타카가 없으니까…… 아무리 그렇게 해도 현장감이 느껴지지는 않죠. 그냥 실시간 음악 방송을 3시간 동안 보는 느낌이에요(D, 30대 초반, 팬 이벤트 개최 경험).

비교적 다양한 감각을 느낄 수 있는 오프라인 소통에 비해 시각과 청각에만 의존하는 온라인 소통은 팬에게 매체나 기술에 의해 매개되어 있다고 느끼게 하므로 몰입감이 적을 수밖에 없다. 이러한 거리감을 경험하면서 일부 팬은 이전과 다른 감각에 당황하거나 불안감, 상실감을 느낀다.

> 이게 2021년 버전의 콘서트인 것을 신곡이 나왔기 때문에 아는 거지, 내가 실제로 직접 본 무대랑은 차원이 다르잖아요. 오프라인 콘서트는 훨씬 확~ 기억에 남아요. '(스타가) 이때 무슨 머리였고, 이런 노래를 했었는데……' 그렇게 기억한다면, 온라인은 다 똑같았어요. '이게 진짜 지금 일어나고 있는 콘서트

가 맞는가? 내가 보는 게 실시간이 맞는가?' 그래서 사실 저는 실시간 채팅도 참여를 안 했어요. 그냥 딱 보기만 하는? 1차원적인 시청만 하는 거죠. 그런데 이게 지속되면 영원히 이들(스타)을 만날 수 없을 것만 같아요. 코로나 블루 오면서 '옛날처럼 그런 공연을 앞으로 살면서 볼 수 있을까?'까지 걱정하게 되는 거예요. '다시 콘서트에서 뛰어놀고, 같이 숨 쉬고, 소통하는 게 언제쯤 가능할까?' 생각해 보니까 진짜 기약이 없는 거예요(A).

특히 대면으로 경험하던 팬 사인회를 온라인(영상통화)으로 경험할 때는 현실 인지가 혼란스러웠다고 표현한다.

영상통화 팬 사인회를 할 때도, 현실인지 비현실인지 구분이 잘 안 됐어요. 영상통화 녹화본도 있고, (스타가) 내 이름을 불러주니까 '실시간이구나'라고 생각은 하는데……. (인터넷에서) 워낙 많은 영상통화 후기들을 보다 보니까 이게 내 것인지, 남의 것인지. 제 이름을 불러주기 전까지는……. 그러니까 제가 하는 말에 (스타가) 대답하는 그 느낌을 받기 전까지는 '내가 지금 이 사람들이랑 진짜 통화를 하고 있는 게 맞나?' 그런 생각이 제일 먼저 들었어요. 오프라인으로 갔으면, 내가 실제로 이 사람하고 말을 하는 실물감, 생동감이 있잖아요. 근데 이거는 아무리 실시간이라고 해도 생동감까지 느껴지지는 않단 말이죠. 그러니까 자꾸 '이름 불러달라' 뭐 그런 걸 하는 거예요. 내가 뭔가 해달라는 걸 (스타가) 해줘야만, 내가 그걸 느낄 수 있으니까. 그래서 자꾸 팬들이 '미션' 같을 것을 주는 거란 말이죠(A).

대면 팬 사인회에서 팬과 스타가 만나는 장면을 상상해 보자. 사인회가 이루어지는 그 순간, 그 공간에는 참여하는 팬과 스타 둘만 존재하게 되고, 일회적 순간의 기억은 둘에게만 공유된다. 이러한 특성은 팬에게 몰입을 끌어낸다. 하지만 이벤트의 순간은 찰나다. 시간상으로 짧다는 이야기일 수도 있지만, 그 순간이 지나면 휘발되어 사라지는 유일무이한 경험이라는 점에서 더 그렇다. 반면, 영상통화 팬 사인회는 매체를 통해 그 순간이 녹화됨으로써 반영구적으로 보존될 수 있다. 팬은 영상통화의 순간을 오랫동안 추억하기 위해 개인적으로 녹화하기도 하는데, 일회성의 경험이 녹화를 통해 반영구적 매체로 물화(materialize)한다. 물론 그러한 지점이 팬에게 선호되는 부분도 있다. 대면 팬 사인회와 같은 일회적인 팬 경험은 팬 개인 한 명에게만 추억으로 남거나 팬과 팬 사이에서 구전으로 공유된다. 하지만 영상 데이터로 남아 있는 온라인 팬 경험은 인터넷에서 반복 재생되고 더 넓게 퍼지는 편재성이 있다. 이처럼 데이터는 반영구적이며 가공이 가능하다. 영상 속에서 팬과 나눈 스타의 대화 내용이 팬에게 중요한 정보가 되고 때로는 녹화 영상을 통해서 새롭게 팬이 되는 사람이 있는 것처럼 홍보 효과도 있다. 그러나 한편으로 디지털 데이터가 복제/전시되면서 스타의 모습이 평가 대상이 되기도 쉬워졌다.

결국 일회적 경험이 물화되는 과정에서 스타라는 텍스트는 디지털화되고 스타와의 만남은 매체 의존적 지각으로 바뀐다. 그에 따라 '모니터 속에 복제된 스타'의 물질성은 일시적으로 해체(상실)되고, 물성이 느껴지지 않는 스타의 아우라 역시 일시적으로 상실/변형된다. 이러한 이유로 팬은 디지털에서만 만날 수 있는 스타를 보며 직접 대면할 때 물리적으로 경험할 수 있었던 스타의 물성과 아우라의 감각을 잃어버린다. 앞선 인터뷰처럼 영상통화를 했던 순간이 진짜였는지 혹은 온라인 콘서트를 하는 지금이 현실이 맞는지와 같은 혼란스러움을 느낀다.

> 사실 영상통화 녹화본을 못 보는 이유 중 하나가 현실감이 좀 덜해서예요. 이게 실제인지 아닌지가 잘 구분이 안 되니까……. 내가 직접 가서 찍은 거면 훨씬 자주 봤을 텐데, 그냥 녹화한 거잖아요. 뭔가 되게 어색해서 자주 찾아보지 않았던 것 같아요. 제가 오프라인에서 찍었던 영상이 있는데 그 모습이 아직도 생생하고, 그때 찍은 영상도 계속 돌려 보거든요? 쇼케이스 1열이었을 때도 눈앞에서 봤던 게 아직도 너무 생생해요. 눈 마주쳤을 때 어떤 느낌이었고, 애들한테 어떤 분위기가 났고……. 오프라인은 (영상으로) 남지 않잖아요. 그냥 제 기억 속에만 있는 건데도 더 생생하게 느껴지는데, 온라인은 심지어 (영상으로) 남았는데도 생생하지 않은 거예요(A).

팬들이 갈증을 느낀다고 표현한 "현실감"이란 오프라인 현장에서 스타의 물질성을 기반으로 경험하는 감각이다. 아티스트가 같은 시공간에 함께 실재한다는 물성의 감각과 그때 만들어지는 분위기, 오감으로 느껴지는 공연장의 열기와 응원 문화 등을 통해 아이돌과 실시간으로 소통하고 있다는 감각, 그 속에서 다른 팬들과 함께 느끼는 감수성과 정동 등을 모두 포함한다. 온라인에서는 온전히 채우기 힘든 이 감각들을 다시 느끼고 싶은 팬들은 대안적인 팬 활동을 수행하기도 한다. 2~3명씩 소규모로 모여서 온라인 콘서트를 함께 관람하는 방식이다.

> 확실히 혼자 볼 때보다 팬클럽 친구랑 같이 볼 때가 더 몰입도 잘되고 재밌었어요. 오프라인에서는 내 옆 사람, 앞 사람이 다 같은 부분에서 같은 이유로 소리 지르게 되잖아요. 서로 말하지 않아도 같은 부분에서 감정을 공유하는 그런 게 재밌는데…… 2명이라도 같이 보면 그거라도 충족될 수 있으니까 조금 낫더라고요(C, 30대 초반, 대안적인 온택트 팬 활동 경험).

이처럼 온택트에서 이루어지는 제한된 감각의 상호작용은 팬에게 강렬한 경험으로 남기보다 하나의 디지털 데이터로 남을 가능성이 있다. 이 간극을 메우기 위해 팬들은 2명이 함께 모여 응원봉을 들고 '응원법'과 같은 학습된 공동의 팬 실천을 수행한다.

비대면 시대의 팬 활동 동력

물질성의 상실은 팬덤 내부 요소에 다시 영향을 끼친다. 온택트라는 익숙지 않은 소통 방식에 어려움을 겪거나 무력감에 팬 활동을 잠시 쉬는 팬들도 생겼다. 특히 온택트 서비스가 거의 제공되지 않는 팬덤의 경우에는 동력을 잃고 팬 활동의 정체기를 겪기도 했다.

> '우리는 공연을 해야 하는데…… 공연이 중요한 팬덤인데…….' 팬들끼리 모이면 그 걱정을 제일 많이 하는 것 같아요. 매번 공연이 취소돼서 실제로 제 주변 팬들이 많이 사라지기도 했고요. (중략) 새로운 사진은 거의 없어요. 이미 올라온 옛날 사진들을 다시 편집해서 올리거나 최근에 마스크 낀 사진이 (주로 올라와요). 그렇게 하드털이하면서 옛날에 못 올렸던 영상들, 과거 사진 보면서 어떻게든 서로 보듬고 지키면서 추억을 되새기는 거죠. 예전에는 공연들 가면서 정기적으로 덕심을 채웠는데, 공연이 없어지면서 살짝 가벼워진 느낌이 있지만……. 그러다가 지금은 누구보다 열심히 노래 만들고 준비하는 스타를 보면서 참고 기다리는 것 같아요. 언젠가 컴백할 시기를 기다리면서 바쁜 현실을 지내는 거죠(G, 30대 초반, 비공식 굿즈 제작 경험).

스타 역시 "응원법을 들으며 무대를 했다면 더 신나게, 힘이 나서 할 수 있었을 것"이라며 온라인 공연의 한계에 대해 아쉬움을 표현했다. 갈증을 해소하기 위해 몇몇 소속사는 팬들의 응원 녹음 파일을 미리 받아 온라인 공연에 입히거나, 팬들의 개인 비디오

화면을 무대 현장과 연결해 실시간으로 소통했다. 팬들은 한계를 극복했다는 애틋함과 유대감을 느꼈다.

못 보니까 서로 되게 애틋해하는 느낌은 있는 것 같아요. (스타도) 공연장이 없으니까 팬들을 되게 소중해하는 느낌이고. 그걸 보는 팬들도 되게 이게 안타까워지는 느낌이고……. 코로나 때문에 못 만나서 뭔가 애틋한 관계가 돼요(B).

그렇다면 이러한 재난 상황에서 팬은 어떻게 활동의 동력을 얻을까?

직접적인 만남이 중단된 상태에서도 팬 활동을 이어갈 수 있는 동력은 스타의 끊임없는 소통(이에요). 이들이 만든 자체 콘텐츠의 매력이 너무 크고, 꾸준한 앨범 활동, 그리고 그들의 식지 않는 열정이 보일 때요. 자기만의 계발 활동을 계속 찍어서 올려준다든가. 아니면 팬들하고 더 소통하려고 평소에 잘 하지 않던 V앱(브이 라이브)을 한다든가. 팬들하고 어떻게든 더 이 관계를 이어가고자 하는 노력이 나타날 때, 이런 상황에서도 '나만 진심인 게 아니구나'를 느낄 때가 가장 마음이 크게 움직이는데 그걸 나타내주는 게 그런 산물들인 거죠(A).

한편으로는 팬들 역시 비대면 방식에 적응하려는 노력을 보였다. 기존의 팬덤 문화를 온라인 방식으로 바꾸어 유지하는 것이다.

'생일 카페 이벤트'가 보편화가 많이 됐었거든요? 원래 (생일 카페 이벤트는) 컵홀더랑 특전을 주고, 카페에는 아티스트 사진이 걸려 있고, 영상 틀어놓고, 풍선 붙여놓고……. 그런 걸 보려고 가는 거였는데, 이제 팬들이 (오프라인) 카페를 못 가니까 '온라인 전시회'를 하는 거예요. 온라인 링크를 타고 들어가서 주최하는 사람이 찍거나 만든 창작물들을 소비하는 방식이 됐더라고요. 컵홀더나 이런 것은 배송도 받아요. 내가 못 가니까(A).

그동안 오프라인 공간에서 공유되던 팬들의 다양한 문화적 재/생산물은 '코로나19 상황'이라는 말과 함께 온라인 링크를 통해 공유되었다. 전시회나 영상회같이 이벤트성으로 모이던 팬의 다양한 모임 공간 또한 온라인으로 바뀌었다. 비대면 방식에 적응하기 위해 팬덤 내부의 향유 방식이 변화했다. 이러한 팬들의 적극적인 대안 모색은 재난 상황을 극복하고 보이지 않는 서로를 보이게 함으로써 유대감을 만들어낸다.

'온라인 전시회'를 보고 깜짝 놀랐어요. 그냥 링크 타고 들어가서 사진 몇 개 보는 게 다일 줄 알았는데 진짜 3D로 전시회장을 구현해 놨더라고요. 공간이 구분되어 있고, 오프라인 전시회처럼 한 사진 앞에서 오랫동안 감상할 수도 있어요. (중략) 그런 경험을 통해 서로가 잘 지내고 있다는 것도 느낀 것 같아요

(E, 30대 초반, 커뮤니티 활동가).

공연이 아예 없으니까 팬들끼리도 만날 기회가 없었잖아요. 작년부터 그랬으니까. 그래서 저는 뭔가 더 그런 자리를 만들고 싶었어요. 오프라인 공연은 못 가니까 온라인 생일 이벤트를 통해서 만나는……. 진짜 오랜만이니까 더 반갑고 더 즐겁고 하잖아요(F, 20대 중반, 생일 카페 이벤트 주최 경험).

결국 코로나19의 장기화는 팬을 유일한 소통 창구인 온라인 소통에 집중하게 했다. 온라인 콘서트, 온라인 팬 사인회 등의 온택트 만남과 스타와 직접 주고받는 다이렉트 메시지(디어유의 '버블', 유니버스의 '프라이빗 메시지') 같은 소통 방식이 대표적이다.

위버스는 거의 단톡이에요. '멤버들끼리 카톡으로 하지 왜 여기서 얘기하고 있지?' 싶은 얘기를 많이 하거든요? 이런 걸 팬을 끼워서 해주고 있는 게 그냥 보는 재미가 있어요. '우리 이런 얘기 하는데, 팬들 끼워준다(웃음)~' 약간 이런 느낌이 있어요. 팬들이 글을 올려놓으면 계속 댓글도 엄청나게 달아주고, 웃긴 글 올라오면 '합격' 주고 안 웃기면 '탈락' 이런 적도 있어서 팬들도 소통에 즐거워하는 것 같고. 그냥 팬을 일부러 생각해 주는 것 같은 고마움이 팬들한테는 있는 것 같아요. 리슨의 '버블' 이런 것도 (스타와) 소통을 많이 하니까 사람들이 더 (동력이) 되지 않았을까 싶기는 해요(B).

스타 역시 팬과 더 자주 소통하려는 노력의 일환으로 온라인 소통에 집중한다. SNS 플랫폼의 해시태그 기능을 이용해 서로에게 하고 싶은 말을 주고받는 소통 이벤트를 직접 주최하고, 집에 머무르는 동안 음악 작업에 몰두해 음원이나 커버 영상 등을 발표했다. 일상을 공개하는 콘텐츠, 즉 취미 활동, 자기 계발, 여가 활동 등을 보여주는 자체 콘텐츠가 이 시기에 많이 제작되었다. '팬데믹 상황에서 나오게 된 작업물'이라는 비하인드 스토리와 함께 스타가 직접 기획하고 촬영에 참여한 영상 작업물이나 화보 콘텐츠 등도 선보였다. 이처럼 재난 상황에서도 스타의 모든 활동이 팬을 위한 것으로 귀결될 때 팬은 '나만 진심이 아니구나'와 같은 진정성과 유대감을 느끼며 팬 활동을 이어갈 동력을 얻는다.

(코로나19 이후로) 1년이라는 시간을 보내고 나서도 쉽사리 끝나지 않고……. '그때처럼 마음 놓고 즐길 수 있는 날이 올까?' 근데 뭐 오겠죠. 오리라고 생각해요. 그래서 아티스트들도 그걸 계속 언급하면서 희망적인 메시지를 늘 주려고 하고요. 덕질 메이트들이랑도 지금은 우리가 이렇게 소수로 만나서 온라인 콘서트를 보지만 "우리 코로나 끝나면 꼭 오프(라인 공연) 같이 가자" 이런 얘기를 하면서 버텨요(A).

팬의 표현대로 "같이 뛰어놀고 소통할 수 있는 미래를 상상할 수 없을 때" 스타가 던지는 희망스러운 메시지는 상황을 긍정적으로 바라보는 동력이 된다. 이런 상황에서도 '더 열심히 작업하고 있다'는 스타의 긍정적인 태도와 잦은 온라인 소통에서 느껴지는 진정성, 그리고 이를 기술적으로 구현하기 위한 산업의 움직임 등이 비대면 시대에 팬 활동을 유지할 수 있는 동력이 되는 셈이다.

데이터의 범람과 큐레이션하는 팬덤

비대면 시대의 소통 방식, 진정성과 같은 팬덤의 동력 요인에서 주목할 만한 것은 그에 따라 자연스럽게 온라인 데이터가 많아진다는 점이다. 여기에 주로 오프라인에서 이뤄지던 기존의 팬덤 문화까지 온라인 방식으로 바뀌면서 이러한 흐름은 강화된다. 팬들에게 흘러 다니는 정보의 양이 많다는 것은 팬 활동을 위해서 알아야 할, 혹은 봐야 한다고 느끼는 콘텐츠가 많아짐을 뜻한다. 이러한 상황에서 필요한 정보나 콘텐츠를 선별, 추천, 재구성하거나 이슈를 정리해 주는 팬들이 늘어나기도 한다.

저희 팬덤에 뭐가 있냐면 '한눈에 보는 OOO 노래' 이렇게 해서 사분면을 그려요. 그런 다음에 '이쪽(x축에서 오른쪽)으로 갈수록 청량하고 밝은 노래, 반대쪽으로 갈수록 다크하고 아련한 노래' 이런 표를 만들고, 자체 예능도 '이런 거 좋아하면, 몇 화를 보세요' 같은 걸 만들어요. 스케줄 정리해 주는 팬들도 많아지고. 최근에 그런 가시화되는 작업이 확실히 더 늘어나는 거 같아요(A).

팬들이 데이터를 모으고 목적에 따라 분류/배포하는 이러한 큐레이션(curation) 행위는 코로나 국면 이후 일상적으로 수행된다. 이를 '큐레이션(하는) 팬덤'이라 정의할 수 있다. 큐레이션은 '보살피다'라는 뜻을 가진 라틴어 쿠라레(curare)에서 유래한다. 기획자가 박물관이나 미술관에서 우수한 작품을 선별하고 전시된 작품을 설명하는 행위를 말한다[9].

디지털 정보가 많아지면서 큐레이션은 정보를 목적에 맞게 분류, 배치하는 작업을 일컫는 말로 확장되었다. 팬덤 또한 온라인 데이터가 증가하면서 이와 같은 수용 방식을 보인다. 이러한 팬 실천이 비대면 시대에 처음 나타난 현상은 아니다. 하지만 온택트의 영향으로 더욱더 많아진 디지털 정보를 재구성하기 위해 '추천 콘텐츠'를 적극적으로 생산하고 이를 소비하려는 팬들의 경향성은 강해졌다. 집에서 머무르는 동안 팬 역시 큐레이션 활동에 몰두하는 등 재난 상황에서도 여전히 스타라는 텍스트를 적극적으로 해석하고 각자의 경험에 맞게 변형시키며 다양한 미디어로 확장해가는 적극적인 수용자의 모습을 보여준다.

사람들의 니즈에 따라서 묶어주니까 누구든 자기 관심사가 있는 카테고리에서 볼 수 있는 것 같아요. 음악에만 관심 있는 팬이라면 조용한 발라드곡만 모아놓은 영상, 위로가 되는 노래

모음 같은 걸 찾아서 듣고. 또 취향에 따라 멤버들의 친목 영상, 웃긴 영상만 모아놓은 것을 찾아볼 수 있는 것처럼 덕분에 접근이 쉬워져요. 사실 처음 입덕했을 때 어디부터 접근해야 할지 몰랐는데, 친절하게 '입덕 가이드'를 만들어주니까 금방 적응했던 것 같아요. 팬 입장에서는 아이돌에 대한 정보를 다 알고 싶어도 자료가 너무 많아서 불편함을 느끼는데, 요즘에는 빨리빨리 요약해 주니까요(H, 30대 초반, 트위터 활동가).

스타의 노래를 주제, 가사 등의 목적에 따라 분류하고 묶어 놓은 모음집(compilation) 영상을 유튜브와 같은 동영상 플랫폼에 업로드하거나, x축과 y축을 직교축으로 사분면의 좌표평면을 만들어 곡의 분위기와 자작곡 여부 등을 기준으로 스타의 모든 발표곡을 정리해 놓은 '한눈에 보는 노래 추천 표', 자체 예능 콘텐츠를 주제에 맞게 순차적으로 정리해 놓은 '입덕 가이드', 콘텐츠를 주제에 맞게 짧은 영상으로 재편집한 '숏폼 콘텐츠' 등을 통해 팬은 자신의 취향에 가까운 콘텐츠를 다른 팬에게 추천받는다. 팬들의 집단지성이 새로 유입될 팬에게 '맞춤형 추천 서비스'를 제공하는 셈이다. 팬덤이 스타에 관한 관심과 애정을 기반으로 형성된 취향 공동체인 만큼 추천 서비스는 개인에게 들어맞을 가능성이 크다. 정보를 선별해 주는 큐레이터 팬은 입문 팬뿐만 아니라 기존 팬에게도 더욱 늘어난 정보를 정리해 알맞은 시기에 "이다음에(혹은 이 시기에) 보아야 할 콘텐츠"와 같은 방식으로 일종의 가이드를 제공하면서 홍보 역할을 한다. 한편으로는 팬 사이에 정보 격차가 벌어질 때 사실 확인을 거친 비교적 정확한 정보를 다른 팬에게 제공한다. 앞서 빈 공간을 채우려는 3세대 팬덤의 역할이 기획자, 홍보가, 비평가, 운동가 등으로 다양했다면,[10] 이제는 그 수행 범위가 큐레이터로까지 확장하는 셈이다. 적극적인 팬덤의 참여 욕구(의도)는 팬 큐레이션 활동을 강화하고, 이를 통해 팬은 비대면(혹은 디지털) 상황에서 발생하는 빈 공간을 스스로 채워나간다.

다 자기가 겪어왔던 것들이니까 친절하게 알려주는 편인 거 같아요. 포카(포토 카드)도 모음집을 만들어줘요. 이 앨범에 무슨 포카가 있었고, 다음 앨범에는 무슨 포카가 있었고. 포카도 버전별로 많으니까 앨범이 많이 나오면 잘 모르잖아요. 그래서 이거는 어느 때고, 어떤 버전들이 있었고. 이런 정보를 다 모아서 사진으로 정리해 주고. 그런 식으로 엄청 세분화된 정보들을 정말 더욱더 많이 모으는……. 어떤 팬들은 장소만 모아요. '이 콘텐츠에서 나왔던 대관 장소는 여기입니다' '여기서 먹었던 가게는 여기입니다' 이런 식으로요. 대신에 직접 따라가서 사진을 찍는 게 아니라, 인터넷에 이미 있는 정보들 위주로 2차 가공해서 알려주는 거죠. '덕질투어'처럼 어디에 가면 그들처럼 다니는 거다, 이렇게 하기도 하고……. 또 '영상계'들이 있잖아요. 유튜브에 팬들이 직접 편집한 애들 홍보하는 영상이라든지, 콘셉트 영상을 제작하는 사람들. 퀄리티도 퀄리티인데, 진짜 엄청 많이 올라와요. 계정들도 훨씬 많아졌고. 실제로 그 사람들이 유튜브 커뮤니티에 '코로나로 집에서 편집할 시간이 늘어났다' 이런 얘기를 종종 해요(A).

언택트에 점차 적응해 가는 디지털 팬들에 의해서 큐레이션 활동은 더 늘어나고 있다. 한편 이러한 팬덤의 향유 방식은 다양한 온택트 놀이 문화로 확장하는데, 온라인 데이터가 많아졌다는 점이 적극적으로 활용되기도 한다. 콘텐츠가 늘어난 만큼 팬들이 자발적으로 스타의 다양한 무대, 노래, 의상 등에 관한 데이터를 모으고 선호도를 조사해 팬 시상식을 즐기는 경우가 그 예다. 직접 투표하고 순위에 따라 시상하며 온라인에서 서로 교류하며 축제를 즐긴다. 추천 게시글에서 댓글로 취향을 이야기하고 안부를 전하는 등 팬들은 비대면 시대에 맞는 대안적인 온라인 팬 활동을 이어나간다.

플랫폼으로의 전환과 팬더스트리

온택트는 팬덤의 소비 방식에 다양한 영향을 끼쳤다. 팬 실천은 오프라인 경험에서 디지털 스트리밍 방식으로 바뀌었고, 이에 따라 범람하는 데이터는 팬덤 간 정보 격차로 인한 위계를 만들었다. 자발적으로 큐레이션을 통해 정보량이 적은 팬에게 정리된 정보를 제공하는 움직임이 이를 완화하는 측면이 있지만, 이는 팬들이 기꺼이 수행하는 무임 노동이기도 하다. 온라인 콘서트를 개최해 더 많은 팬을 동시에 모아 큰 수익을 낼 수도 있지만, 코로나 19 이후 한 번도 콘서트를 경험하지 못한 팬 역시 존재한다. 온라인 공연과 같은 온택트 서비스를 활용하는 정도에 따라 팬 경험에 도 차이가 발생한다.*

코로나19 이후의 팬 활동은 플랫폼이 견인하고 있는 것처럼 보인다. 온택트 서비스가 제공될수록 플랫폼(기술)의 존재는 두드러진다. 다시 아이돌을 둘러싼 세 권력(팬덤, 미디어(방송사), 엔터테인먼트사)이 의존하며 얽히는 새로운 구도의 변화로 이해할 수 있는데, 이들 중 미디어의 역할로 플랫폼의 힘이 주목받는다. 이러한 산업의 변화는 JYP엔터테인먼트가 SM엔터테인먼트와 공동으로 온라인 전용 콘서트 전문 회사 '비욘드 라이브 코퍼레이션'을 설립하고, 2021년 8월에는 플랫폼 비즈니스를 위한 자회사 설립을 예고하는 움직임을 통해서도 알 수 있다.[11] 한편 방송 산업의 미디어 역할도 중요한데, 언택트 공연을 실현할 수 있는 방송사의 자본과 기술이 신진 아이돌을 비롯한 여러 아티스트에게 여전히 중요하기 때문이다. 결국 아이돌 산업을 둘러싼 세 권력이 상호 의존하는 기존 흐름 속에서 플랫폼의 권력이 점차 커지는 더욱 복합적인 이해관계가 만들어진다.

이러한 배경에서 탄생한 팬더스트리(Fan+Industry)라는 개념은 팬덤을 바라보는 시각의 변화를 보여준다. 팬더스트리는 팬(Fan)과 산업(Industry)을 합친 단어로 팬덤을 기반으로 한 산업을 일컫는다.[12] 팬덤 자체가 (경제) 뉴스가 되고, 팬덤이 문화를 넘어 산업

---

* 이러한 활용도 차이는 온택트 서비스를 제공하는 데 필요한 산업 자본과 기술의 규모에 따라 격차가 발생한다. 김수영, 「코로나 6개월…엔터계의 '생존 분투' 속 뼈아픈 빈부 격차」, 『한국경제』, 2020. 7. 19.

의 영역으로 인식되고 있다. 그리고 그 중심에 팬덤 플랫폼이 있다. 따라서 앞으로 플랫폼이 나아가는 방향과 함께 팬덤이 플랫폼 속에서 어떻게 활동하고 어떤 팬 문화를 형성해 나가는지를 잘 살펴야 한다.

팬덤이 놀이 문화를 즐기거나, 홍보 역할을 하거나, 문화적인 투쟁을 하더라도 모여서 이야기할 영토는 필요하다. 코로나19로 이러한 영토가 모두 온라인으로 바뀌는 경험을 하게 된 디지털 팬들은 온라인 공동체를 형성하고 플랫폼에 점차 익숙해지면서 팬데믹 상황에 적응해 왔다.

우연히 TV 보다가 입덕하고 바로 서치했는데, 팬 커뮤니티에 가자마자 '일단 위버스부터 가입해'라고 쓰여 있더라고요. '볼 건 너무 많으니까 과거 자료부터 찾아보지 말고, 일단 위버스부터 가입하고, 유튜브 구독하고……' 이제 (기존의) 공식 팬 카페는 가입할 필요가 없는 거예요(B).

최근에 팬이 된 사람들은 공식 팬 카페가 뭔지 모르더라고요. A 멤버가 옛날에 공식 카페에 올린 글을 누가 캡처해서 올렸는데, 답글이 '이거 무슨 앱인가요?'라고 물어보는 게 절반이었어요. 앱이 아니고 그냥 팬 카페인데, 아예 모른다는 것에 좀 놀랐던 기억이 나요(E).

팬덤의 영향력이 커지면서 이들 팬덤을 모으기 위해 고안되었던 팬덤 플랫폼으로의 영토 이동은 코로나19로 인해 점차 속도가 빨라지고 있으며*, 플랫폼의 규모 또한 커지고 있다. 멤버십 가입부터 온라인 공연 관람, MD, 콘텐츠 유통뿐만 아니라 스타의 지적재산권을 이용한 다양한 사업으로까지 영역을 넓히고 있다. 플랫폼은 생산자와 소비자의 상호작용을 통한 가치 창출에 비즈니스 기반을 둔다.[13] 그러므로 플랫폼 안에서는 이용자의 적극적인 참여가 중요하다. 앞으로도 산업이 팬덤의 활동에 집중할 가능성이 큰 이유다. 이제 또다시 변화의 길목에서 앞으로 팬은 어떤 수용 방식을 보이고, 어떻게 스타의 아우라를 느끼며, 어떠한 공동체를 만들어낼까? 재난 이후 다시 오프라인 대면 만남이 가능해진 세상에서 '온택트 팬 경험'을 토대로 팬들이 만들어내는 소비 방식은 또다시 새로운 팬덤 문화를 형성하게 될 것이다.

---

* 인터뷰가 끝날 때쯤에는 온택트 서비스를 비교적 경험해 보지 못했던 팬들(F~J)도 점차 플랫폼으로 이동하는 변화가 있었다.

주

1장 미디어와 팬덤의 담론 전쟁

1 마크 더핏, 김수정·곽현자·김수아·박지영 옮김, 『팬덤 이해하기』, 한울아카데미, 2016, 419쪽.
2 마크 더핏, 김수정·곽현자·김수아·박지영 옮김, 앞의 책, 419쪽.
3 이지행, 『BTS와 아미컬처』, 커뮤니케이션북스, 2019, 80쪽.
4 "BTS Lands a Third No.1 on Album Chart in Less Than a Year", *The New York Times*, https://www.nytimes.com/2019/04/22/arts/music/BTS-map-of-the-soul-personabillboard-chart.html
5 박경태, 『인종주의』, 책세상, 2009, 13쪽.
6 https://deadline.com/2020/07/bts-new-single-out-august-albumto-follow-1202995440/
7 "The 'separate but equal' rules of American Music Awards", *The Washington Post*, https://www.washingtonpost.com/nation/2019/07/26/separate-equal-rules-american-music-awards/
8 "BTS fans left annoyed with the band's lack of MTV VMA nominations", *BBC News*, https://www.bbc.com/news/newsbeat-49096095
9 "BTS deserve but don't need Grammys, here's why", *SBS*, AU, https://www.sbs.com.au/popasia/blog/2019/11/21/BTS-deserve-dont-need-grammys-heres-why
10 "BTS's 2020 Grammys Shutout Reveals the Recording Academy's Cultural Blindspot", *Forbes*, https://www.forbes.com/sites/bryanrolli/2019/11/20/BTSs-2020-grammys-shutout-reveals-the-recording-academys-cultural-blindspot/#38cf24b046cf
11 "BTS Are Shut Out of 2020 Grammy Nominations", *Rolling Stone*, https://www.rollingstone.com/music/music-features/BTS-no-grammy-nominations-914664/
12 John Fiske, *Television Culture*, London: Routledge, 1987, p. 309.
13 John Fiske, *Understanding Popular Culture*, London: Unwin Hyman, 1989, p. 8.

14 이지행, 『BTS와 아미 컬처』, 커뮤니케이션북스, 2019, 46쪽.
15 이지행, 앞의 책, 47쪽.
16 이지행, 앞의 책, 111쪽.
17 이지행, 앞의 책, 115쪽.
18 아미 인구조사 홈페이지(btsarmycensus.com).

2장 초국적 한류와 걸그룹 노동

1 이진경, 나병철 옮김, 『서비스 이코노미: 한국의 군사주의, 성 노동, 이주 노동』, 소명출판, 2015, 33~89쪽.
2 「대중가요계 '걸그룹' 선풍」, 『한겨레』, 1993. 9. 25.
3 「가요 팝 신인 그룹 잇달아 결성」, 『경향신문』, 1993. 10. 10.
4 개인의 성공 서사를 넘어 김시스터즈가 활약했던 국제적 구조와 냉전이라는 역사적 맥락에 대해서는 심재겸, 「환상적인 김시스터즈」, 『동아시아 냉전의 문화』, 소명출판, 2017, 379~416쪽 참조.
5 관련해서는 다음 Open Forum 유튜브의 "원조 케이팝 걸그룹 '김시스터즈'" 인터뷰 참조. https://www.youtube.com/watch?v=BSoKI9-fwqY
6 2015년 데뷔한 아이돌의 출신 지역과 성별 구분에 따른 통계는 아이돌로지 편집부, 『아이돌 연감 2015』, 아이돌로지, 2016, 178~189쪽 참조.
7 버닝썬 사건과 그 경제사회적 맥락에 관해서는 이 책에 실린 김주희의 글 참조.
8 「연예인 주식부호 1위 JYP 박진영…이수만 2위!」, 『YTN』, 2019. 4. 21.
9 류진희, 「걸그룹 전성시대와 'K엔터테인먼트'」, 『소녀들』, 여이연, 2017, 80~104쪽 참조.
10 소위 '한남', '아재' 엔터테인먼트에 관한 문제 제기는 한국여성노동자회·손희정 기획, 『을들의 당나귀 귀: 페미니스트를 위한 대중문화 실전 가이드』, 후마니타스, 2019, 14~73쪽 참조..
11 배범수, 『한류의 패러다임 전환을 위한 신한류 확산 전략 연구』, 한국콘텐츠진흥원, 2019, 43~62쪽; 채지영, 『한류 20년, 성과와 미래전략(기초연구 2020-6)』, 한국문화관광연구원, 2020. 12, 11~21쪽.
12 한정현, 「소녀 연예인 이보나」, 『소녀 연예인 이보나』, 민음사, 2020. 이 소설은 원래 2019년 9월 웹진 『비유』 제21호에 발표됐고, 2020년 제4회 무지개책갈피 퀴어문학상을 받았다.
13 권김현영, 「이름을 기억할 것, 사랑할 것, 그리고 낙관할 것: 『소녀 연예인 이

보나」, 『여자들의 사회』, 휴머니스트, 2021.
14 조우리, 「Twilight Zone: 여돌 팬픽에서의 사랑이라는 세계관–내가 매혹당한 이야기들, 그 찬란함을 목격한 자의 증언」, 『퀴어돌로지』, 오월의봄, 2021, 190~207쪽.

3장 탄광과 클럽

1 윤수정, 「난 버닝썬 얼굴마담…4차례 식사값, 윤 총경이 다 냈다」, 『조선일보』, 2019. 9. 23.
2 정진호, 「승리는 "얼굴마담"이라는데 버닝썬 주주는 "승리 보고 투자"」, 『중앙일보』, 2019. 4. 16.
3 김기훈, 「'버닝썬 탄생' 전원산업이 주도…이사가 회장에 보고해 승낙」, 『연합뉴스』, 2019. 3. 29.
4 윤수정, 앞의 기사.
5 유한빛, 「코로나에 호텔 춘추전국시대 저무나…중소 규모 호텔 잇단 폐업」, 『조선일보』, 2021. 2. 15.
6 한국기업평가, 「전원산업(주)」, 2018. 8. 13.
7 김아람, 「1960~1970년대 석탄산업 정책과 동원탄좌」, 『역사문제연구』 42, 2019, 42쪽.
8 장용경, 「1980년 4월의 사북, 광부들의 폭력과 폭력 앞의 광부들」, 『역사문제연구』 42, 2019, 100쪽.
9 박철한, 「사북항쟁연구: 일상·공간·저항」, 서강대학교 정치외교학과 석사학위논문(미간행), 2002, 24쪽.
10 전제훈, 「탄광 사회와 여자, 여자, 여자」, 『강원도민일보』, 2008. 8. 1.
11 박철한, 앞의 논문, 25쪽.
12 이영식, 「강아지도 만 원짜리 물고 다닌다, 개도 만 원짜리를 물고 다녔다」, 『지역N문화』, https://ncms.nculture.org/coalmine/story/3800
13 전제훈, 앞의 기사.
14 정우진, 「도시 흥망성쇠 쫓은 집창촌, 시대 흐름에 '역사 속으로'」, 『강원도민일보』, 2021. 8. 6.
15 전지성, 「사북항쟁 '묶여 있던 그녀' 25년 만에 입 열다」, 『동아일보』, 2005. 9. 5.
16 장미현, 「사북사건의 여성들: 사라진 억센 여자들과 말하는 여성들」, 『역사문

제연구』 42, 2019, 161쪽.
17 「鉱夫의 24時 (上) 고달픈 막장人生」, 『동아일보』, 1980. 4. 25.
18 「연탄업체 對與 정치자금 법정限度 13배까지 超過」, 『경향신문』, 1989. 9. 20.
19 「行政委 연탄工場 거액 政治資金 등 추궁」, 『동아일보』, 1989. 9. 21.
20 강준만, 『룸살롱 공화국』, 인물과사상사, 2011, 65~67쪽.
21 김대현, 「세상 사이의 터울 #9: 명월관의 기생들은 어디로 갔을까」, 『친구사이 뉴스레터』 125호, 2020. 11.
22 박정미, 「발전과 섹스: 한국 정부의 성매매관광정책, 1955~1988년」, 『한국사회학』 48(1), 2014, 235~264쪽.
23 「로얄칸트리클럽 南서울호텔 引受」, 『동아일보』, 1987. 2. 17.
24 강준만, 앞의 책, 63쪽.
25 최영수, 「30년 경력 호텔리어가 털어놓은 서울 특급호텔 野史」, 『신동아』, 2006. 12. 13.
26 「日人 상대 淪落 모두 10명 拘束」, 『경향신문』, 1989. 12. 18.
27 김미영, 「호텔과 '강남의 탄생'」, 『서울학연구』 62, 2016, 6쪽.
28 김미영, 앞의 논문, 11쪽.
29 강충식, 「江南 새 風俗圖(32): 宿泊업소[8] 호텔의 大衆化」, 『경향신문』, 1983. 4. 1.
30 「관광호텔서 無許변태영업」, 『동아일보』, 1988. 11. 26.
31 최병준, 「요정·룸살롱 휴폐업 속출」, 『경향신문』, 1993. 8. 29.
32 김지영, 「'아방궁주' 아레나 강회장…"한 달 술 매출만 5억 원"」, 『서울경제』, 2019. 3. 22.
33 최나욱, 『클럽 아레나』, 에이도스, 2019, 55쪽.
34 윤다빈·김정훈, 「하루 테이블 가격만 2억 5000만 원…탈세와 마약이 판치는 '강남 클럽 아레나'」, 『동아일보』, 2019. 3. 15.
35 이주빈, 「전직 클럽 여성 MD "물뽕 성폭력 의심 한두 번이 아녔다"」, 『한겨레』, 2019. 4. 12.
36 신지원, 「클럽 '아레나' MD가 만취 손님 성폭행…1심 징역 3년」, YTN, 2019. 2. 21.
37 윤다빈·김정훈, 앞의 기사.
38 양정우, 「'버닝썬' 일일 매출 수억 원, 현금·외상 40%」, 연합뉴스, 2019. 3. 25.

39　홍의표, 「'1억 원 만수르 세트'…5만 원권 돈다발로 결제」, MBC, 2019. 3. 7.
40　이문현, 『지금 이 목소리를 듣는 것이 우리의 정의다: 버닝썬 226일 취재 기록』, 포르체, 2021, 155~157쪽.
41　이문현, 앞의 책, 170쪽.
42　이문현, 앞의 책, 144쪽.
43　최혜영·안수연·장혜진·정수진·백승경·이상기·이용문, 「약물 관련 성범죄 사건 유형 분석 및 검출 약물 경향」, 『약학회지』 59(5), 232~233쪽.
44　현달환, 「데이트강간약물 '물뽕' 밀수입·불법판매광고 급증」, 『뉴스N제주』, 2019. 10. 14.
45　이문현, 앞의 책, 128~131쪽.
46　「싸이, 양현석 접대의혹 자리 "동석했지만 함께 먼저 자리 떴다"」, 『한겨레』, 2019. 5. 29.
47　권유진, 「"성행위 있었지만 성접대 아니다" 경찰, 양현석 무혐의 결론」, 『중앙일보』, 2019. 9. 20.
48　정진호, 앞의 기사.
49　김주희, 「발전과 젠더, 환대의 성별정치」, 김신현경·김주희·박차민정, 『페미니스트 타임워프』, 반비, 2019, 35~36쪽.

4장 무해한 오빠에서 의리 있는 남자로

1　황혜진, 「박진영 밝힌 JYP 인성 교육 "진실 성실 겸손 세 가지 가치 지켜야"」, 『뉴스엔』, 2017. 11. 29.
2　김봉현, 『힙합: 블랙은 어떻게 세계를 점령했는가』, 글항아리, 2014, 206~247쪽.
3　Tricia Rose, *Black Noise: Rap Music and Black Culture in Contemporary America*, Wesleyan University Press, 1994, pp. 183~186.
4　김영대, 「아이돌 힙합의 이유」, 『아이돌로지』, 2014. 8. 12.
5　bell hooks, *We real cool: Black men and masculinity*, Routledge, 2004, pp. 1~14.
6　박재범, 「ABOVE AND BEYOND」, 『W Korea』, 2015. 8. 17.
7　박재범 인터뷰, 『인스타일』 2010년 9월호, 475쪽.
8　박재범, 「락네이션 최초의 아시아 아티스트」, 『하이프비스트』, 2018. 5. 28.
9　김봉현, 앞의 책, 18~24쪽.

10 「박재범의 킬링벌스를 라이브로!/All I Wanna Do, YACHT, All Day, ON IT, W.WIDE, F.Line, SOJU, iffy, GIDDY UP」, 『dingo freestyle』, 2019. 8. 30.
11 「명분 있는 꼰대 박재범의 근황 토크부터 The purege 라이브 무대까지」, 『엠뚜루마뚜루: MBC 공식 종합 채널』, 2020. 11. 4.
12 김혜정, 「서구 속의 동아시아 남성성: 영국에 거주하는 한국 남성 이민자들의 남성 정체성 연구」, 『공간과 사회』 26, 2006, 220~252쪽.
13 박재범, 「락네이션 최초의 아시아 아티스트」, 『하이프비스트』, 2018. 5. 28.
14 "Born in this country, but I'm feeling like a immigrant /S o we gotta look out for one another / You're my brother, I don't care about your race or color", Sway in the morning, 2018. 5. 25
15 'We Need Hope & Unity More Than Ever': Asian-American Artists Weigh in on Coronavirus Impact, Bilboard.com, 2020. 4. 2.
16 Eric Nam, "If You're Surprised by th Anti-Asian Viloence in Atlanta, You haven't been listening. It's time to hear our voices", *Time, March 19*, 2020.
17 이지행, 「서구 미디어의 지배담론에 대한 방탄소년단 글로벌 팬덤의 대항담론적 실천 연구」, 『여성문학연구』 50, 한국여성문학학회, 79~114쪽.
18 정희준·김무진, 「민족주의의 진화: 스포츠, 그리고 상업적 민족주의의 탄생」, 『한국스포츠사회학회지』 24(4), 한국스포츠사회학회, 2011, 101~115쪽.
19 양승준, 「BTS가 보여준 새 남성상…맥도널드가 증명한 세계화 표준」, 『한국일보』, 2021. 6. 12.
20 이은호, 「'게이팝' 혐오 딛고…BTS가 제시한 대안적 남성상」, 『쿠키뉴스』, 2021. 7. 13.
21 박주연, 「케이팝과 퀴어가 무슨 관계냐고요?」, 『일다』, 2020. 6. 28.

5장 청춘의 퀴어링, 글로벌 대중문화의 꿈

1 Rey Chow, "Framing the Original: Towards a New Visibility of the Orient," in *Entanglements, or Transmedia Thinking About Capture*, Durham, N.C.: Duke University Press, 2012, p. 171.
2 Marc Steinberg, "Character, World, Consumption". *Anime's Media Mix: Franchising Toys and Characters in Japan*, University of Minnesota Press, 2012, pp. 171~203.

3 Jane Ward, *The Tragedy of Heterosexuality*, NY: NYU Press, 2020.
4 Ibid., p. 6.
5 Ibid., p. 22.
6 Ibid., p. 6.

6장 동아시아 베어 남성 댄스 팀의 걸그룹 커버댄스

1 Dredge Byung'chu Kang, "Surfing the Korean Wave: Wonder Gays and the Crisis of Thai Masculinity", *Visual Anthropology*, 31:1-2, 2018, p. 62.
2 Ibid., p. 61.
3 요모타 이누히코, 장영권 옮김, 『가와이이 제국 일본』, 펜타그램, 2013, 139~140쪽.
4 요모타 이누히코, 장영권 옮김, 앞의 책, 144~145쪽.
5 요모타 이누히코, 장영권 옮김, 앞의 책, 144쪽.
6 Chuyun Oh, "The Politics of the Dancing Body: Racialized and Gendered Femininity in Korean Pop", ed., Yasue Kuwahara, *The Korean Wave: Korean Popular Culture in Global Context,* New York: Palgrave Macmillan, 2014, p. 63
7 Aljosa Puzar and Yewon Hong, "Korean Cuties: Understanding Performed Winsomeness(Aegyo) in South Korea", *The Asia Pacific Journal of Anthropology*, Vol. 19, No.4, June 2018, p. 335.
8 Ibid., p. 335.
9 Gooyong Kim, *From Factory Girls to K-Pop Idol Girls: Cultural Politics of Developmentalism, Patriarchy, and Neoliberalism in South Korea's Popular Music Industry,* London: Lexington Books, 2018, p. 39.
10 Ibid., p. 62.
11 Ibid., p. 69.
12 Adrian David Cheok and Owen Noel Newton Fernando, "Kawaii/Cute Interactive Media", *Universal Access in the Information Society*, August 2012, pp. 12~22.
13 Gary D. Sherman and Jonathan Haidt, "Cuteness and Disgust: The Humanizing and Dehumanizing Effects of Emotion", *Emotion Review*, 3(3), 2011, p. 246.
14 Ibid., p. 248.

15 Ibid., p. 249.
16 Christopher Oldstone-Moore, "Postmodern Men", *Of Beards and Men: The Revealing History of Facial Hair*, London: University of Chicago Press, 2017, p. 268.
17 Ibid., p. 268.
18 Shaun Cole, "Hair And Male (Homo) Sexuality: Up Top And Down Below", eds., Geraldine Biddle-Perry and Sarah Cheang, *Hair: styling, culture and fashion*, London: Berg Publishers, 2008, p. 93.
19 Jason Whitesel, *Fat Gay Men: Girth, Mirth, and the Politics of Stigma*, New York: NYU Press, 2014, p. 44.
20 Ibid., p. 81.
21 Ibid., pp. 85~86.
22 Cole, Opct., p. 90.
23 네이버 사전: https://ko.dict.naver.com/#/entry/koko/6ba2098b272745 94a29ac804b9f81c17 참조.
24 Neda Ulaby, "Roscoe Arbuckle and the Scandal of Fatness", eds., Jana Evans Braziel and Kathleen LeBesco, *Bodies out of Bounds: Fatness and Transgression*, Berkeley and Los Angeles: University of California Press, 2001, p. 156.
25 Judith Halberstam, *Queer Art of Failure*, Durham and London: Duke University Press Books, 2011, p. 11.
26 Ibid., p. 19.
27 Ibid., p. 120.

8장 저항하는 팬덤과 소비자-팬덤의 모순적 공존

1 Kristen Myers and Passion Williamson, "Race talk: The perpetuation of racism through private discourse", *Race and Society*, 4(1). 2001, pp. 3~26.
2 신윤희, 「아이돌 팬덤 3.0 연구」 서강대학교 석사학위논문, 2018, 57~61쪽.
3 이민주, 「#피드백 운동의 동역학」, 『인문잡지 한편』 2호, 2020, 91~112쪽.
4 이수현, 「20대 여성 팬덤의 심리적 특성에 관한 연구」, 고려대학교 석사학위논문, 2015, 26쪽.
5 정민우·이나영, 「스타를 관리하는 팬덤, 팬덤을 관리하는 산업」, 『미디어, 젠더

& 문화』 12호, 한국여성커뮤니케이션학회, 2009, 191~240쪽.
6 김송희·양동옥, 「중년 여성들의 오디션 출신 스타에 대한 팬덤 연구: 팬심의 구별 짓기를 중심으로」, 『미디어, 젠더& 문화』 25호, 한국여성커뮤니케이션학회, 2013, 35~71쪽.
7 이경아, 「모성과 자본주의 생산성의 경합에 관한 연구」, 이화여자대학교 박사학위논문, 2009, 84쪽.
8 이경아, 앞의 논문, 86~87쪽.
9 이경아, 앞의 논문, 113쪽.
10 이경아, 앞의 논문, 154~155쪽.
11 마경희·김문길·추지현·김선기, 『청년 관점의 젠더 갈등 진단과 포용 국가를 위한 정책적 대응 방안 연구』, 2020, 한국여성정책연구원, 82~84쪽.
12 이경아, 앞의 논문, 147쪽.
13 이현재, 「인간의 자기한계 인식과 여성주의적 인정의 윤리」, 한국여성학회, 『한국여성학』 23권 2호, 2007, 111~141쪽.

9장 아이돌의 자필 사과문: 소비하는 팬덤, 소진되는 팬심

1 이다정, 「뭍의 연예인들, 줄줄이 '자필 사과문' 이유는?」, 『스포츠조선』, 2010. 7. 22.
2 류진희, 「걸그룹 전성시대와 'K-엔터테인먼트'」, 조혜영 엮음, 『소녀들』, 여이연, 2017, 95~100쪽.
3 김수정, 「한국 리얼리티 프로그램의 정서 구조와 문화정치학」, 『방송문화연구』 제23권 2호, KBS 공영미디어연구소, 2011, 63~64쪽.
4 김현경, 「아이돌을 둘러싼 젠더화된 샤덴프로이데(Schadenfreude)의 문화정치학」, 『한국언론정보학보』 제80권, 한국언론정보학회, 2016, 115~142쪽.
5 나은경, 「미디어 팬덤의 심리학: 아무나 팬을 가진 시대, 숭배에서 친밀감으로」, 『사회과학연구』 제33권 1호, 국민대학교 사회과학연구소, 2020, 155~156쪽.
6 José van Dijck and Sonja Neef, "Sign Here! Handwriting in the Age of Technical Reproduction": Introduction, eds., Sonja Neef, José van Dijck, and Eric Ketelaar, *Sign Here! Handwriting in the Age of New Media*, Amsterdam: Amsterdam University Press, 2006, pp.10~11.
7 찰스 귀논, 강혜원 옮김, 『진정성에 대하여』, 동문선, 2005, 20쪽.
8 찰스 귀논, 강혜원 옮김, 앞의 책, 75쪽.
9 찰스 귀논, 강혜원 옮김, 앞의 책, 105쪽.

10　찰스 귀논, 강혜원 옮김, 앞의 책, 154~155쪽.
11　Eva Illouz, "Introduction: Emodities or the making of emotional commodities", ed., Eva Illouz, *Emotions as Commodities: Capitalism, Consumption and Authenticity*, New York: Routledge, 2018, p. 6.
12　이규탁, 『갈등하는 케이, 팝』, 스리체어스, 2020, 50쪽.
13　김수정·김수아, 「'집단적 도덕주의' 에토스」, 『언론과 사회』 제23권 3호, 언론과사회, 2015, 25~28쪽.
14　Lionel Trilling, *Sincerity and Authenticity*, Cambridge: Harvard University Press, 1971, pp. 3~4, 93~94.
15　케이팝의 서사가 팬덤의 해석을 반영하면서 성립하고 있다는 논의는 이상연, 「아이돌 음악에 숨겨진 스토리텔링」, 텍스트릿 엮음, 『비주류 선언: 서브컬쳐 본격 비평집』, 요다, 2019, 138~145쪽 참조.
16　장지현, 「3세대 아이돌 산업의 친밀성 구조」, 연세대학교 석사학위논문, 2019, 26~36쪽.
17　김수아, 「소비자-팬덤과 팬덤의 문화 정치」, 『여성문학연구』 제50호, 한국여성문학학회, 2020, 27쪽.
18　이민주, 「#피드백 운동의 동역학」, 『인문잡지 한편』 제2호, 민음사, 2020, 95~97쪽.
19　이민주, 앞의 논문, 98쪽.
20　이민주, 앞의 논문, 96쪽.
21　에바 일루즈, 김정아 옮김, 『감정 자본주의』, 돌베개, 2010, 52쪽.
22　에바 일루즈, 김정아 옮김, 앞의 책, 73~74쪽.
23　김수아, 앞의 논문, 12쪽.

10장 다시 만나는 여덕, 소녀시대 GL 팬픽

1　김수아, 「소셜 웹 시대 팬덤 문화의 변화」, 『사이버커뮤니케이션학보』 제31권 1호, 사이버커뮤니케이션학회, 2014, 45~94쪽.
2　정소연, 「3세대 여덕의 탄생」, 『여/성이론』 제39호, 여이연, 2018, 142쪽.
3　국내외 팬덤 연구를 포괄해 살피면서 연구 경향을 검토하고 이것이 페미니즘과 관련해 어떤 함의를 가지는지를 정리한 논의로 다음을 참조. 김수정, 「팬덤과 페미니즘의 조우: 페미니즘 관점에서 본 팬덤 연구의 성과와 쟁점」, 『언론정보연구』 제55권 3호, 서울대학교 언론정보연구소, 2018, 47~86쪽.

4 김민정, 「팬픽(fanfic)의 환타지와 성 정체성」, 『여/성이론』 제7호, 여이연, 2002, 194~210쪽; 김흠순·김민정, 「팬픽의 생산과 소비를 통해 본 소녀들의 성 환타지와 정치적 함의」, 『한국언론학보』 제48권 3호, 2004, 330~353쪽; 류진희, 「팬픽: 동성(성)애 서사의 여성 공간」, 『여성문학연구』 제20호, 한국여성문학학회, 2008, 163~184쪽; 한유림, 「2·30대 여성의 아이돌 팬픽 문화를 통해 본 젠더 트러블」, 서울대 여성학 석사논문, 2008.

5 2세대에 접어들면서 변화한 여성 아이돌의 이미지 전략에 관해서는 다음의 논의 참조. 김수아, 「소녀 이미지의 볼거리화와 소비 방식의 구성: 소녀 그룹의 삼촌팬 담론 구성」, 『미디어, 젠더 & 문화』 제15호, 한국여성커뮤니케이션학회, 2010, 90~92쪽; 김정원, 「Hey 이젠 날 봐봐 Mister: 2000년대 한국 걸그룹의 시각화(visualization)와 성애화(sexualization)에 관한 고찰」, 『대중음악』 제8호, 한국대중음악학회, 2011, 46~78쪽.

6 김성윤, 「몰라 몰라 언니 맘을 정말 몰라~」, 『한겨레21』 제814호, 2014. 8. 17.

7 Laura Mulvey, "Visual Pleasure and Narrative Cinema", *Screen*, vol.16, no.3, 1975, pp. 6~18.

8 안드레아 와이스, 곽현자 옮김, 「'당신을 보고 있으면 이상한 느낌이 들어요': 30년대 할리우드 스타와 레즈비언 관객」, 크리스틴 글레드힐 편, 『스타덤: 욕망의 산업 II』, 시각과언어, 2000, 187~209쪽.

9 안드레아 와이스, 곽현자 옮김, 앞의 책, 189쪽.

10 정민우·이나영, 「스타를 관리하는 팬덤, 팬덤을 관리하는 산업」, 『미디어, 젠더 & 문화』 제12호, 한국여성커뮤니케이션학회, 2009, 191~240쪽.

11 정다연, 「신음 소리에 담긴 한국 여성의 욕망」, 텍스트릿 편, 『비주류 선언』, 요다, 2019, 127쪽.

12 불감증과 여성의 향유에 관한 라캉의 논의는 양석원, 「여성과 남근: 여성의 사랑에 관한 라깡 이론」, 『현대정신분석』 제19권 1호, 한국현대정신분석학회, 2017, 9~45쪽의 정리를 참조.

13 김효진, 「보이즈 러브의 문화정치와 '여성서사'의 발명: '야오이'의 수용부터 '탈BL' 논쟁까지」, 『원본 없는 판타지』, 후마니타스, 2020.

14 공/수 관계를 설정하는 BL 서사가 여성에게 허용하는 다양하고 유동적인 동일시에 관한 논의는 다음의 연구를 참조. 박세정, 「성적 환상으로서의 야오이와 여성의 문화능력에 관한 연구」, 이화여대 사회학 석사논문, 2006, 55쪽; 한유림, 「2·30대 여성의 아이돌 팬픽 문화를 통해 본 젠더 트러블」, 서울대 여성학 석사논문, 2008, 106~114쪽.

15 미조구치 아키코, 김효진 옮김, 『BL 진화론』, 길찾기, 2018, 227~251쪽.
16 신영희, 「10대 여성 이반 문화에 대한 여성학적 연구: 대구지역 청소년 문화와 섹슈얼리티 구성에 관하여」, 계명대 여성학 석사논문, 2005, 76~83쪽.
17 류진희, 「동성서사를 욕망하는 여자들: 문자와 이야기 그리고 퀴어의 교차점에서」, 『성의 정치 성의 권리』, 자음과모음, 2012, 220~222쪽.
18 https://www1.president.go.kr/petitions/595551

11장 미스/터트롯과 여성/중년 팬덤의 탄생

1 필립 M. 나폴리, 백영민 외 옮김, 『수용자 진화』, 나남, 2013.
2 최경준, 「트로트 소재 오디션 프로그램의 설계를 위한 기획 요소 분석 연구」, 건국대학교 석사학위 논문, 2020.
3 장유정·서병기, 『한국 대중음악사 개론』, 성안당, 2015.
4 김희연, 「트로트 음악의 사회적 가치에 관한 고찰 트로트 프로그램의 문화적 현상: '미스트롯', '미스터트롯' 프로그램 사례분석을 중심으로」, 『문화와융합』 제42집 9호, 2020, 557~590쪽.
5 양우석, 「한국 트로트 음악의 수용과 형성 과정」, 『음악응용연구』 제3집, 2010, 127~139쪽.
6 최경준, 앞의 논문, 35쪽.
7 TV조선 "시청자의 50~60대 편중 문제는 엄연한 사실"로 분석된다. 백철, 「어르신들은 종편을 좋아해」, 『주간경향』, 2014. 3. 18.
8 윤태진·장민지, 「고스톱 치는 아줌마들: 중년 기혼 여성들이 웹보드게임 경험에 관한 연구」, 『한국언론정보학보』, 2013, 51쪽.
9 최상진·김지영·김기범, 「심리적 구성체로서 한국 아줌마 분석」, 『한국심리학회지』 20권 2호, 327~347쪽.
10 Park, H.S., Lee, Y. M. and Cho, G. Y., "A study on climacteric symtoms, knowledge of menopause, menopasual mamagement in middle-aged women", *Korean Acad Women Health Nurs*, 8(4), 2002, pp. 512~528.
11 Griffin, C., Hobson, D., Macintosh, S., & McCabe, T., Women and leisure: Sport, Culture, and Ideology, 1982, pp. 111~112.
12 정용찬, 「호모스마트포니쿠스」, 『세대별 진화 속도』, 정보통신정책연구원, 2019.
13 윤태진·장민지, 앞의 논문, 61쪽.

12장 코로나19 이후의 팬덤

1 신윤희, 『팬덤 3.0』, 스리체어스, 2019.
2 신윤희, 앞의 책, 16~25쪽.
3 성수영, 「랜선 콘서트·VR 팬미팅…엔터산업이 'IT 플랫폼' 꿈의 무대로」, 『한국경제』, 2021. 2. 3.
4 김지혜, 「비대면 소통 '유료화'…K팝엔 단비 되고 팬들은 갈증 풀고」, 『경향신문』, 2020. 5. 25.
5 Henry Jenkins, *Textual poachers: Television fans and participatory culture*, Routledge, 1992.
6 김주완, 「엔씨가 쏘아 올렸다…K팝 플랫폼 삼국지」, 『한국경제』, 2021. 1. 19.
7 노정연, 「팬에겐 '덕질 필수템', 기획사에는 '수익 모델'…"팬덤 플랫폼서 모여라」, 『경향신문』, 2021. 1. 5.
8 윤희훈, 「SM·YG·JYP·빅히트 '엔터 빅4'… 코로나 위기, '온라인'으로 극복」, 『조선비즈』, 2020. 7. 4.
9 마이클 바스카, 최윤영 옮김, 『큐레이션』, 예문아카이브, 2016, 91~94쪽.
10 신윤희, 앞의 책, 58쪽.
11 김효정, 「JYP, IP·플랫폼 비즈니스 자회사 'JYP 스리 식스티' 설립」, 『연합뉴스』, 2021. 8. 3.
12 박문각 시사상식편집부, 「팬더스트리」, 『시사상식사전』, 박문각, 2021. 4. 6. https://terms.naver.com/entry.naver?docId=6237328&cid=43667&categoryId=43667
13 마셜 밴 앨스타인·상지트 폴 초더리·제프리 파커, 이현경 옮김, 『플랫폼 레볼루션』, 부키, 2017, 35쪽.

찾아보기

ㄱ

가상적 실재(virtual reality)　234, 239, 240, 242, 243
걸 크러시　66, 252, 253, 254
검은 머리 외국인　106, 113, 120
게이팝　102
경계 감찰(boundary policing)　6, 200, 203, 206, 210
공굿　183, 200
공/수 리버스(reverse)　270
과잉-유아화(over-infantilisation)　151
교양소설(Bildungsroman)　133, 139, 142
궁예　180, 190
그룹팬(올팬)　201
기생관광　12, 82, 83, 85
김시스터즈　55, 56, 62, 332
김연자　286, 287
김호중　286

ㄴ

남돌　51, 250, 251, 255, 256, 257, 261, 263, 271
남서울호텔　76, 81, 82, 83, 84
남성 동성사회(homosocial)　105
남성향　262
낫 샤이 베어스(Not Shy Bears)　147
늑대공　273
능력주의　210, 211, 212, 213

ㄷ

덕후　250

『데미안』　180
도끼　108, 110
동영배(태양)　205
동원탄좌　12, 76, 77, 78, 81, 84, 333
「드림걸즈」　54

ㄹ

『라스트 러브』　61, 63
레드벨벳　215, 237
레이 차우　125
레즈비어니즘(lesbianism)　8, 254, 255, 260, 261, 264, 267, 268, 269
레즈비언 응시　259, 260, 261
로스코 아버클(Roscoe 'Fatty' Arbuckle)　164
르메르디앙　75, 76, 81, 85, 86, 90, 91

ㅁ

마마무　215, 253, 254
마크 스타인버그　137
머천다이징(merchandising)　171, 178
메갈리아　58, 180, 252, 264
문화구성체(cultural formation)　303, 304, 306
문화매개자(cultural intermediary)　11, 22, 23, 49
미소지니　26, 48
밈(meme)　40, 41, 184, 201

ㅂ

바지사장　72, 87
박재범　10, 105, 106, 107, 109, 110, 111, 112,

113, 114, 115, 116, 117, 118, 119, 122, 335, 336
박진영 104, 106, 333, 335
반한류(反韓流) 60
방탄 유니버스(BU) 42, 137, 138, 139, 140, 141
백래시(backlash) 67
백지영 225
버닝썬 게이트 11, 12, 70, 72, 73, 74, 75, 85, 87, 93
버추얼 레즈비언(virtual lesbian) 275
베어(bear) 10, 144, 147, 148, 155, 156, 157, 158, 159, 160, 161, 162, 163, 164, 165, 166, 337
베어 커버댄스 팀(bear cover dance team) 144, 147, 148, 160, 163, 166
베이컨 147, 161
불쾌한 골짜기(Uncanny Valley) 178
블랙핑크 19, 66, 163
비게퍼 192, 193
비공굿 183
비굴공 273
비비아나 A. 젤라이저(Viviana A. Zelizer) 191
비비핑크(BBPINK) 147
빅 디퍼(Big Dipper) 157
빅뱅 73, 74, 178
빈둥지증후군 298
빠순이 66, 225, 258, 293

ㅅ

사생팬 24
산드라 오 118
살아 있는 죽은 자(living dead) 98
삼촌팬 51, 251, 258, 259, 340
생명정치권력이론(biopolitics) 97
서비스 이코노미(service economies) 51, 332
서태지와 아이들 53, 128, 129, 140, 293
세븐틴 181, 223, 239
소녀대(少女隊) 54
「소녀 연예인 이보나」 61, 333
소녀시대 8, 51, 53, 119, 151, 152, 162, 226, 250, 257, 258, 259, 261, 262, 264, 265, 266, 267, 268, 269, 270, 271, 272, 273, 340
소비자 팬덤(consumer fandom) 6, 199, 200, 202, 204, 214, 215, 217, 338, 339
송가인 286
수위 팬픽 256, 262, 263
순수이반 276
슈퍼M 19
슈프림스(The Supremes) 54
스탠 액티비즘(stan activism) 198
스트리밍 29, 40, 174, 185, 186, 192, 203, 211, 326
승리 11, 70, 71, 72, 73, 74, 75, 85, 86, 87, 91, 93, 96, 97, 98, 99, 333
시신정치(necropolitics) 98
신념 공동체 23
신화 51, 129, 205

ㅇ

아미 셀카데이 11, 45
아미 인구조사 11, 46, 47, 48, 332
아시아성(Asianness) 56
아실 음벰베(Achille Mbembe) 97
아이돌로지(Idology) 4

악개 201
안드레아 와이스 340
알페스 184, 185
얄덕 200, 201, 202
언술적 생산성(enunciative productivity) 39
언택트 304, 310, 326, 327
얼굴마담 11, 70, 72, 74, 87, 97, 333
얼굴성(faciality) 11, 72, 85, 98
에릭남 119, 120
에바 일루즈 231, 340
에스파 66
엑소 24, 136, 205, 245, 287
엔카 285
여덕 8, 66, 248, 250, 251, 252, 253, 254, 255, 256, 257, 258, 259, 261, 263, 264, 272, 273, 275, 340
여돌 51, 216, 217, 250, 251, 252, 253, 254, 255, 256, 257, 258, 261, 263, 268, 278, 333
여돌소비지향 216, 217
여돌여팬 250, 251, 253, 256, 257
여성향 261, 274
여성혐오 5, 11, 26, 33, 67, 138, 139, 140, 141, 143, 180, 194, 227, 237, 252, 253
여성혐오 역설(misogyny paradox) 138, 139, 140, 143
여왕수 273
여우공 273
영어 중심주의 11, 27, 28, 35, 43, 44, 48, 49
영통팬싸 193
「오멜라스를 떠나는 사람들」 42, 140
오빠부대 293
오타쿠 250
온택트 305, 306, 307, 308, 309, 310, 312, 316, 317, 320, 323, 326, 327, 329

워너원 224
워맨스 66
원더걸스 51, 53, 54, 55, 58, 145, 257
원더게이즈(Wonder Gays) 145
월딩(Worlding) 125, 129, 136, 137, 138, 142
유해한 남성성(toxic masculinity) 27
유형성숙(幼形成熟) 163
이난영 55, 56
이브 세즈윅 105
이성애자다움 9, 138, 139, 146
『이성애의 비극』 138
이태원 아이돌 222, 223, 241
인종주의 11, 26, 27, 28, 35, 36, 37, 48, 119, 120, 331
일코 251

ㅈ

잡덕 201
장민호 290
저고리시스터즈 55
전원산업 12, 73, 74, 75, 76, 81, 82, 84, 91, 97, 98, 99, 333
정동 노동(affective labor) 7, 195
정서적 평등주의 8, 226, 227, 229
제노포비아 11, 26, 27, 33, 35, 36, 37, 48
제인 워드 138
젝스키스 24, 129

ㅊ

찰스 귀논 229, 339
총공팀 185
최강창민 205, 245
취향 공동체 9, 23, 324

ㅋ

카미대응 193
캐해석 190, 234
캠프적 패러디(campy parody) 157
커버댄스 10, 144, 145, 147, 148, 159, 160, 161, 162, 163, 165, 166, 337
코어(core) 팬 188

ㅌ

타래 홍보 11, 39, 49
태국성(Thainess) 145
트랜스퍼시픽(transpacific) 9, 55, 124, 125, 126, 129, 140, 143
트랜스퍼시픽 패스티쉬 124, 143
트와이스 58, 160, 161
트친소 250, 252
틈새문화(niche culture) 21
티아라 226
티파니 119, 226

ㅍ

파노플리 효과(panoplie effect) 74
파라텍스트 126
패스티쉬 124, 126, 127, 141, 142, 143
팬더스트리(Fan+Industry) 326, 327, 328, 342
팬픽 8, 61, 64, 183, 184, 250, 254, 255, 256, 257, 259, 261, 262, 263, 264, 265, 266, 267, 268, 269, 270, 271, 272, 273, 274, 275, 276, 277, 279, 280, 333, 340, 341
팬픽이반 276
페미니스트 팬 5

페미니즘 리부트 5, 52, 57, 61, 64, 67
페미돌로지 1, 4, 5, 11, 12
포스트-침체(post-recession) 131
프로듀스 판다스(Produce Pandas) 147
플랜테이션 가부장제 108
피드백 루프 234, 239, 242, 243, 245
피드백 운동 236, 241, 338, 339
「프로듀스 101」 65, 162, 201, 207, 208, 210, 211, 238, 289, 296, 297, 300, 302
피하주사효과 23

ㅎ

헤녀(헤테로여성) 272
혐한(嫌韓) 60
호모포비아 10, 106
효도 188

기타

BL(Boys' Love) 103, 118, 119, 120, 122, 146, 147, 160, 184, 255, 256, 263, 264, 268, 269, 270, 271, 272, 275, 341
BL 팬픽 255, 256, 263, 264, 268, 269, 270, 271
Black Lives Matter 22, 118
BLM 118, 119, 120, 122
GHB 94, 95
H.O.T. 24, 57, 128, 129
IP(Intellectual Property) 171
LGBTQ 9, 37, 142
N집 살림 201
Neda Ulaby 338
RPS(Real Person Slash) 184, 262, 277, 278, 279, 280
2NE1 178

2pm 113
3세대 팬덤 201, 235, 301, 303, 325
『82년생 김지영』 50, 52, 53, 60, 66, 215, 237
101KG 147, 160

페미돌로지

1판 1쇄 발행 2022년 2월 25일

기획 류진희 백문임 허윤 | **펴낸이** 임중혁 | **펴낸곳** 빨간소금 | **등록** 2016년 11월 21일(제2016-000036호)

주소 (01021) 서울시 강북구 삼각산로 47, 나동 402호 | **전화** 02-916-4038

팩스 0505-320-4038 | **전자우편** redsaltbooks@gmail.com

ISBN 979-11-91383-12-6(93330)

• 책값은 뒤표지에 있습니다.